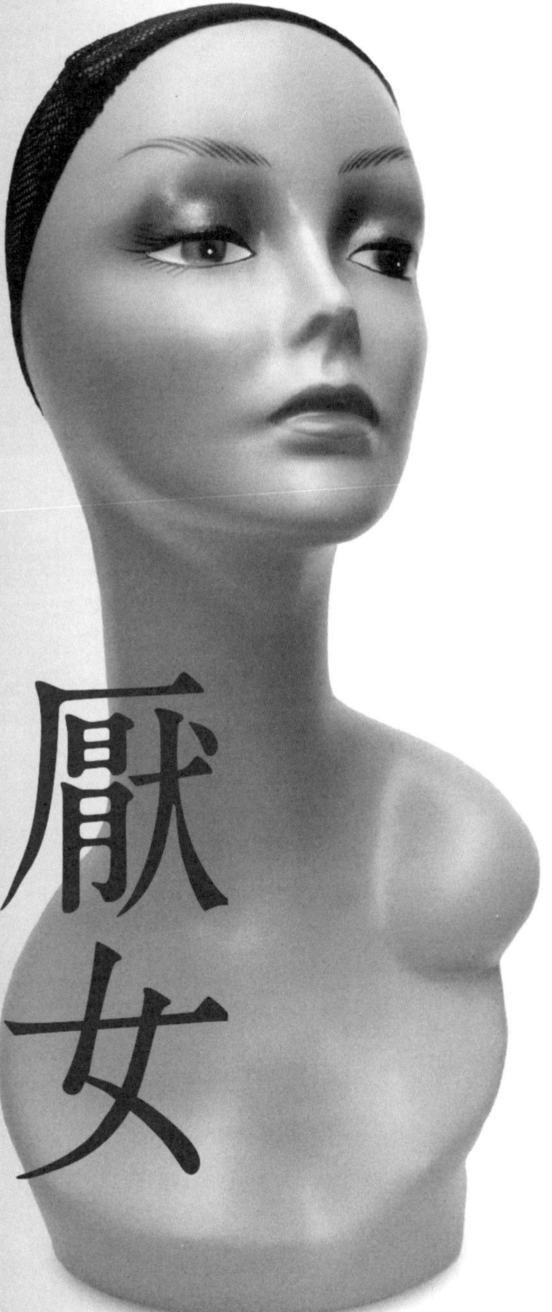

厭女

日本的女性嫌惡

上野千鶴子 著
楊士堤／張曉彤 譯

全新增訂版

目錄

【推薦序】

走出厭女症的輪迴

林芳玫（臺灣師範大學臺灣語文學系教授，性別研究學者）

上野千鶴子是日本著名的女性主義學者及婦女運動者，曾經數度來臺，相信讀者對她並不陌生。這本《厭女：日本的女性嫌惡》，文字流暢犀利，論證辛辣有勁，讀起來有淋漓盡致的暢快感。書中一方面提出許多西方理論大師——例如薩伊德的著作，另一方面又生動分析日本社會的厭女症，從家庭到王室，從學校到職場，沒有一個重要社會機制逃得過她犀利的解剖。

厭女不只是單純地討厭女人，而是男人在成為性主體的過程中，必須將女性客體化、他者化，以此來證成男性自身的存在價值與優越性。此處上野很有創意地挪用了薩伊德的《東方主義》一書及其核心概念。薩伊德指出西方不在乎真正的東方是什麼，只是主觀地投射出對東方的各種幻想，將其視為神祕、誘人、野蠻、黑暗、不理性。經由將東方他者化，西方得以確認自身的優越性：進步、理性、有邏輯、有能力。男女兩性關係也可以用東方主義來類比。男人藉由把女性客體化與低劣化，得以鞏固自身的主體性與優越性。男人對女人投射出許多幻想，有些女人了解這種遊戲方式而配合男人幻想，因此更讓男人認為自己的想法是對的。當然，也有許多女性不配合男人的幻想劇本；此時，男人便大嘆女人難以了解，彷彿她們是一種奇異的動物。

厭女症是普遍的社會、文化、心理機制。當女性受到男性歧視，女人會產生「當女人真倒楣」的想法，進而延伸為自我厭惡，也就是女性的厭女症。女性克服厭女症的方式很多，其中之一就是認同男性社會的價值，讓男性認為她擁有男性的優點，視她為特例，不屬於低劣愚笨的女性。這種行為策略是女人與男人「分而治之」的機制共謀，藉由向男性靠攏交心，持續強化女性整體地位的低落。上野很誠實地指出，女權主義者自己都曾經是嚴重的厭女症患者，但是後來她們有反省與批判能力，觀察出父權社會布下的「厭女症」天羅地網，進而思考解脫之道。曾經患厭女症的女權主義者因自己的性別而嫌惡自己，她們終於能與自己和解、與母親和解，恢復完整的人性。

隨著女性教育程度提升、經濟獨立、社會風氣日趨開放，女人不再如以前那樣好控制。男人也逐漸發現這整套厭女機制對他們自身也未必討好。男人追逐權力、地位、金錢，女人只是用來證明他們在男性集團獲勝的戰利品。男人長期以來與自己的身體、感情、性慾疏離，隨著婦運的腳步，少數男性開始發展「男性研究」，企圖了解男性在此性別二元分立的架構下，男人「是」什麼？男人「想要變成他認同的人」，以及「想要擁有女人來報償自己的成就」，這兩個面向都很清楚。但是男人「是」什麼呢？當社會結構改變，男人失去厭惡女性的特權，男人才發現自身的匱乏。

上野千鶴子所說的日本社會的厭女現象，在臺灣也隨處可見各式案例。比起日本社會，臺灣男女平等現象超過日本，女性地位也比日本來得優越。但是我們看到女性地位、自信心、獨立自主能力的提高，並未帶來真正的兩性平等。臺灣男人和日本男人一樣，必須藉由「擁有女人」才能建立自我認同與成就感。當男人的特權逐漸消失，女人的自主意識提高，臺灣男性頗有「宅男化」、「剩男化」的情形，沒有女人要理他們。這些自稱「魯蛇」的男性整日待在網路上，在虛擬世界飽覽暴露的女體，攻擊不婚、不選擇臺灣男人而「哈」白人男性、及外表不符合男性對女體想像的女性。其他的選項還有，到夜店門口「撿屍」，把喝得爛醉的女生帶回去發生性關係。似乎只有在女性失去意識的情況下，男人才得以產生性行為。這和上野所說愛嫖妓的好色男很像，甚至更差。嫖妓至少還是得和妓女有最起碼的溝通，確認對方的意願與價碼。撿屍男完全不用說話，徹底將喝醉的女性物化與他者化，自己在不必溝通的情況下享受暫時的主導快感，更可以把責任推給女性：「是她們自己不檢點，要在這裡喝醉，不能怪我。」

近年來臺灣社會又經常發生「恐怖情人」事件。當女方提出分手，男方憤而行凶。記得我年輕時那個時代，男女分手以女生傷心居多，關於失戀的情歌一直是流行音樂的重要主題。現在的情人，只有「分手」，沒有往昔浪漫的「失戀文化」來抒發情緒。被女人甩掉的男人，其處境是整體自我的崩潰，只能訴諸暴力甚或殺人，才能確認自己所剩無幾的行動主體。

只要男人不願意與女人溝通、持續將女性作為客體化的他者來確認自己的主體性，男人扭曲的自我會對自己、對女性、對家人、對社會造成恐怖的禍害。當不婚女性興致勃勃地住在自己買的房子裡看書或做家事，或是與女性友人相約喝下午茶、逛街，一群憂鬱沮喪的「魯蛇」有政治人物與國家機器幫他們撐腰，高唱「女性不婚是國安問題」。依筆者淺見，女性不婚是現象，國安問題是性別邏輯的結果，而這套性別邏輯的根本，就是歧視女性、物化女性、卻又弔詭地必須擁有女人以證明自己的厭女症。

男人如何與自己和解？這是本書作者在此書結尾時拋給男人的問題。上野沒有答案，她認為男人要自己去面對這個問題。這樣的結局，留下一大片空白，讓讀者自己去想像與摸索。不論是女人還是男人，我們必須先承認自己的厭女症，然後才得以走出陷阱，迎向一個開闊的未來。

一、「好色男」的厭女症

何謂厭女症

「厭女症（Misogyny）」可以譯成「厭女情結」或「女性厭惡」，有厭女情結的男人通常都很好色。然而，具有「厭女症」的男人卻又「愛好女色」的說法，聽起來或許會讓人感到不可思議。這時，如果把「厭女症」解讀成「女性蔑視」，或許就比較容易讓人理解。在具有厭女症的好色男眼裡，女人只是發洩性慾的工具，他們也只會對女人的裸體或迷你裙等「女性符號」產生反應。雖然這種說法使得男人聽來有如一群「巴夫洛夫的狗」[1]，但如果缺乏這種機制，性產業就不可能存在。

1 巴夫洛夫（Pavlov，一八四九—一九三六），俄羅斯生理學家、心理學家、醫師，以對狗的研究及首先對古典制約作出描述而聞名。

厭女症是性別二元制的核心要素，如同重力般徹底融入我們的日常生活，卻又總是被人們所忽略。然而，每個人在分化成男人或女人的過程中，都不可避免受到厭女症的影響。

然而，厭女症在男女身上的作用有著不對稱性，在男人身上表現出來的是「女性蔑視」，在女人身上表現出來的是「自我厭惡」。換成比較平易近人的說法就是：男人應該都有過「幸好我不是女人」的想法，女人則多少都有過「當個女人很吃虧」的念頭。

形容一個好色男有厭女症的說法或許會讓人感覺很矛盾。但英文 Misogyny 原本就是一個很難翻譯的單字，如果改譯成女性仇視，那麼「好色男的厭女症」就會變成「好色男的女性仇視」，而這種說法只會讓讀者們感到更加困惑。

以被稱為「種馬」的男人為例，這些男人總愛誇口自己擁有過多少女人。但反過來說，他們只要看到女人的裸體、性器、女性部位或性符號便會發情的反應，不就如同受到條件制約的「巴夫洛夫的狗」一樣嗎？事實上，引起他們反應的並不是女人本身，而是代表女人的性符號，否則他們不可能對任何女人都來者不拒。

森岡正博[2]的《無感男子》是一本男性的自我反省書，也是男性學的成果之一。他在這本書裡

2 森岡正博（一九五八—），哲學家、大阪府立大學教授。

以自問自答的方式，先提問「男人為什麼會迷戀迷你裙」，再解釋男人為什麼會出現這種反應。無論將迷你裙符號化的是男性或女性（儘管大家都知道是男性），這種戀物癖的反應從轉喻來看，是把個人的渴望對象予以符號化的運作方式。男人愈是容易對這種片斷化的女性符號產生反應，戀物癖就會變得愈像是男人體內的自動反應裝置。但我必須補充解釋，戀物癖並不是一種動物反應，而是一種具有高度文化的反應。因為，即使是「巴夫洛夫的狗」，也得經過制約才會出現「學習」的成果。

吉行淳之介[3]與永井荷風[4]

提到具有厭女症的好色男，我第一個想到的就是吉行淳之介。吉行是文壇公認的美男子，也是個很有女人緣的男人，但他的小說卻大多在描述妓女與藝妓的世界。據說他是受到永井荷風的小說《濹東綺譚》的啟發，才創作出獲得芥川獎肯定的短篇小說《驟雨》並正式跨入文壇。荷風也喜歡

3 吉行淳之介（一九二四—一九九四），小說家。
4 永井荷風（一八七九—一九五九），小說家。

描寫妓女的世界，喜歡妓女就是這兩位同樣具有厭女症的好色男的共通點。他們喜歡妓女的原因在於，妓女是一種只要付出金錢便可以任由他們使喚的女人。他們不需要付出愛情，也不需要考慮對方的心情。荷風的《四疊半房間的紙門》[5]一書就是描述男人如何讓妓女欲仙欲死的嫖客文化，也是一本男人藉由文字來達成終極男性支配的小說。

奧本大三郎[6]指出，吉行是「具有女性厭惡思想的作家」，接著又說「吉行雖然輕蔑女人，卻又有著離不開女人的弱點」。對於吉行的女性讀者不斷增加，奧本更是嘲諷地形容「這看來就像是小鳥自己飛向獵人的步槍」。

奧本明確地指出了這種好色男的厭女症，但或許這只是因為他本身已經敏感地察覺，男人在達成性的主體化過程終究需要女人這種他者的悖論。換句話說，男人一定得經由性愛來證明自己是個男人，但這時卻只能藉由女人這種難以理解、汙穢的劣等生物來滿足他們的慾望，而男人的怨恨與憤懣即是源自於此。

男人心裡肯定都想要擺脫對女人的依存，而從這點便可以看出比起讚美異性戀的現代人，讚美

5 原注：《四疊半房間的紙門》是永井荷風所創作的一本具有通俗風格的情色小說。一九七二年發表於《面白半分》雜誌時遭到檢舉，並發展成著名的「四疊半房間的紙門事件」。

6 奧本大三郎（一九四四－），文學家、大阪藝術大學文藝學科教授。

少年愛的古希臘人或許有著更徹底的女性厭惡思想，這也是我對那些美化男性性的同性戀者抱持懷疑的由來。

二十年前，我和富岡多惠子[7]、小倉千加子[8]合著《男流文學論》時，我對吉行淳之介的痛恨使得我特別在序文中提起他。我對吉行不滿的原因當然不是曾經被他性騷擾，而是因為我一直在忍受吉行的男性讀者們有如性騷擾般的言論。

這些人認為「只要讀過吉行的書，自然就會了解女人」。有些女人甚至為了「想要了解女人是什麼，才去閱讀吉行的書」。女人如果想要了解其他女人在床上的表現如何，就得透過那些擁有許多女性經驗的男人。但她們日後終究會發現，吉行小說描繪的不是真實的女人，而是男人幻想的女人。儘管如此，我想還是有些女人自以為從吉行的作品獲得了「智慧」，並配合男人演出他們的「幻想」。

吉行在文壇被譽為「女人通」，原因只是他擁有比較多的女性經驗和做愛次數，並且經常把他的經驗寫成小說。不過，擁有許多性伴侶並不值得誇耀，尤其是在性交易的情況下，只不過是在展

7　富岡多惠子（一九三五—），詩人、小說家、文藝評論家、日本藝術院會員。

8　小倉多加子（一九五二—），心理學家、女權主義者。

示個人的權力與財力，卻不代表他的性力。淳之介的父親吉行榮助是個作家，母親吉行安久利是個成功的髮型師，因此他應該是個從不曾為錢苦惱的公子哥。女人很容易受到權力、財富和名氣的引誘，吉行在銀座的酒店很受女人歡迎的原因，除了出手大方，想來他一定也向那些女人表明他就是「作家吉行」。就這點而言，最近的人氣作家渡邊淳一也是如此。至少我還不曾聽過他們會像荷風一樣隱瞞身分，單憑自己的交際手腕去獲得女人的歡迎。

吉行原本有個妻子，但他還是和一位知名女演員過著夫妻般的生活。他過世後，又有另一名女人出面聲稱自己是小說《暗室》中的女人，隨後大家更發現吉行晚年時圍繞在他身旁的女人不只這一位。由此看來，《暗室》應該可以算是一本自傳體小說。吉行的女演員愛人具有經濟能力，他的另一位愛人卻得在經濟上依靠他的援助。這段原本應該在《暗室》中結束的關係，卻因為那個女人不甘於扮演一個沉默的女人，而在吉行死後跳出來表明她是「吉行的女人」，並藉由不斷出書爆料她與吉行的《暗室》生活來滿足她的自尊心。

如今已經變成名人的某位搞笑藝人，曾經在一本週刊上發表一篇讓我印象深刻的文章。這位藝人在文中提到，每當他陷入低潮或是失去自信，他便會逐一打電話給他登錄在聯絡簿上的女性，告訴她們「我是某某藝人，別問我為什麼，妳可不可以現在就過來我這裡？」隨後，那些女人真的來找他時，他才會相信「我還是一個很有魅力的男人」。我讀到這篇文章時，不僅驚訝於這個男人的坦白，也才因此曉得原來藝人的自我認同竟是如此脆弱。那些前來赴約的女人，反應的只是男藝人的名氣，而不是他的人格與肉體。這些回應「名人」召喚的女人，就像是等待明星召喚的粉絲。對於男藝人來說，這些女人是可以隨時更換的對象；對於這些女人來說，她們在意的也不是對方的人格，而是對方代表的符號。儘管男藝人很清楚這點，但一旦有女人前來找他，他還是會因此感到安心，這表示他想確認的不過是名氣與權力的符號效果。這件事讓我深刻地意識到，原來男人的性認同（sexuality）竟有如此嚴重的疏離現象。

吉行的《砂上的植物群》中，有一幕場景是上班族男主角因為感到鬱悶而去買春，並把自己「如同憤怒似的情緒」發洩在妓女身上；或者說，當男主角感到內心充滿「如同憤怒似的情緒」，妓女便成了他發洩的對象。對吉行而言，女人不但不會違逆男人的要求，還會把男人的一切要求轉化成自己的快樂。由於這些女人是自己想要成為男人發洩憤怒與鬱悶的情緒垃圾桶，並且表現得甘之如飴，因此男人不需對她們懷有罪惡感。然而，當對方沒有表現出痛苦，反而出現性愉悅的反應時，這時的女人就會變成男人無法理解的怪物，並且被驅逐到未知的領域和再次的他者化。

我不知道我以下的描述是不是事實。我不認為嫖客會在乎妓女的性愉悅，畢竟嫖客買春的目的就是不需要顧慮對方的反應。至於女方是否真的感到性愉悅，也只有詢問本人才會曉得。或許現實中確實存在這種女人，即使並非如此，女人也很擅長偽裝高潮。《海蒂性學報告》[9]是女性解放運動[10]以後出現的一本具有里程碑意義的女性性學報告，而日本隨後也出現一本仿效這本性學報告的《MORE性學報告》[11]。根據《MORE性學報告》的增訂版《MORE性學報告NOW》，有六成以上的女性「曾經偽裝高潮」，而且其中有七成以上的女性確信「自己的男伴沒有察覺」。但有些男人卻誇口「我可以看出女人是否在假裝高潮」，無論如何，這都是一場永無止境的貓捉老鼠的遊戲。

然而，許多標榜著較前衛的「性探索」小說，卻又有著十分通俗的色情慣例。這類色情小說的定律就是，女人總是扮演引誘者的角色，而且最後都會受到性愉悅的支配。「不是我的錯，是她主動引誘我的。」但很明顯的，這只是男人為了替自己脫罪的說詞。當男人強暴女人，遭到強姦的女人最後總會出現愉悅的反應。「反正妳也覺得舒服，不是嗎？」女人的性器在這時彷彿成了可以不斷將痛苦與暴力轉換成愉悅的無底黑洞。這類色情小說的目的就是要塑造出，男人強暴的目的不是為了自己的愉悅，而是要帶給女人愉悅的悖論。

9 作者雪兒．海蒂（Shere Hite，一九四二―）是一位出生於美國的性教育家和女權主義者。
10 女性解放運動最早起源於一九六〇年代後半的美國，其後逐漸推廣到全世界。
11《MORE》是集英社發行的女性雜誌，《MORE性學報告》是集英社於一九八三年出版的一本日本性學報告。

女人的性愉悅可以作為測量男人性認同達成效果的指標，因此也是男人用來實現對女人完成性支配的重點所在。「我那方面很強，所以女人才會離不開我。」男人心裡大概都有過類似的想法。

但這類幻想一旦過度渲染，或許有人會因此信以為真，所以我必須明白指出，這只是男人的自以為是，女人的性愉悅並不是為了配合男人而存在。吉行是散播這種幻想的罪犯之一，因為他使得許多與他同時代的男人和女人相信「只要讀過吉行的書，自然就會了解女人」。這種只對男人有利的說法則造成女人的心理壓力，因為女人會猜想「我為什麼沒有如同吉行筆下的女人產生那種快感？我是不是一個不成熟的女人？」至於那些要求女人閱讀吉行作品的男人，則只是想藉此量產可以配合自己需求的女人。

事實上，即使讀過吉行的作品也無法了解女人，因為吉行描繪的是男人的性幻想，也就是男人想像中的女人以及他們期望中的女人。吉行對於女人的描述如同西方人的東方主義[12]，而愛德華・薩伊德[13]在《東方主義》中表示，東方主義是西方建構的產物，目的只是為了方便「西方統治、改造與壓迫東方」；換句話說，「東方只存在於西方的認知」。因此，即使閱讀再多西方人描述東方

12 東方主義（Orientalism）是西方對近、中及遠東社會文化、語言及人文的研究。

13 愛德華・薩伊德（Edward Wadie Said，一九三五—二〇〇三），國際著名文學理論家與批評家、後殖民理論的創始人。

的作品，認識的也只是西方人眼中的東方幻想，而無法了解真正的東方。

事實上，在吉行背後，我還有一個假想敵。這個人就是被吉行視為典範，隱身陋巷的前衛作家永井荷風。吉行雖然被譽為戰後文學的「第三新人」[14]之一，但他的名字或許再過不久就會從日本文學史消失（如今，吉行還剩下多少讀者？）。然而，永井荷風卻是日本文學的大師，即使到了現在，還是有許多男人把荷風的作品視為寫作典範。但這種情況總讓我不禁想到，這些男人會不會再度成為奧本口中的「具有女性厭惡思想的作家」？

荷風也是個好色之徒，因此他也會去買春。不過，比起單純的嫖客，他比較喜歡當個妓女的情人。荷風和吉行不同，他買春時會刻意隱瞞自己的身分，因此在妓女眼中，荷風是個「脾氣很好的大叔，只是大家都不曉得他在從事什麼職業」。荷風或許花錢很大方，但他從不以自己的身分作為誘餌，卻依舊受到妓女們的歡迎，並且獲得情人般的對待。吉行在自己的女人接待其他客人時會感到嫉妒，但荷風的女人接待其他客人時，荷風會為了不影響她的生意而刻意躲到一旁。相較起來，荷風比較像是個「歡場浪子」，可以想見他一定也很懂得如何應付女人。儘管這些賣春的女人會克

14「第三新人」是指一九五三年至一九五五年時步上文壇的新人小說家。這群小說家出現在第一次戰後派作家和第二次戰後派作家之後，因此山本健吉把這群人命名為「第三新人」，其中最具代表性的人物包括安岡章太郎、吉行淳之介和遠藤周作。

制性愉悅的反應，但荷風總是有辦法讓她們達到高潮，可見他必定具有相當的性技巧。女人或許會想要和這樣的大叔交往，但奧本卻把荷風列為「具有女性厭惡思想的作家」，這樣的評論聽起來不會很奇怪嗎？

《濹東綺譚》中，荷風對於歡場女子的描述如下：

> 我從年輕時就開始流連花街柳巷，直到現在我也不覺得自己這麼做有什麼不對。我曾經因為某些原因，不得不把一些女人接回家裡當成妻妾照顧，然而結局卻都以失敗收場。這些女人一旦獲得好際遇，就會認為自己的身分已經不再卑賤，並立刻變成不聽使喚的懶女人，要不就是變成難以管教的悍婦。

荷風原本是為了親近女人而隱瞞自己的身分，但自從他遭遇警察臨檢後，便開始隨身攜帶印鑑、印鑑證明和戶籍謄本。他的目的就是為了向警方證明，他的身分不同於那裡的女人，而是一位具有社會地位的紳士。也就是說，他是在握有來自不同世界的身分證明下和那些女人交往，他也不可能允許她們越界進入他的領域。因為，他不認為這些女人的身分地位可以與他相提並論，他和這些女人的關係，也正因為彼此是不同的人種才得以成立。

在這個有如舞臺的地方，男人和女人只是依照各自的需求扮演不同的角色，彼此之間也有著壁壘分明的階級與性別的界線。相對於那些身陷苦海的女人，荷風卻是處於絕對安全的另一側。對妓女身世的同情成了他滿足自我的資源，妓女也會為了討好客人而創造出各式各樣的身世，但這種讓客人自覺是個「好人」的附加價值不過是眾所皆知的商業行為。對於荷風這種歡場老手，自然不可能天真到相信她們的演出。《濹東綺譚》裡有一位名叫「小雪」的女人跳脫了這種遊戲規則，並天真地向荷風示愛。但結果如同荷風自己所說的：「一旦接受便等於在玩弄對方身體的同時，也玩弄了對方的感情。」

逃離女人的男人

與其為了吉行的作品而生氣，倒不如把吉行的作品看成是男人的性幻想。這麼一來就可以從閱讀中獲得一些啟發，看清男人的真實想法。事實上，如果沒有採取這樣的閱讀觀點，大概很難平靜地讀完大多數男作家的作品。加藤秀一[15]指出，諾貝爾獎得主大江健三郎的作品「充滿對女權主義

15 加藤秀一（一九六三—），社會學家、明治學院大學社會學部教授、女權主義者。

的嘲弄與不信任，以及明顯的恐同症」。對於這些男作家的作品，與其把它們視為是「與女性有關的著作」，倒不如學習薩伊德對東方主義採取的態度，把它們視為是「與男人性幻想有關的著作」。這麼一來，反而可以學到許多東西，因為這些男人在自己的作品中，全都極為坦白地揭露了男人究竟是什麼的謎團。

近代，有部分文學家即是以這樣的觀點來閱讀這些男性文學作品。水田宗子[16]便是其中一位，她在《逃向女人與逃離女人》中如此寫道：

> 男作家由於不了解女人，而無法正確地描繪女人。指責這些男作家沒有描繪出真實的女人，固然是一種正確的評論，卻也搞錯了批評的方向……透過評論男作家們「幻想中的女人」，我們才得以分析他們的內心世界。雖然他們只是依據自己的想像來塑造和解釋女人，但也因為他們描繪的女人與真實的女人有著巨大的落差，男人內心世界的風景才會顯得如此絢爛。

對《男流文學論》而言，水田的這段文章是我看過最嚴厲的一段批評。與其說這些男作家在描

16 水田宗子（一九三七—），比較文學家、詩人、學校法人城西大學理事長。

繪女人，倒不如說他們在描繪他們幻想中的女人。如同這篇文章的標題，水田把近代日本男性文學大致區分為「逃向女性」與「逃離女性」，而這大膽的區分卻帶給我一個意外的發現。根據水田的說法，近代男性文學中的「女人」並不是真實的女人，而是男人戀物符號下的女人。這些男人筆下的「女人」，只存在他們內心的私領域。男人為了逃避公領域，轉向這些「女人」，但當他們發覺現實的女人是「難以理解的奇怪他者」，並且遭到指責後，又再度嘗試逃離。根據小說的脈絡，這次的逃離要不是「逃離家庭」就是「逃向家庭」。在「逃離家庭」的情況下，顯而易見的是他們將再次遭遇一個無法實現他們「幻想」的他者，並再次逃離這個女人。如果從這個角度解釋，或許就可以了解為什麼近代會出現許多男作家創作的自傳體小說，就連吉行的作品也可以套用這個模式。

關根英二是與我同世代的日本文學研究家，他曾經坦承自己一度很喜歡閱讀吉行的作品，並認為他的作品對男人有很大的吸引力。關根為自己的論文集取了一個意義深遠的標題：《「他者」的消去》。他認為男人把女人「他者化」，其實是藉由把女人貶抑成男人可以掌控的「他者」，以便把女人塑造成具有魅力卻又可以輕蔑的對象。但不管是把女人尊崇為「聖女」，或是貶抑為「妓女」，都只是男人的一種防護手段。關根和美國女性戀愛和結婚或許是導致他「脫離」吉行的原因，因為外國女人總會向男人強調「你不能要求我去配合你」。對日本男人而言，外國女人或許才是貨真價實的「他者」，因為只有與自己不同的未知怪物，才是既無法理解也無法掌控的真正他者。

我在《男流文學論》中提到，島尾敏雄[17]在《死之棘》中達成了日本近代文學的一項成就：小說中，作家把妻子描繪成「奇怪的他者」，儘管如此，他卻不打算逃離這位「奇怪的他者」，而就我所知，會採取這種態度的男人少之又少。

水田進一步擴展這個論點，並且把研究的對象轉向女作家。女作家在發掘自己的內心領域時，是否也有自己幻想中的「男人」？結果出現了完全不對稱的答案。儘管男人對女人抱持幻想，但女人卻早已看清真實的男人，並把幻想的目標轉向女性自己。因此，水田的結論是：「近代的女性文學，有著不太對男性存有幻想的特色。」由此可見男女就連在性幻想的形成都存在著極大的不對稱。

齋藤環[18]則明白指出，男人的幻想是一種配對式的幻想。或許真的有女人會著迷於男人的性幻想，並配合男人演出他「幻想中的女人」。但一旦現代女性無法繼續忍受這種愚蠢的幻想，自然會開始跳脫男人的劇本。這時，男人就會「逃離」現實的女人，轉而「迷戀」虛構的女人，古今皆然。

---

17 島尾敏雄（一九一七—一九八二），作家；代表作《死之棘》是一部自傳體小說，內容描述男主角與患有精神疾病的妻子的家庭生活。一九九〇年，導演小栗康平將這部小說翻拍成電影。

18 齋藤環（一九六一—），日本精神科醫師、筑波大學醫學醫療系社會精神保健學教授。

二、同性社交・恐同症・厭女症

男人的價值由什麼決定？

大多數人都認為男人比較喜歡和同性相處，他們和同性相處時似乎也比較開心。女人的價值來自她是否受到男人歡迎，男人的價值卻無關他是否受到女人歡迎。從這點來看，異性戀的男女雙方有著不對稱的規則。男人的價值由什麼方式決定？答案是男性世界的霸權競賽。對男人而言，最有價值的評論應該是來自同性一句「你很行喔」之類的讚美。如同古裝劇，競爭對手的讚美帶給男人的快感絕對強過女人的讚美千百倍。雖然我不是個男人，但我的推測是有一定依據的。

男人喜歡從男性世界的霸權競賽中，贏得其他男人對於自己實力的肯定、重視和讚美。霸權競賽中有著爭奪地位的權力競賽、爭奪財富的致富競賽，以及爭奪名譽的威望競賽。無論哪一種競賽，只要能夠成為霸權競賽的優勝者，女人隨後就會主動成為你的獎賞。活力門的前任社長，也就是被暱稱為「堀江Ａ夢」[19]的堀江貴文曾說：「只要有錢就有女人。」事實上，他的說法一點也不誇張。男人喜歡當英雄，女人喜歡英雄，因此想要得到女人的最快方法就是成為男性霸權競賽的優勝者。女人總會聚集在英雄的身旁，而男人只有在女人可以憑藉自己的力量取得地位、財富和名譽時，才會開始重視女人的評價。

但這種規則卻不適用於女性世界，因為女性世界的霸權競賽並不止於女性世界。在女性世界裡，男人的評價會影響女人、造成女人的分裂。無論如何，男人認同的女人和女人認同的女人有著兩套不同的標準。

很長一段時間裡，我一直把這種牢固的男性連結誤認為同性戀傾向。賽菊寇[20]是最早對同性戀進行區別的學者，她把男人與男人的性愛稱為同性情慾（homosexual），沒有性愛的男男關係則稱為同性社交（homosocial）。Homosexual的日文譯詞是「同性戀」，而Homosocial至今未有貼切

19 堀江貴文（一九七二—）因長相類似哆啦A夢（Doraemon），而被暱稱為堀江A夢（Horiemon）。

20 伊芙．可索夫斯基．賽菊寇（Eve Kosofsky Sedgwick，一九五〇—二〇〇九），美國社會學者、文學研究者、酷兒理論教母。一九八五年出版成名作《男人之間：英美文學與男人的同性社交慾望》，之後的《衣櫃認識論》更奠定她在酷兒理論中的地位。酷兒理論是一種以批判性角度研究生理的性別決定系統、社會的性別角色和性傾向的文化理論。中譯本有她的憂鬱症手記《與愛對話》、合著《憂鬱的文化政治》。

的日文譯法。賽菊寇的這本書[21]在翻譯成日文後的書名是「男性連結」，或許這本書的書名本身就是一個最適當的譯詞。但由於這兩者太過近似，在尊重原文語感下，我還是選擇使用片假名來翻譯這個英文單字[22]。

男性連結的成立條件

賽菊寇在書中指出，同性社交是「沒有性愛的男性連結」，但更精確的說法是「壓抑性愛的男性連結」。

性到底是什麼?佛洛伊德把「生的本能」區分為「認同」（Identification）與「性慾發洩」（Libido Cathexis），另一種譯詞是「同一化」與「原慾實現」，而社會學家作田啟一則是簡單地把這兩種本能形容成人們「想要變成」與「想要擁有」的兩種慾望。對於家裡只有一名小孩的家庭，男孩會想要變成父親、擁有母親（或類似母親的人），女孩則會想要變成母親、擁有父親（或類似父親的

21 賽菊寇的名著《*Between Men: English Literature and Male Homosocial Desire*》（暫譯：男人之間：英語文學與男性社交的情慾）。
22 片假名是日文中的表音符號，在翻譯外來語或外國專有名詞的情況下，經常會使用片假名來表示。

人）。現實中，男孩在發現自己無法擁有母親以後（因為母親已經被父親占有），為了尋找一位類似母親的人，便會以異性戀的身分追求一個可以作為母親代理人的妻子；女孩則會在發現自己和母親一樣缺乏陽形表記（Phallus；以陰莖為代表）後，在渴望擁有父親的陽形表記下，轉而尋求母親的身分，以生下兒子的方式來擁有陽形表記的替代品，進而成為異性戀的女人。也就是說，男孩和女孩在面對父母時，只有成功分化「想要變成」與「想要擁有」的慾望，才能順利轉化成異性戀者。在這種精神分析的發展理論下，男孩和女孩只能各自選擇變成男人和女人。但這個過程可能失敗，而且佛洛伊德的發展理論從一開始就沒有納入生物學的命運論因素。另外，拉岡[23]是把佛洛伊德理論結合符號學的精神分析家，而齋藤環曾在二〇〇六年出版一本號稱是「日本國內認識拉岡最簡易的一本書」：《拉岡的生存之道》。讀者看過這本書以後，自然會更了解佛洛伊德的理論。

那麼同性戀又是怎麼一回事？依照佛洛伊德理論，男孩一旦在性慾上無法成功分化「想要變成」與「想要擁有」的慾望，便會轉成男同性戀者，他的這兩種慾望也會同時轉向同性的男人。

「想要變成」與「想要擁有」的慾望並不是那麼容易分化，因此「想要變成某人」的深切期盼，常會與「想要擁有某人」的強烈慾望重疊。賽菊寇指出，這兩者是連續體，因為同性社交同時也存

23 雅各・馬利・艾彌爾・拉岡（Jacques-Marie-Émile Lacan，一九〇一－一九八一），法國精神分析學大師。

在同性情慾。

同性社交一旦帶有同性情慾的成分將會帶來危險，因為「想要變成」的慾望是透過認同對方來達成性的主體化，「想要擁有」的慾望卻是把對方當成性的客體，但這兩者無法同時既為主體也為客體。在異性戀的規則下，所謂的「認同」是透過「想要變成那人」來成為主體；在兒子的情況下，「變成一個男人」則是指如同父親以性主體的身分「擁有一個女人（性客體）」。

男人的歷史自始至終都在努力調節「想要變成」與「想要擁有」的兩種慾望，傅柯[24]的《性史》也可以從這個觀點加以解讀。在古希臘，同性戀是一種至高無上的性愛，但當時的同性戀並不是指成人男性之間的性愛，而是更接近於少年愛。當時，自由公民的男性成年人的性對象只限少年和男性奴隸，而且彼此處於不對稱的關係。女人對男性自由公民，只是如同家畜和奴隸般的財產以及生孩子的工具。異性愛只是有責任的男性自由公民的義務，但少年愛卻是一種高尚的權利。

為什麼古希臘的同性戀缺乏對稱性？因為擁有插入權的「攻者」（penetrater）與被插入的「受者」（penetrated）是單方面主導的關係，「受者」只是從屬的地位。換句話說，「攻者」是性的主體，「受者」是性的客體，兩者不能混淆。成年男性在選擇性客體上，只有追求具有自由意志的少

24 米歇爾・傅柯（Michel Foucault，一九二六－一九八四）法國哲學家和思想史學家、社會理論家、語言學家、文學評論家。

年自由公民才是最高等的性愛，與沒有選擇權的奴隸的性愛則被視為是次等的。少年自由公民在這時雖是處於「受者」的地位，但一旦成年，便能轉成性的主體，尋求其他「性的客體」。

成為受者、被擁有或者變成性客體的另一種說法，就是「女性化」（feminize）。男性最害怕的就是「被女性化」，因為這代表失去「性的主體」身分。

同性社交的連結是「性的主體」之間的連結，也是主體成員彼此認同的聯盟關係。主體成員間一旦混入同性情慾的念頭，性的客體化便會導致「階級混亂」，因此性的主體間必須嚴禁、壓抑和排除將另一方視為性客體的念頭。

賽菊寇指出，同性社交原本就不容易與同性情慾區別，這也是男人必須採取更嚴格的眼光排除這種疑慮的原因。而且，相較於排除完全異質的東西，男人得要表現出更強烈的態度否認自己體內存在同性情慾。如果一個男人被形容成「娘娘腔」，代表其他男性成員認為他不像個男人，這不僅是一種極大的羞辱，也代表他已經被逐出男性集團。相對的，對於「娘娘腔」來說，最大的恐懼或許在於自己可能會從性主體淪為性客體。因此男性集團成員為了維持性主體的同質性，就得嚴厲揪出具有「娘娘腔」傾向的成員。這種對淪為性客體的恐懼被稱為同性戀恐懼症，而在保持男性集團的性主體同質性上，恐同症是一種不可或缺的要素。

同性社交的維持不只得依靠恐同症，更得透過讓女性成為性的客體來確立自己的主體性。也就是說，男性成員得透過讓女性成為性的客體來達成性的主體之間的相互認同和連結，因此男人若想要成為性的主體便得「（至少）擁有一個女人」。

「擁有」女人是男人最常使用的說法，而且只要是「男人」便得擁有一個可供自己支配的女人。「無法讓老婆聽話的男人算不上是男人」，這句話直到今日依舊被當成男人的判斷標準。男人否認女人是等同於自己的性主體，並把女人客體化和他者化時，這種蔑視女性的表現即可稱為厭女症。

賽菊寇在她的理論中指出，同性社交奠基於厭女症，並依靠恐同症來維持。

簡單的說，男人得歧視和排除那些不夠格的男人以及女人，才能鞏固男性成員的連結。同性社交不但得歧視女人，還得進行界線管理和持續排除那些不夠格的男人，這或許也間接證明了同性社交的基礎有多麼脆弱。

對於排除中間性別的性別二元制，有些人曾提出德勒茲和伽塔利的「多元性」[25]來作為反證。事實上，人類歷史不只有男人和女人，還存在被稱為「第三性」的既非男也非女的中間性別，包括

25 原注：法國哲學家吉爾．德勒茲（Gilles Deleuze）和心理學家費利克斯．伽塔利（Felix Guattari）於他們合著的《反伊底帕斯》（*Anti-Oedipus*）中，提示了性具有多元性的概念。

北美印第安人的伯達奇（**Berdache**）[26]、印度的海吉拉（**Hijra**）[27]和東加的法卡雷提（**Fakaleiti**）[28]等。這些人都有以下的共通點：第一點，他們在生物學上都是男人；第二點，他們都透過女裝等女性符號來表現「女性化」；第三點，他們通常都擔任執行宗教儀式的工作，也以男人為對象從事賣春。他們「既是男人，也是無法變成男人的男人」，同時也是「女性化的男人」，他們存在的意義只在於成為男人的「性客體」。這種「第三性」雖然常被人們引為「多元性」存在的證據，但從以上的分析可以發現這種分類並不正確，這些人並不是男人和女人的中間性別，而是性別二元制下的子類別。只有男人可以轉向「第三性」，女人卻無法轉向「第三性」的事實，只是更加證明了性別二元制的存在，而現實世界無法找出「多元性」的結果也成了理論上的「多元性」反證。

男人得讓女人成為性客體才能成為性主體，但這種界線卻有可能變得模糊，因此需要進行嚴謹的管理。從這個角度來解讀，便可以逐一解開各式各樣的謎團。

戰時的強姦通常是在其他同袍面前公開進行，但為何在戰時會出現這種缺乏隱私性的士兵輪姦

26 原注：北美印第安社會出現的「第三性」，是一種男扮女裝的族群。
27 原注：印度社會中被視為賤民的一個「第三性」族群，其中有些人做過閹割手術。這些人主要從事宗教儀式或賣春的工作。
28 原注：法卡雷提在東加語意味「第三性」。這個族群在性別上是男人，但具有女性的要素與舉止，並從事女人的工作。有時候，法卡雷提也會和男性結婚或賣春。薩摩亞也有被稱為「法法菲妮」（**Fa'afafine**）的「第三性」，也就是從事女性工作的男性族群。

行為？彥坂諦[29]在《男性神話》中指出，戰時的強姦是為了強化男性的連結。這時，根本不需要去質疑男人是否能在這種情況下勃起，因為只有能夠勃起的男人才能獲得同袍的認同。在這種男人達成連結的儀式，女人只是共同的受害者。

戰時的強姦是和平時期輪姦的延伸，這讓我想起早稻田大學的玩樂社團「Super Free社」強姦事件。我曾經閱讀有關這次事件的紀錄，其中的描述大致如下：這個社團的學生利用烈酒灌醉前來參加同樂會的女孩，並在她們失去意識後進行輪姦。對於一些從外地前來東京讀書的同學，社團成員則會以「讓你留下一個美好的回憶」為理由，慫恿他們參與輪姦。面對一具沾滿嘔吐物、爛醉而毫無反應的女體，這群年輕男性的勃起不僅達成性的主體化，原本的草食男也被改造成野獸男。對於這種低級的特權意識、男子氣概以及共犯結構下的同性社交，有位學生在上野研討會[30]的報告中形容這是一種「巧妙的勞務管理術」，或許軍隊在管理士兵的方法上也有著類似的地方。

29 彥坂諦（一九三三—），日本作家。《男性神話》一書在分析日本侵略戰爭下的士兵性行為。

30 上野研討會為作者上野千鶴子所主辦的研討會，至二〇一四年九月為止，已召開了二十一次會議。

男人會談論性嗎？

男人的猥褻言論只是男人之間的禮貌對話，這時的女人不只是性客體，也是男人言語貶抑和凌辱的對象。但不是所有涉及下半身的話題都算是猥褻言論，因為猥褻言論有著一定的方法和規則。這是一種男人藉以互相確認彼此是「性主體」的儀式，加藤秀一[31]把這種儀式稱為「男性對話」。

雖然男人看起來似乎是以這種形式在談論性的話題，但我從以前便一直感到奇怪的是，男人似乎不會聊到自己的性經驗。相對於男人，女人在談論性的話題時比較忌諱聊到下半身和性器，因為這類言詞已經變成充滿男性侮蔑的代名詞。日語中比較明顯的例子是，做愛可以用「插穴」的俗語來形容，但卻沒有聽過「玩雞巴」的說法。女人的性器彷彿不再是女人自己的器官，而被視為男人的慾望客體而成了性行為的代名詞。性器被稱為陰部，性毛被稱為陰毛，這些都有礙於女人正視自己的身體。直到最近，女人才開始勇於談論自己的身體和性經驗，並在驚嘆和興奮的心情中彼此討論這種新鮮的體驗，其中的部分改變也記錄在《海特性學報告》和《我們的身體．我們自己》這兩本書裡。

31 加藤秀一（一九六三－），社會學家、日本明治大學社會學部教授、女權主義者。

當我談到「女人終於開始談論性」時，腦中突然閃過一個疑問：那麼，男人呢？男人真的會談論性嗎？雖然男人看似很喜歡談論猥褻的話題，但或許他們只是習慣在這種框架下談論自己的性意識，卻沒有能力用言語表現那些還未被定型的性經驗；也就是說，性的主體化對男人具有強大的壓抑與定型效果。

「身體史」的提倡者荻野美穗[32]曾經嚴厲地批判，人們總以女性身體作為研究對象，以及男性在編輯身體史時從不以男性身體作為主題。她在自己也有參與編輯的《身體巡禮（2）身體資源》中對加藤提出一個問題：對男人來說，身體是什麼？加藤在面對這個問題時，以第一人稱的角度謹慎地進行邏輯分析。他把身體區分成「第一人稱的身體」和「第三人稱的身體」，而男人口中的身體只是「第三人稱的身體」。「兄弟，你也是個男人。你一定了解吧？」對於男人這種彼此博取認同的定型對話，加藤稱之為「男性對話」。男人如果禁止自己進行「男性對話」，是否還有其他的陳述方式？雖然他的坦承值得肯定，但他的嘗試卻沒有成功的可能。

一個人無法單獨完成男人對於「男人」的認同與排除。社會學家佐藤裕在《差別論》中指出：「進行差別化需要有三個人。」如果換個說法來表達他對差別的定義，就會出現以下結果：

32 荻野美穗（一九四五—），歷史學家、同志社大學教授，專長為女性史和性別研究。

「所謂的差別，就是藉由把某人他者化來獲取其他人的認同。」

如果把其中的「某人」換成女人，把「其他人」換成男人，就成了「性差別」的定義。這時，佐藤所舉的這個例子就會出現以下結果：

「真搞不懂女人在想什麼！」

男性A的這句話並不是針對女性B，而是藉由把女性B他者化來獲取男性C對於彼此都是「男人」的認同。這時，即使不存在女性B這個人也無所謂。如同佐藤所說的，「排除是一種共同行為」。男性C只要表示認同男性A的意見，也就實現了差別化的行為。男性C一旦反駁「是嗎？我沒有這種感覺」時，男性A就無法和男性C達成男性的群體認同。在壁壘分明的性別二元制下，不允許中間性別的存在，因此不是男人就是女人，不是女人就是男人，背離男人就等同是「被女性化的男人」。為了掩飾自己的疑惑，男性A有可能轉而批評男性C的背離：「不會吧！你還算是個男人嗎？」

加藤和佐藤一樣，對於「男性對話」中的說話者與傾聽者的「共犯關係」進行研究，並把這種強迫男性認同的定型化對話稱之為「男性對話」。

如上所述，要求男人保證「自己是男人」的，不是異性的女人，而是同性的男人。男性集團在承認男人的同時，也會要求男人進行性的主體化。如同拉岡指出「慾望其實是指他者的慾望」，男人則是藉由模仿其他男人的性慾來完成性的主體化。成為男人的管道有限，猥褻言論在成為一種定型化對話下，男人只能以第一人稱的方式進行對話。男人如此在意自己的勃起能力和射精次數，或許正是因為男人之間只有在性事上，才有著相同的比較基準。因此，我們在談論「男性的性貧乏」時，便得回溯考察男性在成為性的主體過程中，這種不斷排除「背離標準」與「多樣性」的定型化模式。

三、性的雙重標準和女性的分化統治
——「聖女」和「妓女」的他者化

性別．人種．階級

人們不了解一個人，或是不願意付出更多努力去了解一個人時，就會說出這樣的話：反正，我跟他是不一樣的人。

我在面對某些男人時，腦中也經常浮現這樣的念頭：這傢伙簡直不是人，要不然就是個跟我不一樣的人。

每當有人把我和「團塊世代」[33]混為一談，我總會表示自己和「團塊男」、「團塊女」是「不

33　團塊世代是指日本戰後出生的第一代，狹義指昭和二十二至二十四年（一九四七—一九四九）的人群；廣義則指昭和二〇年代（一九四六—一九五四）的人群。

一樣的人」。團塊世代的男女始終堅信這世上存在浪漫的愛情，卻又全走向同床異夢的結局。這群人在父系家庭下成長，嚮往「戀愛結婚」，也確實履行了這個觀念。一九六〇年代後半，他們大多以「戀愛」而不是「相親」的方式選擇自己的配偶。然而，如今有許多人在面對自己的另一半時，或許都會忍不住想著，眼前的這個外星人真的是我當初愛的那個人？或許有許多妻子在看著坐在餐桌對面的丈夫時，內心都會浮現這種無比沮喪的感覺。

薩伊德在《東方主義》中指出，「我們」在面對無法理解的對象，如外國人、陌生事物或異教徒時，通常會以人種化或性別化的方式來加以排除（也可稱為「他者化」），而這兩種方式之間有著緊密的關聯性。換句話說，「東方」就是「女人」。這時，「東方」成了「異國」的代名詞，「東方主義」則是把不同社會他者化的模式。

薩伊德把東方主義簡單定義為「西方對於東方的認知」，也就是東方主義中的東方，只是西方的認知與期望的幻想。無論西方人再怎麼鑽研東方，也不可能了解真正的東方，因為東方主義裡的東方只存在於西方人的腦袋。

普契尼[34]的歌劇《蝴蝶夫人》的女主角蝴蝶夫人應該是最膾炙人口的「東方女性」代表。在東

34 賈科莫・普契尼（Giacomo Puccini，一八五八－一九二四），義大利作曲家。著名的作品有《波希米亞人》、《托斯卡》與《蝴蝶夫人》等歌劇。

方主義的觀點下，蝴蝶夫人就是日本的象徵。依照現在的說法，蝴蝶夫人就是駐外武官的當地妻子。她的愛人在接到轉調命令後，理所當然地離開日本。但她卻無法割捨這段感情，每天無助地望著海幻想：「有一天，你一定會回來迎接我……」這種情節顯然不是蝴蝶夫人的幻想，而是創造出蝴蝶夫人的普契尼的幻想。

對「西方男人」來說，再沒有比這更美好的幻想。女人在這時成了無法理解的他者、充滿誘惑的快樂泉源，卻又軟弱到無法對他們造成任何威脅。女人不僅扮演引誘者的角色主動獻身，即使他們離開後女人也還是無怨無悔地愛著他們。「西方男人」藉由這個故事滿足自己的自尊心，表達對「被自己拋棄的女人」的不捨，並從女人的偉大愛情中獲得淨化。但世上真有這種事？無論如何，在西方人的極度幻想下，他們從不曾想過這世上怎麼可能存在這種女人。東方主義就是為了方便統治集團忽視他者現實的策略，因此「日本女人是否真是如此」的聲音始終無法傳進他們的耳朵。坦白說，我認為東方主義是西方男人用來自慰的工具，因此我實在無法了解日本觀眾為何會對這種「自慰用的歌劇」拍手叫好。對我來說，觀看《蝴蝶夫人》只會讓我一肚子火，根本毫無樂趣可言。

而人種和階級是息息相關的。

最近的人種研究普遍認同，人種和性別都是歷史的建構物。現代人是人屬中唯一的物種，任何人類的基因都有百分之九十九以上完全相同，因此刻意把「人種」分類，只是為了從膚色區別出不同的人類。性別則是藉由把女人以及「無法變成男人」的男人，驅逐到「非男人」的分類以便維持男人的界線。白人研究逐漸揭露，人種只是白種人為了區分「白人」與「非白人」，以及賦予「白人」統治劣等人種的資格而創造出來的分類方式。從歷史的角度來說，「人種」則是帝國主義為了統治世界而創造出來的概念。

馬克・吐溫的《頑童歷險記》[35]堪稱是一部家喻戶曉的美國建國神話。諾貝爾獎得主黑人作家童妮・摩里森在她的著作中分析這本小說時指出，在確立哈克的「白人性」（whiteness）上，逃亡的黑人奴隸是不可或缺的角色。這部描述一位男孩長成男人的美國版成長小說，是一部「真正的美國人（男人而不是女人）是如何誕生」的名著。哈克幫助逃亡奴隸的過程經歷獨立戰爭、南北戰爭、奴隸解放的美國，並成了擁抱民主與自由的高貴美國「白人男性」的象徵。白人對於這種「白人性」毫無自覺，也不曾有白人從事這方面的研究，因此摩里森這樣的黑人女性才會投入白人研究（Whiteness studies）。

過去，人們在人種上有著不同的分類方法。西方帶有偏見的人種主義在明治期間傳入日本時，

35《頑童歷險記》（*Adventures of Huckleberry Finn*）是《湯姆歷險記》的續集。

當時文獻上採取「上等人種」和「下等人種」的用語，意義如同今日的「上層階級」與「下層階級」。「下等人種」具有貧窮、懶惰、性墮落的特徵，而且這些特徵不僅無法改善，還會如同基因般世代相傳。

例如妓女出身於「下等人種」，雖然是一種無法否認的社會事實，但當時的社會卻把這種現象解釋成這些女人賣春並不是因為貧窮，而是由於她們天生「淫亂」。明治時代的首要「女性敵人」嚴本善治[36]更主張「自我負責」的說法，表示那些女人是自己選擇了這種放蕩的生活方式。

明治時代的自由民權論者植木枝盛[37]是一位著名的男女平權論者，他經常前往各地向聽眾講解他的男女平權論，但他這個人卻是出了名的言行不一。他有一件有名的事蹟是，他每天都會詳實地在日記上記錄自己的行動，而在這本日後發行的《植木枝盛日記》中有著這麼一段記載：

明治十三年九月十七日晚，前往千日前[38]會場演說，講述男女平權論，召喚菊榮奴。

36 嚴本善治（一八六三－一九四二），女性教育家、評論家、事業家。
37 植木枝盛（一八五七－一八九二），思想家、政治家，自由民權運動的理論指導者。
38 千日前是位於大阪府大阪市中央區的一個地名及街名。

這段日記成了植木在男女平權的演講會後，前往妓院買春的證據。女權主義者因此批評植木「言行不一」，然而這對他其實沒有任何的矛盾。妓女在他眼中是「不一樣的人種」，所以沒有必要去在乎對應方式，更不可能把她們視為「平權」的對象。另外，他在其他地方曾經宣稱，能夠成為他妻子的女人一定得具有高尚的道德與學問，並且是個值得尊敬的女性。如果階級可以使認定女性的雙重標準成立，那麼植木的行為便不能被視為「言行不一」。只有當「平等思想」先普及，所有女人不問階級皆被視為平等的人類後，植木的行為才能被認定為「言行不一」。

「聖女」與「妓女」的分化統治

我在前面提到，厭女症是男性在性的主體化過程形成的女性蔑視，恐同症則是源於男性害怕男女界線變得模糊，而不得不持續證明自己不是個「娘娘腔」。

然而，厭女症有個致命弱點，就是「母親」的存在。男人一旦侮蔑生下自己的女人，就等於侮蔑自己的出身。因此，厭女症不只是女性蔑視，也有著女性崇拜的一面。這種說法難道不是相互矛盾？

性的雙重標準（Sexual double standard）可以解釋這種現象。

十八世紀至十九世紀，有許多男性思想家都具有厭女症的傾向，其中包括叔本華[39]、奧托・魏寧格[40]等。然而有趣的是，這些建立近代性別二元制的思想家，同時也是性的雙重標準的創造者。從歷史的角度來看，性的雙重標準建立於以夫妻為中心的近代家庭形成期，但性產業也是在這個時期形成。傅柯的《性史》第一章便使用以下帶有嘲諷意味的標題：「我們這些維多利亞時代[41]的人」。十九世紀初，維多利亞女王統治英國的時期被稱為是近代的黎明期，一夫一妻制與性產業在這時開始制度化，因此「維多利亞時代」也帶有「偽善」的意思。這個時代把那些光是看到蟑螂就尖叫到幾乎要昏倒的女人尊稱為高貴的「淑女」，而「紳士」上妓院則被視為理所當然。

性的雙重標準是指，針對男人的性道德和針對女人的性道德有著不同的標準。例如男人好色被認為是好事（如同吉行淳之介與永井荷風），但女人在性意識上卻得保持純潔與無知。近代的一夫一妻制雖然標榜「彼此的忠誠」，但男人其實從一開始就沒有遵守制度的意願（既然無法遵守規則，

39 叔本華（Schopenhauer，一七八八—一八六二），德國哲學家，代表作為《意志和表象的世界》。
40 奧托・魏寧格（Otto Weininger，一八八〇—一九〇三），奧地利哲學家，代表作為《性與性格》。
41 維多利亞時代（一八三七—一九〇一），前接喬治王時代，後啟愛德華時代，被認為是英國工業革命和大英帝國的鼎盛時期。

又何必簽下契約），他們只是需要找到一個可以讓他們違反規則的女人。

因此，男人在性的雙重標準下把女人區分成兩種集團：「聖女」和「妓女」、「妻子・母親」和「賣春女」、「結婚對象」和「玩樂對象」、「良家婦女」和「淫婦」……等。一個活生生的女人即使擁有靈魂與身體、子宮和陰道，但「生殖的女人」被剝奪了性愉悅的權利、限制在生殖的用途，「性愉悅的女人」則被排除在生殖的選項之外，並限制在性愉悅的用途。至於那些跨過這條界線生下孩子的妓女，則會被男人視為掃興的女人。

這裡的性愉悅指的是男人的性愉悅，因此男人不需要在意女人的性愉悅。這讓人不禁想到「慰安婦」的確是一種適切的稱呼，因為這時的「慰安」指的便是女人對男人的「慰安」，但「慰安婦」本身卻有如身陷地獄的奴隸一般。因此，許多倖存者都陸續出面表示「我們不是慰安婦」，並且斷然拒絕這種稱呼。

統治的定律是「分而治之」（divide and rule），也就是先進行分化來造成彼此的對立，因此統治者絕不會讓被統治者之間存在「連結」。從女人的角度來看，男人對於女人的統治除了把女人區分成「聖女」與「妓女」，還利用了階級與人種的分歧。

以「慰安婦」為例，慰安婦雖然也有日本女人，但日籍慰安婦和非日籍慰安婦（主要是朝鮮人）卻有著不同的待遇。日籍慰安婦大多為將校專用（雖然並非全都如此，但日籍慰安婦大多被視為日本軍人的當地妻子），朝鮮人慰安婦則是士兵的性工具。軍隊裡甚至稱朝鮮籍慰安婦為「朝鮮屄」。「屄」在中文的意思是指女性的性器，因此以這種方式稱呼這群女人，不只否定了她們的人格，甚至把她們貶低成性器的代名詞。這麼一來，也在慰安婦之間劃上了民族的界線，可見「只要是不同人種，即使不把對方當人看待也無所謂」。

軍隊中也有從軍護士，但她們卻很排斥讓慰安婦在戰場上照顧受傷的士兵，因為這會導致她們與慰安婦的界線變得模糊。護士可以接受士兵把她們視為「母親」或「姐妹」，卻拒絕士兵把她們視為「性對象」，因為「沒有被當成慰安婦」也是她們引以為傲的一點。在性的雙重基準下，遭到分化的女人會因為「妓女差別」而產生歧視的心理。據說，有些年輕士兵臨死前會要求看從軍護士的胸部。依照現在的說法，這就是一種性騷擾。我想有些護士可能會出於同情答應士兵的要求，但其中也可能存在一些強迫的案例。不過，護士的「聖女」形象可以幫助她們否認自己也有可能成為男人的性對象。或許是這個原因，在從軍護士的紀錄中還不曾發現性騷擾或強姦的案例。「妓女差別」不僅讓女人對於自己變成男人的性對象懷有「汙穢感」，也使得女人在受到性侵害時怯於承認，以及對於是否告發對方感到猶豫。

有些證據指出，當戰場上出現人力不足的狀況時，「慰安婦」便得在白天幫忙搬運彈藥和照顧傷兵，晚上繼續擔任士兵的性對象；有時甚至得扮演愛國婦人會[42]的角色，揮舞日本國旗為出征的士兵送行。殖民地出身的慰安婦會穿上繡有日本名字的浴衣和服偽裝成「祖國的女人」，到了戰爭末期，許多慰安婦更是和遭到追擊的士兵一起面對著共同的命運。

國防婦人會[43]和愛國婦人會是日本在戰時的兩大後援婦女團體。這兩大團體雖然都是由良家婦女組成，但源自大阪的國防婦人會比愛國婦人會更親民，因此獲得比較高的人氣。其中的祕密之一在於，國防婦人會的成員穿著白色圍裙和束衣袖帶的制服。女人只要穿上「白色圍裙」這種如同「聖女」般的衣服，便能瞬間跨越階級和種族的界線。事實上，根據國防婦人會的紀錄，大阪紅燈區的飛田[44]女人十分「感激」社會可以接受她們穿上「白色圍裙」，參加國防婦人會的隊伍為國家做出貢獻。因為這件「圍裙」，良家婦女和飛田女人的「階級界線」才能暫時消弭於無形。

至於那些「後方的妻子」呢？「貞操問題」對於國家是個隱密的議題，因為士兵的妻子和遺孀的貞操一旦遭到懷疑，將會影響前線士兵的士氣。「大後方歷史」研究者加納實紀代揭露，國防婦

---

42 一九〇一年時創立於日本東京的婦女團體，主要活動為救治傷兵和照料陣亡者的遺族。

43 一九三二至一九四二年間存在於日本的婦女團體，主要活動為替出征的士兵送行及製作慰問袋等後方活動。

44 飛田是大阪的紅燈區，一度是大正時期全日本最大的紅燈區。

人會有一個祕密任務是以慰問的名義，前往士兵家監視那些妻子的貞操。這些妻子和母親身為前線士兵的妻子以及陣亡士兵的遺孀，她們的性愉悅已經遭到剝奪，並且被限制在生殖的領域。儘管國家當時高舉「增產報國」的口號，卻也不可能讓她們生下不是丈夫親生的孩子。

德國由於在戰時損失了五百萬男性國民，而在戰爭末期推行獎勵生育的政策。在男性人口的嚴重不足下，有人甚至建議必要時可以讓納粹的親衛隊與後方的士兵妻子發生不倫行為。不過，這種建議由於太過荒唐，最後只能不了了之。

不論是脫離生殖及導向生殖，或是脫離性愉悅及導向性愉悅（兩者都是指男人的性愉悅），都是對女性的一種壓抑，因此無論是慰安婦或後方妻子都同樣受到壓抑。女人的性意識被分化成導向生殖與導向性愉悅時，便會造成雙方的對立與排斥。儘管男人對這兩者的壓榨和蔑視有著程度上的差異，卻不代表「聖女」就是值得推崇的一方，因為無論是「聖女」或「妓女」都是對女性的壓抑和「他者化」。「聖女」會「拒絕被當成妓女」以及蔑視妓女，「妓女」會認為自己是個「努力工作的職業婦女」，並嘲笑那些「家庭主婦」的軟弱與對男人的依賴[45]。

45 原注：在祇園（京都的鬧區與風化區）的藝妓界從事田野調查的美國人類學家麗莎．克里菲爾德．多爾比（Liza Crihfield Dalby，一九五〇—），雖然是這個業界的「榮譽」代言人，卻無視於這種階級上的差異而犯了人類學家的基本錯誤。

性雙重標準的兩難

男人在性雙重標準下對女人進行分裂統治，卻替自己創造出一幕奇特的悲喜劇，並因此陷入兩難的處境。他們在面對特定女性時，一旦變得「認真」便無法把那名女性當成「性對象」；相反的，一旦被他們視為「性對象」，他們便無法「認真」對待對方。我曾經聽一位出身舊制高中的年長男性提起一段他自己的親身經歷，當時的他帶著有如陷入回憶似的表情，對我說出這段年輕時的「浪漫往事」：

> 以前，我曾經和一位自己很喜歡的女性一起旅行了好幾天，但期間我卻連她的手都沒碰過。旅途中，我發覺她的心情似乎有點鬱悶，但我認為自己不應該去碰她，因為我很在乎她，所以我認為自己和她之間應該保持純潔的狀態。

雖然我很想告訴他，自大也要有個限度，但或許對於這個年代的男人來說，這就是他們「珍惜」女人的方式。一個活生生的女人一旦遇到這種事，「鬱悶」只是很正常的反應。但一個男人明知如此卻又故意無視於女人的「鬱悶」，就是一種「自私」的表現。女人遇到這種男人只能自認倒楣，因為這種男人「在乎的」不是女人，而是他的主觀想法以及他自以為的「純潔」與「浪漫」。

男人真的愛一個女人，就不能和她發生性行為？男人一旦和一個女人發生性行為，就表示不愛她？這種因為性雙重標準導致的兩難，不只發生在過去也延續到現在。如今的年輕女孩在面對男友要求發生性行為時，依舊會懷疑男友是否真心，或只是想要玩玩。那些對妻子有勃起障礙的男性，一旦到了風月場所卻又變得生龍活虎。這些男人就如同那位就讀舊制高中的老伯，他們一旦面對必須在乎對方反應的女性就會無法勃起，在面對其他女性時卻又變得生龍活虎，但這或許只能歸因於男人的自作自受。

在找到這種雙重標準的機制後，就可以了解植木枝盛並沒有「言行不一」。他雖然把紅燈區的女人當成性工具，卻又為那些「可以成為妻子的女人」追求「男女平權」，這代表女人在他眼中「具有不同的用途」。植木把這種區別正當化的理由來自於階級的界線，而一旦回想起明治時代是怎樣的一種階級社會，就會了解「階級」本身就是一種無法跨越的「人種界線」。

但這種為男人建立的制度，總會為男人預留一些後門。下流階層的女性雖然無法成為男人的妻子，卻可以成為男人的情人和小妾。不過，有些下流階層的女性在成為上流家庭的養女後，便有機會成為男人的正式妻子。婚姻是男女雙方家族透過結盟把彼此社會資源最大化的權力遊戲，因此男人娶妻時都會檢視女方的家世地位與財產；只有笨蛋才會替妓女贖身並把她娶回家，或是迎娶下女而錯過把自己的資源最大化的機會[46]。

從這點來看，與植木同時代的人大概從沒考慮過妻子得具有美貌和家事能力，因為妓女和下女可以填補他們的需求。對他們來說，最重要的應該是女方的家世與財產，以及是否具有家政和生育能力，至於美貌與性魅力則不在他們的考慮範圍。有句俗話說：「三年無子，丈夫休妻。」但這只是一句神話，因為在家族聯姻的情況下，不孕的妻子地位依舊十分穩固。江戶時代，十戶家庭中約有一戶家庭有不孕的問題，如果夫妻很想要孩子，還是可以藉由收養來達成傳宗接代的使命。根據柳田國男[47]的研究，明治時代鄉下的越後女人會留在娘家直到生下孩子，前往夫家前她們也會先確認自己是家中的主婦後，才會帶著具有繼承權的孩子堂堂正正地出嫁。在這種階級明確的近代社會，一個來路不明的女人光憑美貌就想嫁入名門，根本是天方夜譚。

以發表日本女性解放運動宣言而聞名的田中美津[48]，在《女性自廁所的地位解放》[49]中嚴厲指

46 原注：從各種史料可以看出，人們不管是相親結婚或是戀愛結婚，都會選擇讓自己在相同的階級中獲得資源最大化。

47 柳田國男（一八七五—一九六二），民俗學者、政府官員。

48 田中美津（一九四三—），一九七〇年代日本女性解放運動的傳說性領導人。

49 原注：本文摘取自一九七〇年八月二十二日，婦女團體在「歧視＝侵害」的亞洲婦女會議上所散發的一則具有里程碑意義的宣言。

責男人以「聖女」和「妓女」來分裂統治女人：

對男人而言，女人具有兩種不同面向：母性的包容＝母親、性慾處理機＝廁所……男人把女人看成「母親」或「廁所」，表現在他們把對方視為結婚對象或玩樂對象……男人把女人看成「母親」或「廁所」的意識，源自他們把性行為視為是汙穢的行為，並且予以否定而產生的兩種極端意識……但無論是玩樂對象或結婚對象都有著相同的源頭。不管從哪個觀點檢視，「母親」或「廁所」的意識都具有相同的本質……

近年來，女人不只得扮演「性慾處理機」，隨著生殖科技的進步，女人甚至成了「生產機器」[50]。隨著代理孕母的時代來臨，女人的子宮成了一種可以出借的物品。一九八五年，加拿大作家瑪格麗特・愛特伍[51]寫了一本小說名為《使女的故事》。這本科幻小說描述男人在妻子的許可下，可以進行以生產而不以性愉悅為目的的性行為。這種描述終極生殖管理社會的惡夢或許很快就不再

50 原注：二〇〇七年一月二十七日，安倍內閣的厚生勞動大臣柳澤伯夫，由於在少子化的問題上提及女性是「生產機器」而公開道歉。

51 瑪格麗特・愛特伍（一九三九－），加拿大詩人、小說家、文學評論家、女權主義者、社會活動家。

是一種幻想，因為如今的人類即使沒有野蠻的性行為，也可以透過人工授精來達成生產的目的。女人出借子宮自然是為了錢，而不是出於大愛。在美國，代理孕母的報酬大約是六萬美元，印度則只需要一萬二千美元左右。代理孕母的產業在全球化下，開始利用國與國之間的經濟落差。印度甚至有一整村的人都在仲介業者的安排下從事代理孕母的行業。如今，男人對於產下自己孩子的女人已經不需要背負「一輩子的責任」。

八〇至九〇年代，遭到「聖女」和「妓女」分化的日本女性終於可以完整掌控自己的身體。「良家婦女」和「妓女」的界線變得模糊，性的自由市場上充斥著妻子、母親和女兒的身體。這個令男人感到震撼的事實使得他們驚覺從事「金妻」[52]與「援交」[53]的女人，有可能是他們的妻子與女兒。女國中生和女高中生則發覺，自己「被禁止從事性行為的身體」[54]在男人眼裡具有很高的價值。從此，女人的身體開始出現性的雙重標準，這時的女人與「東電ＯＬ」[55]已經沒有太大的區別。

52 金妻的說法源自一九八三至一九八五年上映的戲劇《給星期五的妻子們》，意指發生不倫的婦女。

53 原注：援交是援助交際的縮寫，也是賣淫的委婉說法。一開始，原本是一些上班族和女大生以「援助」學費和購買衣物的名義進行賣淫，後期變成指國高中女生進行賣淫的行為。

54 原注：大塚英志在《少女民俗學》中對於少女的定義為，「年齡上已經達到性成熟，但身體上仍然被禁止發生性行為」。

55 「東電ＯＬ」指發生於一九九七年「東電ＯＬ殺人事件」中的女性受害者。該名女性畢業於慶應義塾大學經濟學部後，進入東京電力公司工作。由於她白天在大企業上班，晚上卻從事賣春而在日本引起一陣騷動。

四、「剩男」的厭女症

「性弱者」論的陷阱

在年輕的男性論者間，不知何時開始出現了「性弱者」論。

森永卓郎[56]表示隨著戀愛與性的市場管制逐漸寬鬆下，性開始轉向自由市場化，並且依據個人的戀愛資源多寡，區分出性的強者與性的弱者。如此一來，女性便逐漸往「人氣男」的身邊聚集，「剩男」則愈來愈不受女性關注。宮台真司[57]指出：「當尋找性對象的機制變得愈來愈『自由市場化』，許多男人將會因此淪為性的弱者。」

56 森永卓郎（一九五七—），經濟學家、獨協大學經濟學部教授、藝人。

57 宮台真司（一九五七—），社會學家、首都大學東京都市教養學部教授。

只要讀過這篇文章，就會發覺作者是採「男性」的論述觀點，因為這篇文章從頭到尾都沒有提到女性的「性弱者」。儘管女性應該也存在「男性不屑一顧」的性弱者，但就像我在本書第十三章中將會提到的，從「醜女不是女人」以及「無法引起男人慾望的女人沒有當女人的資格」的標準來看，這些女人在「性市場」上毫無價值可言。從女人無論美醜或年齡都會遭到強姦的事實來看，引發男人反應的不是女人的特質，而是女人的符號。儘管身障女不被男人當成女人，卻還是淪為男人性騷擾的對象。智障女也不被男人列入戀愛與結婚的考慮對象，卻也淪為男人強姦的對象，甚至因此懷孕。男人從不曾把這些女人列入「性弱者」來分析，他們口中的性市場更具有明顯的性別不對稱。

「性弱者」論透過「弱者」的詞彙連結「社會弱勢」和「少數族群」[58]，並認為「弱者」是一種社會現象，社會是使「弱者」變成「弱者」的原因（性弱者論在這裡認為是來自女性的選擇），因此社會負有救濟「弱者」的責任。這種奇特的邏輯不僅具有明顯的性別不對稱，並認為女性不具

58 原注：由於「性弱者」論關係到真正「社會弱勢」的身障者，使得這個議題變得更加複雜。男性身障者無論在身體、社會、經濟上都是屬於弱勢族群，他們在性的自由市場上也被視為是性的弱者。身為性弱者的身障者具有滿足自身性慾的權利，因此有關於是否應承認身障者的賣春，以及滿足其進行手淫與性行為的需求成為社會爭論的議題，然而，即使在這個議題上，女性身障者的「性弱者」問題也在有意無意間遭到忽視。

有改變命運的能力（性弱者論在這時又認為男性的選擇導致女性之中出現性弱者，因此救濟女性的性弱者成了男性的責任）。然而，女人只有成為男人的慾望對象，才能獲得「男人的性救濟」；對大多數論為「性弱者」的女性，這樣的救濟想必只會讓她們感到不屑。

赤木智弘[59]在網路上引發熱議的文章〈我真想賞丸山真男[60]幾巴掌——三十一歲，自由撰稿人，期待戰爭〉（二〇〇七）即以十分單純的方式表現了男性的這種邏輯。這種缺乏條理的言論卻造成這個論壇的「震撼」，可見這個論壇本身具有丸山真男情結與容易受到「戰爭」語彙挑動的「男性度」，而赤木或許早已料到會有這樣的結果。在這篇文章中，赤木簡單地把人類依照人種、性別和年齡進行區分：

> 相較於在日本生活的外國人和女性，以及那些只有在景氣復甦時才有可能輕鬆找到工作的年輕人，人們應該會比較尊敬我這種「三十一歲的日本男人」。雖然我是個貧窮的勞動階級臨時工，但只要這個社會開始右傾，我就會贏回作為一個人的尊嚴。

59 赤木智弘（一九七五—），自由撰稿人。

60 丸山真男（一九一四—一九九六），政治學者、思想史家、東京大學名譽教授、日本學士院會員。

赤木主張像他們這種性弱者，職業婦女應該要把他們當成「主夫」來供養。雖然我很想知道如果真是如此，他是否有覺悟要如同女人從事家務、育兒、照顧老人，為另一半提供性服務及忍受家庭暴力，可是他卻完全沒有提及這方面的事。社會上很少「主夫」的原因，不只是因為有能力供養主夫的女人不多，也因為願意成為主夫的男人很少。男人心裡一定很清楚成為主夫是一件很吃虧的事，而且原本就有些男人既不工作也不負擔家事，只是我們過去並不把他們稱為「主夫」。反過來說，到目前為止也不曾有人主張過，有經濟能力的男人有義務供養在經濟上是弱者的女人，更沒有人提及女性弱者為了獲得有經濟能力的男性供養所付出的一切犧牲和努力。赤木提出一個奇怪的公式：「男性強者（工作＋）」＞「女性強者（工作＋、家事－）」＞「女性弱者（工作－、家事＋）」＞「男性弱者（工作－）」。這個公式把「男性弱者」排在最後面，並刻意排除沒有結婚也沒有工作的女性，以及在不利條件下工作和扶養小孩的單親媽媽等「女性最弱者」。「強者女性」雖然可以獲得和男性一樣的收入，人數卻非常少，而且她們婚後還是得同時擔負起沉重的工作與家事。「男性弱者」和「女性弱者」既然有著（工作－）的共同點，為何「男性弱者」卻不需要負擔任何家事？從這篇充滿謬論的文章也可以看出，赤木根本不了解也不關心女性的現狀。

「性弱者」論成了性自由市場上的一股抱怨，任何以性自由市場為前提所進行的議論都會被擯斥為「強者理論」。我在和宮台真司的一場對話中，因為提到性弱者得「磨鍊自己的溝通技巧」而成了被批評的對象[61]。但無論是性或戀愛，都是一種接近他人身體的技巧。廣義來說，這種技巧也是溝通技巧的一部分。由於這是一種社會技巧，所以應該可以從社會上學習。相較來說，買春只是以金錢為媒介來一舉縮短這種接近的過程（也就是即使沒有溝通技巧的人，也可以擁有性行為），但這只不過是強姦的另一種模式。

性的自由市場

如同山田昌弘[62]所言，「魅力資源」在性的自由市場上存在分配不均的問題，因為這種資源無法被轉化成學歷、職業、地位、收入等社會經濟資源。有許多男性儘管擁有高學歷、高收入，卻還是不受女性歡迎。關鍵因素若是男人的身高、外表和運動能力，卻又有許多不具備這些條件的男人依舊受到女性歡迎。「魅力資源」無法交換，只有消費它的當事人才會把它視為一種有用且可用的價值。這麼一來，性和戀愛最後便成了一種人際關係。放鬆性的市場管制或許也等同於，要求男人

61 原注：小谷野敦曾經指出：「上野千鶴子等人表示，比起外貌和學歷等造成『缺乏人緣』的要素，溝通技巧顯得更加重要」，因此我在此呈現出這個問題。

62 山田昌弘（一九五七—），社會學家、廣告撰稿人、中央大學文學部教授。

得要具有「人際關係的技巧」。

那些埋怨性市場自由化的人，通常都很懷念以前那種「嚴格管制」的婚姻市場。那是個美好的時代，男人們不需要努力「相親」就會有熱心的婆婆媽媽搶著要當媒人婆，因此自然形成男男女女都找得到結婚對象的「全民結婚社會」。不過，如果認為只要實施一夫一妻制就可以達成全民結婚的目標，那可就錯了。在地位懸殊的階級社會，往往會因為上層階級的男性獨占了許多女性，導致下層階級的男性找不到結婚對象。以江戶為例，這個單身者都市便是以擁有繁榮的紅燈區而聞名。進入近代以後，社會上依舊存在重婚的現象。有經濟能力的男人除了妻子，還會擁有幾位小妾和情人。日本在經濟高度成長的初期，幾乎所有男人都可以娶到妻子，落合惠美子[63]把這稱為「再造平等主義」（也就是女人和小孩的平等分配）。一九六〇年代中期，「全民結婚社會」達到幾近百分百的結婚率後，開始逐漸下降。這個時期的時間雖然不長，但日本或許只有在這時才算是達成了「（男人的）性平等」。

對女人而言，「全民結婚社會」的意義是什麼？在結婚成為必然的時代，沒有結婚的女人就無法在社會上生存，因此婚姻在這個時代也被稱為是女人的「永久就業」。

63 落合惠美子（一九五八—），社會學家、京都大學教授。

現今社會，婚姻不再是女人的唯一選項。女人的結婚意願低落、離婚率升高都意味著，現代女人已經擁有「永久就業」以外的選項。雖然男性論者內田樹[64]和小谷野敦[65]仍在懷念那個「全民（不得不）結婚的時代」，山田昌弘和白河桃子[66]則是主張這是個「相親時代」，只是這些言論在「全民結婚社會」的戲碼已經落幕的今日看來，或許只是不合時宜的想法。

秋葉原事件和「剩男」

二〇〇八年，加藤智大在秋葉原犯下隨機殺人事件後，「剩男」的「男性問題」頓時成為大眾關注的焦點。根據加藤自己的說法，他行凶的動機不是考試失敗或與家人不和，也不是約聘工作結束下的失業，而是沒有女人喜歡他。「剩男」竟然成了隨機殺人的理由，更何況這些人根本與這件事毫無關係，這種事實在令人難以置信。

---

64 內田樹（一九五七—），哲學研究者、思想家、倫理學者、武道家、翻譯家、神戶女學院大學名譽教授。
65 小谷野敦（一九六二—），比較文學家、評論家、小說家。
66 白河桃子（一九六一—），記者、相模女子大學客座教授。

加藤曾經表示，他對自己的外表缺乏自信，並認為自己是因為長相不好才會交不到女朋友。或許，這種理由會讓某些人忍不住大叫：胡說八道！無論這是否是事實，至少我們可以了解加藤認為長相不好是導致他變成「剩男」的原因，而這也成了他的「動機語彙」[67]。從某個角度來看，把「沒女人緣」的原因歸結到長相，也是一種保護自尊的安全手段。一般人通常會認為學歷和職業可以透過努力改變，而無法經由努力來改變的外表就只能埋怨父母。加藤或許曾經沮喪地想過，自己缺乏足以吸引女性的學歷、職業和收入，只能把最後的希望全放在外表上，畢竟牛郎店裡有許多男人便是靠著外表逆轉人生。然而，當他認清自己連外表也不及格時，這就成了壓垮駱駝的最後一根稻草。無論如何，從加藤的思考方式可以看出他十分缺乏與女性交往的實際經驗。在他眼中，女人大概是一種只會對男人外表產生反應的簡單生物，這也突顯出他貧乏的異性觀。

那些被稱為「性弱者」的男性，大多在缺乏與女性交往的實際經驗下，只能憑空幻想現實中的女性是什麼樣子。一旦認同這點，自然就能理解三浦展[68]對「剩男」的以下說法：

67 原注：動機語彙是社會運動論裡的資源動員論語彙，用來指涉一些可以用來動員群眾，並且比較容易獲得社會認同的語彙。

68 三浦展（一九五八—），消費社會研究家、評論家。

對現代的日本年輕人（三浦的『年輕人』也是單指男人）來說，「人緣」和「外貌」不只是人生最重要的問題，也是M型社會的根本問題。

加藤在犯下秋葉原事件前，在網路上發表了這麼一段文章：

如果我是個帥哥，我就交得到女友；如果我有女友，我的性格就不會變得這麼古怪。我會從事一份十分普通的工作，過著擁有房子與車子的正常生活。我的長相就是導致這一切的罪魁禍首。（五月八日早上五點三分）

對於加藤和赤木而言，所謂的「正常生活」很明顯的就是以工作和婚姻為基本條件下的傳統男性生活。

對於戀愛弱者論把「不受女性歡迎」歸結於「長相難看」的觀點，鈴木由加里[69]引用了東京大

69 鈴木由加里（一九六五—），哲學家、評論家。

學副教授本鄉和人[70]的文章：

女人都是混蛋！我受夠了，也不想再忍下去了。從小到大，我因為長得醜、身材矮胖，所以始終不受女生的歡迎。事實上，我直到現在都還沒有交過女友……那些難纏的女權主義大嬸總是說「宅男是因為溝通能力不足才會交不到女友」，但事實並非如此。我交不到女友絕不是因為我是個宅男，而是因為那些以貌取人的女生從來沒有給過我機會。既然如此，我又何必作踐自己去巴結她們？[71]

女人要是長得醜，想必都有過被相親對象打槍的經驗。然而，一直以來女人卻還是不斷透過「相親」來「作踐自己、巴結男人」。從這點來看，男人只是還不習慣變成弱者，所以才會害怕這樣的體驗。不過，他們還是可以選擇「退出」戀愛市場。過去，女人得面對「沒有男人要的女人就是廢物」的判決；如今，男人也得面對「沒有女人要的男人就是廢物」的判決。從女人的立場來看，這

70　本鄉和人（一九六〇—），歷史學家、東京大學教授。
71　原注：鈴木指出「男性或許原本就有『輕微的女性厭惡』」。事實上，男性的女性厭惡並不適合用「輕微」來形容，因為依照賽菊寇的研究，女性厭惡正是男性性的本質。

只不過是修正了過去那種不對稱的性別關係。

加藤說：「如果我有女朋友，我就不會辭掉工作、丟掉車子、面臨破產以及變成低頭族，那些交得到女友的人大概很難了解我的心情。」

加藤把「有女朋友」視為逆轉人生的關鍵，是一種倒果為因的思考方式。事實上，他是因為「辭掉工作、丟掉車子、面臨破產和變成低頭族」才無法交到女友。

對男人而言，「有女朋友」的意義到底是什麼？或者說，一個沒有學歷、工作和收入的男人，為什麼會把「有女朋友」這件事看得如此重要，甚至視為逆轉人生的關鍵？原因就在於男人認為，一個男人得要「有女朋友」才稱得上是一個真正的男人。

對男人而言，「有女朋友」的意義在於獲得女人的青睞？從本書第二章賽菊寇的「同性社交」觀點來看，男人並不會因為「有女朋友」而變成一個真正的男人[72]。男人只有獲得男性集團成員的認可，才能成為一個真正的男人。女人只是他們加入男性集團成員的一項條件，甚至是事後的獎賞。從文字意義來看，「有女朋友」的意思等同「擁有一個女人」，而這也就實現了成為一個男人的基本條件。男人即使不具備任何其他條件，擁有一個女人還是足以讓他成為一個男人。反過來說，一

72 原注：男女在這一點存在不對稱性，女人只有獲得男人的青睞才能證明自己是個女人。

個男人就算擁有優秀的學歷、職業和收入，「無法擁有一個女人」[73]還是會降低他的男性價值。對於男性集團來說，這樣的男人稱不上是一個真正的男人，也不會接納他成為正式的成員。相較於女人，男人更不想承認自己是「敗犬」和沒有性經驗。

為了說明這些「剩男」對女人抱持什麼樣的態度，接下來就舉幾個三浦在其書中所提及的案例。

「我的思想比較保守……我不喜歡巴結女人……討好女人會讓我感覺很不舒服……」（二十七歲，正職員工）

「『只要對女人冷漠，她們遲早會主動來找你』……不過這可能只是我單方面的想法。」（同右）

「我從不會主動製造和女人談話的機會。」（二十七歲，無業）

「我只要和女人單獨說話就會緊張、不曉得可以說什麼。反正女人也不可能喜歡我，與其自討苦吃，還是選擇自慰算了。」（二十五歲，正職員工）

73 原注：「無法讓妻子聽話」的男人以及「對妻子唯唯諾諾」的男人，都會成為男性同伴的嘲笑對象。男人把老婆通姦視為恥辱的原因，並不是因為老婆的背叛，而是因為這暴露出他沒有能力掌控自己的老婆。因此，男人殺死情夫是想要挽回名譽，而不是出於嫉妒。

怪不得這些男人會沒有女人緣。

話說回來，他們想要的究竟是怎樣的女人呢？

三浦的書中點出了他們的真心話：「男人要的只是懂得給他面子的女人（不問長相）。」

對男人來說，女人最重要的任務就是保全他的面子。不管什麼樣的女人，想要有男人緣的話，祕訣就在於絕不能讓男人沒有面子。男人吹牛時，就算妳已經聽過很多次，還是得耐心傾聽並一臉崇拜地仰頭看著他，輕聲說：「哇，你好棒！」[74]如果妳懷疑這麼做的效果，不妨找個機會嘗試一下。對於一個怎麼看也不可能「好棒」的男人，這些話就如同在告訴他：「只有我了解你的優點。」如果妳再告訴他「你是我唯一的男人」，效果肯定更加完美。

自由撰稿人佐藤留美在她與三浦合著的書中，引用了一則一九八〇年代的傳統觀點。當時，田原俊彥[75]是女性周刊《an・an》票選「女人最想要的男人」的第一名。周刊採訪時，田原留下了這麼一段發言：

74 原注：有一句俗語把女人使用魅力來操控男人形容成讓男人數她的鼻毛。事實上，女人如果貼著男人，並仰起四十五度角抬頭看著男人時，男人的確會看見女人的鼻孔，因此這句俗語的形容方式確實十分貼切。

75 田原俊彥（一九六一—），歌手、演員。

我想交個女朋友，最好是那種文靜、可愛、嫻淑、傳統、樸素的女孩。我認為自己看女人的眼光還不錯。

佐藤評論道：「如果男人到了現在還懷抱著這種想法，那麼他們就得要有相當的覺悟。」但從前面那些年輕人的說法可以看出，現代男人的「眼光」還是很不好；或許這是因為大部分女性都認為，讓男性繼續保持這種誤解對女性比較有利。

「女高男低婚」的結局

相較於加藤的例子，演員藤原紀香[76]和陣內智則[77]是屬於「門不當戶不對」的案例。二〇〇七年，兩人舉辦了花費五億元的豪華婚禮。但二年後，便出現兩人因為陣內的出軌和家庭暴力而宣布離婚的新聞。這對夫妻不管在名氣、地位和收入上，妻子都遠勝丈夫，因此要維持婚姻的唯一方法

76 藤原紀香（一九八四－），名模、演員、一九九二年日本小姐。
77 陣內智則（一九七四－），諧星、主持人。

就是「妻子得替丈夫留點面子」。而不夠老練又有點孩子氣的丈夫或許會認為，自己得靠著壓制「能幹妻子」（不管是精神上或肉體上）來維護自己的尊嚴。當世人眼中的女強人在自己的羞辱和欺凌下依舊沒有逃離，男人便得以保全自己的面子。而且妻子愈能幹，丈夫就得愈徹底地侮辱妻子，只是這麼做的後果就是妻子逃離丈夫。對妻子來說，幸運的是她至少還可以選擇脫離丈夫。

在《勝間和代[78]的獨立生活．實用指南》一書中，作者表示女性想獨立[79]必須具備三項條件；第一，年收入得達到六百萬日元；第二，擁有一個可以讓自己感到驕傲的伴侶；第三，年紀愈大，愈要讓自己保持美好的狀態。其中，女人光是要跨過第一項條件的門檻就顯得有點困難了，更何況作者對於第二項條件的「好男人」，所設定的條件是「年收入得要達到一千萬日元以上」。如果相親活動都得滿足以上條件，那麼成功機會一定會變得渺茫。但根據作者本人的說法，她並不是偏好有錢的男人，而是依據她的經驗，「女人的年收入達到六百萬時，男人如果沒有達到一千萬就會覺得沒有面子」。也就是說，「女人要讓男人感到有面子」是一件很重要的事，因此男女相處上無論什麼事情都得讓男人占上風。由此看來，男人的自我認同似乎極為重要卻又十分脆弱。

---

78 勝間和代（一九六八—），作家、評論家。

79 原注：指不管在精神上或經濟上都不需要依靠別人的獨立生活。

「男性保護法」的反動

三浦認為「剩男」對現代男人是攸關生死的重大問題，因此必須制定「男性保護法」。針對「這個男性落難的時代」，他提出以下看法：

從小學到大學，甚至是就業，女性都表現得比男性出色。現今社會，男性雖然還可以勉強保持優勢，但男性的主導地位很可能在未來十年移交到女性手上。

三浦自認為是講求實證的社會學家，卻對這件事做出違背事實的論述。事實上，除了高中以前的義務教育，在大學的入學率上男女之間仍然有著很大的落差。相較於兒子，父母往往比較不願對女兒進行高等教育的投資。從就業率的數字來看，女性在就業上更是遭到明顯的差別待遇。日本的人類發展指數（HDI; Human Development Index）位居全球第十名，但性別權力測度（GEM; Gender Empowerment Measure）卻是第五十七名。從日本女性地位相對低落的事實來看，大概只有三浦才會認為日本女性將會在未來十年主導日本社會。

三浦曾經不小心洩露自己的真實想法：

在我看來，這個時代很缺乏那種會讓男人想要與她交往和結婚的好女人。如果男人身邊出現這種好女人，男人一定會想要和她結婚。

三浦口中的「好女人」，簡單的說就是可以配合男人的女人。對於八〇年代的田原來說，這或許是一種「不錯的眼光」，但時至今日這種女人早已瀕臨絕種。三浦對於「好女人」的另一種說法是「可以鼓舞男性的女性」以及「帶有母性的女性」，簡單的說就是「無論如何都會讓我保有男人面子的女人」，以及「可以心甘情願地接受我凌虐的女人」。

過去，我始終很信任三浦身為趨勢觀察家的時代敏銳度，但在這件事上他卻露出了他的真面目。或許這是因為在性別議題上，他和田原都是屬於「傳統男性」。

毫無意外的，三浦反對「戀愛與性的自由市場化」：

以前的相親結婚制雖然具有許多的管制，但這個看似不太自由的市場卻可以讓所有人都獲得結婚的好處。

這個「好處」的最大受益者自然是男人。

他在「男性保護法」中主張，「雇用上應該優先考慮男性，尤其是正職員工更應以男性為主。」但事實上即使沒有這條法律，男性還是具有優勢的社會地位。因此，他想要強調的不過是「男性在今日已經成了弱者」，以及「必須把部分已經處於弱勢地位的男性視為『社會的弱者』，並且加以保護」。

三浦擔心引起女性憤怒而事先聲明，「不要把他的主張當成是一種反動的言論」，但他的主張確實是一種反動言論。部分原本就認同「社會弱者」論，並對女性感到厭惡的男性讀者，在讀到三浦的這本書時想必會感到十分痛快。不論三浦的言論是否具有個人的企圖，都可以成功地激起那些自視為「弱者」的男人們的厭女症。因此在我看來，「社會的弱者」只是遭到誤用的語彙，這些男人的目的是為了賦予女性厭惡的正當性。

「成為男人」的條件

加藤曾經在網路留言區寫下這麼一段話：

如果我能夠滿足於「漫畫與成人電子遊戲的世界」就好了，不幸的是我還是對現實世界比較感興趣。

但無論是對現實世界或對現實世界的女人感興趣，還是得透過人際關係的經營。男人只要擁有良好的學歷、地位、收入和「外表」，即使沉默不語，女人也會湧上門的時代已經過去了。

這麼說來，男人自然得講究溝通的技巧吧？就連三浦自己也承認，男人要在這個時代變得「有女人緣」就得具備「溝通的能力」。然而，或許是溝通的技巧或能力的用語遭到人們誤解，導致最近有許多人開始批評和控訴溝通能力是一種新的權力。人們雖然可以透過學習和經驗獲得溝通的技巧和能力，卻無法如同應用其他資源一樣測量和累積這種能力。而且，人際關係往往因人而異，並不存在可以運用在所有人身上的溝通技巧。

溝通也是一種人際關係，無法與他人發展人際關係的男人，根本不可能「交到女友」。三浦肯定同性社交中的男性溝通模式，並表示「以前的男人只需要在學校和職場進行良好的溝通」；因為在同性社交的男性集團裡，男人只要謹守尊卑秩序就可以分配到女人。在這種情況下，男人所做的一切努力都是為了讓自己在男性集團裡變得更出色。

帶有尊卑秩序的人際關係是一種典型的人際關係，不過時至今日，就連家人與男女之間的關係也逐漸轉變成非典型的人際關係。如同三浦所言，非典型人際關係的增加或許就是大家開始重視溝通的原因。

朋友關係應該是這種非典型人際關係的最大族群，也是所有關係中最缺乏直接利害，也是最難以維持的一種關係。深澤真紀[80]在《不需要壓抑自我的人際關係管理術》一書中指出，朋友關係是「人際關係的高級篇」。戀愛和婚姻只是一種角色扮演，因此相較於情人關係和夫妻關係，維持朋友關係更需要高度的溝通技巧。

不過，在現代社會裡，不論是情人關係或夫妻關係都逐漸脫離了典型。許多文學作品都描述了在這種非典型性關係下，情人與夫妻變成了多麼奇怪的他者。溝通並不是在追求一種融洽的共鳴，而是一場場以自我為賭注的談判，如果缺乏這種決心，就得面對人際關係潰散的結局。

如果加藤想要「擁有女友」的吶喊是一種想要「擁有人際關係」的期盼，那麼他就不應該前往秋葉原刺殺他人。不過，如果單從他的行動來判斷，只能說加藤和陣內一樣，他們都只是自私地想要占有一個可以讓他們「成為男人」的女人。

80 深澤真紀（一九六一—），編輯、專欄作家。

五、兒童性侵犯的厭女症

「慾望問題」

伏見憲明[81]在《慾望問題》一書引用了一段他的讀者來信諮詢內容[82]：

我是二十八歲的同性戀者……但我喜歡的是還沒長大的小男孩……最近，我在街上行走時常會不自覺地跟蹤一些可愛的小男孩，甚至有股想要向他們搭訕的衝動。我對這種反應感到驚

81 伏見憲明（一九六三—），評論家、小說家。

82 原注：《慾望問題》的書腰上寫著，「我拚命似地寫出這本書，希望讀者們也可以拚命似地展讀這本書」。這種聲明雖然有點誇張，但作者本人似乎真的抱著這種期望。這本書出版時，責任編輯曾再三邀請我在網路上發表評論，只是我當時實在抽不出空，在此謹以本篇文章作為回應。

訏和害怕，卻又不曉得如何控制自己。我覺得我已經快要無法壓抑那股想要向小男孩下手的衝動……

這封信讓伏見開始思考「自己和這個人的差異在哪裡」，並進而理解與同情「這個人鑲嵌在字裡行間的強烈『痛苦』」。伏見本身是個同性戀者，而他認為自己對於成年男性的慾望和這位「二十八歲男性」對於小男孩的慾望，其實「大同小異」。

伏見表示「我可以把自己的慾望當成人權問題來控訴世人，那些對小男孩懷有慾望的人卻會被當成罪犯」。他對此感到「極不合理」，並指出性弱勢者的運動中還不曾出現少年愛者的身影。

但「少年愛」是一種具有爭議的名詞。如果我們依照女權主義的定義，把「調戲」稱為「性騷擾」、「夫妻吵架」稱為「丈夫對妻子的暴力」，把「少年愛」稱為「兒童性虐待」，伏見還會同情那位「忍不住想要對小男孩下手」的男人嗎？

我們也可以把「少年愛」改成「少女愛」：

我是二十八歲的異性戀者……但我喜歡的是還沒長大的小女孩……最近，我在街上行走時常會不自覺地跟蹤一些可愛的小女孩，甚至有股想要向她們搭訕的衝動。我對這種反應感到驚訝和害怕，卻又不曉得如何控制自己。我覺得我已經快要無法壓抑那股想要向小女孩下手的衝動……

這時，伏見還會像同情那位同性戀者一樣，同情那位異性戀的戀童者嗎？

我在這裡避免使用容易引起誤解的「少年愛」與「性愛」的用語。性是一種慾望的語言，愛是一種關係的語言，時至今日人們早已把性與愛做出明確區隔，我們實在沒有必要去使用「性愛」這種會引發人們爭議的用語。我們從許多明確的事實可以了解，人們固然會為愛而性，卻也會為了性而性，甚至伴隨著憎惡與輕視，而伏見提及的其實是一種「慾望問題」。

公領域的性與私領域的性

性慾與性行為和性關係必須有嚴格的區別。

性慾是個人在體內完成的大腦現象。依照美國性知識與性教育諮詢服務中心（SIECUS）的定義，性慾不存在我們的「雙腿之間（between the legs）」，而存在我們的「雙耳之間（between the ears）」，也就是我們的大腦。因此，性慾研究並不是針對我們下半身的研究。另外，性慾也會因為不同的人與文化出現不同的機制。有些人得看到真人才會產生性慾，有些人則只要看到符號化的身體部位便會產生性慾，更有些人單憑想像的符號與影像便能產生性慾。但無論是透過實際的人體、符號或想像都稱不上是一種原始反應，而只是每個人在不同文化的學習框架下產生的個別反應。這也是我為什麼會為自己寫的《發情機制》一書，加上副標題「愛神的劇本」。男人在幻想「戀愛」的關係時，可以在個人的大腦內實現這種慾望，因此男人可以說「我愛你這件事，和你沒有任何關係」。這時的慾望便會如同想像力一樣的自由，男人可以和女神做愛、擁抱聖母，甚至強姦女人、殘害女童，而除了男人自己，沒有人可以禁止與壓抑這種慾望。

性行為是慾望的行動化，其中又可以區分成需要他者（身體）與不需要他者的性行為。如果把性行為限定成一種不存在他者的性關係，便是與自己的身體發生性關係，這種性行為也就是所謂的自慰。人在與他者發生性關係前，通常會先從自己的身體學習性關係。不過，自慰不是一種與他人發生性關係前的準備動作，也不是一種不完全的替代物[83]。

人不管在與他人發生性關係以前、發生性關係期間或是以後，都會與自己的身體維持一輩子的

83 原注：現代研究已經徹底排除自慰可以作為性交的部分替代物的觀點，因為實證上性關係愈活躍的人通常擁有愈頻繁的自慰次數；也就是性活動愈頻繁的人，不管是對於自己的身體或他人的身體都會擁有比較多的性關係，而且任何一方都無法取代另一方的活動。

性關係。相較起來，和他人身體的性關係只能算是一種偶發的性關係。

《美國人的性生活》（*Sex in American*）的作者麥克（Michael）和甘儂（Ganon），把性行為區分為「沒有伴侶的性行為（sex without a sex partner）」與「有伴侶的性行為（sex with a sex partner）」，並把後者稱為是一種「公領域的性行為（a public world of sex）」。相對的，「沒有伴侶的性行為」則是指自慰。也就是說，只要有他者介入，任何性行為都會變成一種社會關係，並被視為是「公領域」。

公領域的性行為適用於與社會關係有關的市民社會規則，因此即使是夫妻，沒有取得對方同意的性行為便會構成「強姦罪」，造成對方反感的性行為則會構成「性騷擾」。在這之前，性行為始終被視為「隱私」，性關係則不是，因為性關係是一種兩人以上的社會關係。如果依照麥克的觀點，「隱私」只能完全限於個人的領域。

或許可以說，我們的身體是我們最初的他者，隱私的性行為（沒有伴侶的性行為）則是一種不需要取得自己身體認同的性行為。大部分的人都認為自己可以隨意使用自己的身體，但事實上卻有許多人無法隨意使用自己的身體。我們可以愛撫、傷害自己的身體，甚至可以殺死自己。即使我們的身體出現反抗，我們還是可以依照自己的意思排除與壓抑身體的反抗。依照現在的法律，無論我們如何玩弄與傷害自己的身體，都不會構成犯罪行為。即使是自殺未遂者，也不會因為傷害自己的身體而遭到逮捕。近代的自由主義人類觀，把人類自己的身體視為是每個人最初也是最後的領土，並認為每個人都有權自行決定如何統治、遺棄或處分自己的私有財產，因此才會出現許多對自己的身體施以割腕或催吐的暴力行為。

性行為在涉及他人身體時，便會形成一種性關係。性慾中也帶有與他人發生性「關係」的慾望，而一旦他者登場，性慾便不再是一種可以自我滿足的慾望。如果有人想要對另一方進行綑縛的性行為，或是想體驗被虐的性行為時，又該如何達成自己的慾望？如果面對無法獨立完成的性行為，一個人或許可以藉由支付相對的報酬，取得他人的同意來使用其身體的一部分，或者要求對方配合自己的性幻想。但如果一個人得透過真實的強暴才能獲得性快感，或是想要利用孩童的天真無知來滿足自己玩弄孩童身體的慾望呢？這些慾望可以被稱為是「性弱勢者」的慾望，並且獲得人們的認同嗎？

人類不只擁有性慾，更有攻擊、壓抑、侮辱、統治和殺死他人的慾望。如果這位「二十八歲男性」如同秋葉原隨機殺人事件中的主角加藤一樣，懷有「隨意殺人」的慾望，那又該如何是好？

如果我們把這個男性的「慾望」轉成涉及男童的「性行為」，依照伏見的說法，這就變成了「性犯罪」。伏見曾經表示：

> 發生性犯罪事件時，我固然十分同情受害者，卻也可以體會犯罪者內心的痛苦，甚至是感同身

受。

如果把伏見對於「性犯罪」的想像力減化成「性」，或許就可以理解他對犯罪者的同情。宮崎勤事件[84]發生時，他曾經表示「我也是宮崎」，而在秋葉原事件發生後，他也在網路上發文表示「或許我就是加藤」。發生聯合赤軍私刑殺人事件[85]時，田中美津也曾經表示「我就是永田洋子」[86]。

但不管是宮崎或加藤的例子，擁有慾望和實現慾望都有著天壤之別。發生連續誘拐女童殺人事件後，大家才發現宮崎原本就是個暴力電影的收藏家[87]。雖然人們會從電影上看到殘害女童的情節，大部分暴力電影的愛好者也不會因此成為犯罪者。加藤把隨機殺人的原因歸咎於失去工作，但數十萬名失去工作的年輕人，卻沒有像加藤一樣犯下隨機殺人事件。

大多數女權主義者都認為政府應該從法律上管制暴力色情電影，可是我不贊成這種作法，因為

---

84 一九八八年至一九八九年，發生於東京都和埼玉縣的連續誘拐女童殺人事件。宮崎勤在二十六歲時犯案，於二〇〇八年時處死。

85 聯合赤軍私刑殺人事件，也被稱為淺間山莊事件，是一起發生於一九七二年的綁架事件。聯合赤軍也被稱為日本赤軍，是日本極左派武裝恐怖組織。

86 永田洋子（一九四五—二〇一一）是聯合赤軍的中央委員會副委員長。

87 原注：暴力電影是指真實呈現殺人現場或血腥畫面的電影。宮崎勤因連續誘拐殺害女童事件被捕後，警方在他家發現堆積如山的暴力電影錄影帶，從這點可以窺見他是個暴力電影的愛好者。

我認為政府無法管制人們的想像力。

美國女權主義者羅賓・摩根有個著名的論點：「色情影像是理論，強姦是實踐」[88]。直到今天，美國的主流女權主義者仍在持續要求政府必須對暴力色情電影進行管制。在色情的管制上，日本也有一部分女權主義者、漫畫家和作家針對「表現自由」展開辯論。我是屬於擁護「表現自由」的少數女權主義者，而有關我在這方面的訪談內容，可以參考永山薰[89]的《二〇〇七－二〇〇八漫畫爭議》。

另外，永山在她的一本深入解析暴力色情漫畫的名著《色情漫畫研究》中指出，「鬼畜系」暴力色情漫畫的出現代表我們渴望變身、對自己的身體加工，以及凌辱、傷害他人的慾望，而從這類漫畫也可以看出人類的豐富想像力。漫畫中還有一種四肢遭到切除、套著項圈的「人類獸」。人們飼養人類獸的目的只為了對他們進行性的調教與凌辱，不過漫畫也描繪了「人類獸」的痛苦和悲哀。永山指出「鬼畜系色情漫畫」值得注意的地方就是，它的讀者可以透過同時體驗加害者與受害者的感受而獲得雙重的快樂。讀者同化成漫畫裡的加害者只能獲得少許的快樂，但如果再加入被害者的

88 羅賓・摩根（Robin Morgan，一九四一－）是美國詩人、政治理論家與社會活動家。文中的論點發表於一九七四年。

89 永山薰（一九五四－），漫畫評論家、作家、編輯。

痛苦感受，便能強化與豐富快樂的感覺。

藉由色情管制的分級與過濾，我們可以維護自己「不會看到一些不想看到的事物的自由」。但不管色情漫畫具有多麼殘酷的想像力，我們都不可能也不應該去管制別人的想像。想像與現實的關係並非如同反映與投射般的單純，甚至是如同做夢似的具有補償與滿足的作用。或許正因為人們可以在腦中實現殺人的想法，我們才不至於在現實中殺害他人。

兒童性侵犯

有些人把這位「二十八歲男性」的慾望轉化成行動，而這些人就成了兒童性侵犯以及大眾口中的「性犯罪者」。

「為什麼他們會把兒童當成性愛對象？」兒童性愛受害者應該是最關心這個問題的一群人，部分受害女性更因此成為研究人員，一生投入於解開這個與她們切身相關的重大問題。帕梅拉・舒爾茨（Pamela D. Schultz）藉由採訪一群被收監的性犯罪者，將她的採訪紀錄寫成《九名兒童性侵犯》（*Not Monsters : nalyzing the Stories of Child Molesters*）一書。

本書的書腰除了上述「為什麼他們會把兒童當成性愛對象？」的疑問，還提問「這些人是如何讓孩子們成為他們慾望的受害者？」如果要避免使用「性愛」這個曖昧字眼，那麼這句話或許可以改成「為什麼他們會把兒童當成慾望對象，讓兒童成為他們慾望的受害者？」對於還不了解性是什麼的兒童而言，兒童性侵犯（這些人大多是兒童身邊的大人）根本無法取得兒童的認同，因此他們便利用支配者的身分將兒童的身體當成洩慾的工具。這些人甚至會使用一些話術來排除兒童的抗拒，例如「叔叔很愛妳，所以才會對妳做這種事（我希望妳可以配合我）」，而這種說法就如同家暴丈夫口中的「我會打妳是因為我很愛妳」。依據舒爾茨的研究，加害者會希望受害者接受他們行為的原因在於，大多數加害者都是想藉此減輕犯罪意識的懦夫。這就如同情色作品裡的「誘惑者理論」：男人會強姦女人是因為女人想要被強姦。

舒爾茨在本書開頭便表明「我是兒童性虐待的受害者」。她為了說服自己「我不只是他人洩慾的工具」，而想要深入了解施虐者的行為動機。

舒爾茨在書中寫道，她從童年開始便一直遭到一位鄰居的性侵。那個男人直到她十幾歲時才停止性侵她，原因是男人對「進入青春期的她」失去了興趣。依照舒爾茨的說法，這名對她懷有性慾的男性加害者只對「還沒長大的女童」有興趣。

現今的性犯罪研究大多偏向研究性侵犯的受害者，但舒爾茨認為「單方面聽取受害者的說法，只能算成功了一半」。她為了取得加害者的說法，前往監獄面對那些她原本最想避開的對象，並在充滿矛盾、混亂與痛苦的心情中發現，這些人雖然犯下十分可怕的罪行，卻不是我們想像的那種「惡魔」。

「我想要了解你們，以及為什麼你們要傷害別人……我想知道，這些人是否經歷過什麼樣的痛苦，否則怎麼會忍心對別人做出這麼殘酷的事。」

對舒爾茨而言，性侵帶給她一輩子無法抹滅的心理創傷。受害者通常會期望，加害者至少應該意識到自己對受害者造成的傷害。不過，加害者通常會低估這種傷害，甚至刻意扭曲成被害者的「期望」，然而這種謬論反倒證明了他們的「犯罪意識」。

他們明白自己是在沒有取得對方同意下性侵對方，所以才會把「凱蒂和我做愛的時候」的說法改成「或許應該說，我找凱蒂做愛的時候」；有個男人為了使繼女聽話，脅迫她「如果妳不讓我做，我就揍妳」，而這個男人對繼女肛交時，女孩一旦哭泣，男人便會摀住她的嘴巴。男人的動機和愛與性無關，因為他根本沒有考慮對方的感受，只是一味在對方身上「發洩自己的怒氣」。有些男人甚至承認「不曉得自己究竟是想殺人，還是想做愛」；有些男人則認為「自己因為有性虐待的行為，所以才沒有犯下嚴重到類似殺人的殘暴惡行。」

根據這些男人的說法，兒童會引發他們性慾的原因在於「可以在兒童身上為所欲為」、「不會受到比較」、「小孩比較天真、單純」、「容易欺騙，也比較好控制」、因為小孩還「不成熟」，所以他們可以用自己的方式對孩子們「表現親切感」，以及獲得孩子們的「崇拜」。有個男人甚至相信孩子「很享受做愛的過程」，有個男人則是想要獲得小孩的尊重。

其中有些男人已經意識到，他們對孩子的「愛」是一種「色欲」，以及他們只是在利用孩子滿足自己的慾望。不過，這些說法全來自舒爾茨在架構「自我陳敘（self-narrative）」的過程中，男人們面對她的質疑才會出現的自我反省。

兒童性侵犯為了隨心所欲利用孩童的身體滿足自己的慾望，刻意破壞孩童對於他人的信賴以及對於自我的管理能力與自尊。在這類性侵案裡，百分之九十九的加害者都是男性，被害者則是九成是女童，一成是男童。

舒爾茨發現許多加害者不僅缺乏自我認同，本身也曾有受虐經驗。儘管她明白自己將會面對許多被害者的怒火，還是毅然投入於宣傳「修復式司法」[90]。

舒爾茨認為「修復式司法」的關鍵在於「被害者與加害者雙方的自我陳述」。這兩者缺一不可，因為只有兼顧雙方的陳述才能架構出「事件的原貌」。「這類陳述可以幫助我們了解性行為、性傾向和性習慣如何轉化為權力的工具，也是了解兒童性虐待是如何在這個社會運作的情報來源。」

90 原注：一種透過犯罪被害者與加害者的對話，達成修復與再造彼此關係的手法。

兒童性侵犯並非人類社會的少數族群，他們的事蹟也絕不是特例；事實上，我們根本無從判斷被揭露出來的案例是否只是其中的少數。

這些人為了隨心所欲利用孩童的身體滿足自己的慾望，刻意破壞孩童對於他人的信賴以及對於自我的管理能力與自尊。他們會說服自己，他們的作為只是在回應孩童的期望，並試圖把孩童塑造成引誘者，但這種手段其實如同強姦、性騷擾與家庭暴力的犯行。伏見聲稱自己與「二十八歲男性」的「少年愛者」相差無幾，他們的性慾、性行為與性關係只是極為「常見」的性關係，而這時的「常見」所指的就是「男人主導」的性關係。

對社會來說，大多數人或許會寧願他們放棄發展性關係，而停留在以幻想及自慰的方式解決自己的性慾。再怎麼說，滿足於「二次元萌物」的動漫迷和草食男，還是好過會使用野蠻手段的肉食男。性產業在媒體方面的作用在於讓男人發洩他們的性慾，也可以說是一種讓男人自慰的性幻想工具。二次元平面的成人遊戲和美少女動漫裡的女性，全都依照男人的慾望扮演引誘者的角色。儘管這是一種男權主義的性幻想再造，但人類的想像力是無法斷絕的領域，只要男人不要把他們的想像轉化成行動就好了。

但我必須特別強調，我不贊成拍攝未成年幼童演出的兒童色情影像，因為演員的現實與演員的演技之間有著極為灰色的地帶。扮演被害者的演員可以在演出殺人場景後平安無事，法律也沒有限制影視公司不能製作殺人場景。不過，如果這類演出會帶給演員心理創傷則另當別論。我們會認為，色情演員在現實生活中遭到強暴是對人權的侵害，卻無視於他們在演出時受到的心理影響，尤其是不具有「同意」能力的兒童。兒童是在沒有判斷能力下進行裸露的色情表演，因此只要是以兒童的身體作為性道具的影像生產、流通和消費，都應該被視為犯罪。

兒童色情網站上有許多偷拍的影像，部分偷拍者甚至是孩子的雙親及老師。更驚人的是，某位專門查緝兒童色情網站的審查員表示，有些小孩發覺自己的身體具有性價值後，甚至會主動拍攝自己的裸體放到網路上。據說，這位審查員已經因為受不了這樣的工作內容而主動辭職。

厭女症與恐同症

在這個議題上，我們將再次回顧賽菊寇的研究成果。

賽菊寇認為，厭女症與恐同症都是同性社交的成立要素。在否定對立（privative opposition）[91]

91 原注：否定對立是指對立的雙方只有其中一方被標出（mark），另一方則不存在這種被標出的特徵，例如「不良少年」與普通少年、「不合法」與合法等便符合否定對立的定義：man/ woman（人類=男人／（擁有子宮的）人類=女人）也屬於這類對立的其中一例。

下建立的男性性「標準」定義的男人，是指不具有被標記化（marked）的「女性性」的男人。一個男人要加入男性社交集團，得先取得其他男性成員的認同，證明自己「不是女人」。女人的認同無法讓一個男人成為「男人」，也就是一個男人只有取得男性成員的認同才能成為「男人」。男人想要證明自己「不是女人」，就得「擁有女人」來讓自己成為女性的支配者，因此男人是在「擁有女人」後才變成「男人」。這種男女關係既是不對稱的關係，也是無法逆轉的關係。男人只有在具有支配一個女人的能力時，才有資格成為一個「男人」。一個男人無法成功掌控一個女人時，便會被男人視為一種恥辱。「無法讓老婆聽話」以及「怕老婆」的男人都會遭到其他男人的輕蔑，而被老婆戴綠帽的男人更會感到無地自容。但相對於老婆的背叛，男人更在乎的其實是自己在男性集團裡的「聲譽」，因此這時他們便非得找姦夫討回面子不可。

傅柯認為，恐同症的成因源自於「攻者」與「受者」在性行為上的不對稱性。這種不對稱性並非解剖學上是否具有陰莖的差異，而是指雙方之間的「主動」與「被動」的關係。在這種不對稱關係下，雙方被區分成性的主體與性的客體。「處於女性地位」的男人得面對「女性化（feminization）」的恥辱，男同性戀也因此被標記成「女性化的男人（feminized man）」。而且，男同性戀者一旦混入男性社交集團，所有男性成員便有可能成為這名男同性戀者的性慾對象；換言之，男同性戀者一旦混入男性社交集團，其他成員都得面臨被「女性化」的危險，因此男性集團才會如此排斥男同性戀者。賽菊寇與基斯．文森[92]等人認為，每個男人都具有潛在對於男性的性慾，所以男性集團為了徹底排除這種潛在的同性性傾向，只能更嚴格地進行自我檢查。許多人聲稱，所謂的男性社交集團就是具有同性性傾向的集團。男人在描述自己的同性關係時，常會使用許多帶有性愛語彙的文字，例如歌詞「男人的心只有男人才了解」，而《葉隱》[93]中的「戀情」指的也是男性同伴之間的情感。

「少年愛」是男人唯一可以不必擔心被女性化的同性戀管道。在這種同性戀的關係裡，年長者與年幼者有著不對稱的「攻者」與「受者」的固定位置。雙方的關係無法逆轉，年幼者始終是年長者的慾望客體，因此年長者不用擔心自己會變成少年的慾望客體。在古希臘的「少年愛」裡，成年男性與少年自由公民的性愛被視為高等的性愛，與奴隸少年的性愛則被視為次等的性愛。兩者的差異在於成年男性與奴隸的性愛帶有強制意味，與少年自由公民的性愛則是在自由意志下的性愛。古代情色作品很少提及受者在肛交中的性愉悅，由此可知少年們主動獻身並不是為了追求性愉悅，而是源自於對年長者的尊敬與愛情，因此這類性愛才會被視為是高等的性愛。

讀者們或許已經發覺，傅柯提及的古希臘「少年愛」理想，其實很類似兒童性侵犯的幻想。

---

92 基斯．文森（Keith Vincent），日文文學研究者，波士頓大學副教授。

93《葉隱》是日本武士的養成指南。

無論受害者是女童或男童，兒童性侵犯把孩童當成下手目標，都是為了保護自己的性主體性，並在性行為上達到操控他人的目的。畢竟相對於成人，孩童確實是比較容易下手和無力反抗的一群人。兒童性侵犯甚至會自我說服，他們的所作所為只是在呼應孩童的期望。

大多數兒童性侵犯都有著膽小懦弱的男性特質，而從他們的所作所為更是可以看出，他們具有這種一體兩面的厭女症與恐同症。

六、皇室的厭女文化

男嬰誕生

二〇〇六年九月六日，這個國家誕生了一名很特別的嬰兒。這名嬰兒不需要辦理出生登記、也不具有戶籍，因此大概也沒有列入「日本人」的人口統計數字。這名嬰兒一出生便被尊稱為「小皇子」，儘管大家早已預期他的誕生，但他落地時所有新聞媒體還是立即以「號外」進行即時報導。負責接生的醫師團表示，孕婦是前置胎盤因此選擇剖腹產的方式，但手術過程一定會確保母子平安。這名嬰兒就是在現今皇室典範下，處於皇位繼承第三順位的秋篠宮悠仁親王。他今後的一舉一動必然受到眾人矚目，也注定了一輩子都得過著毫無隱私的生活。

所有報紙都以號外報導「男童誕生」時，日本全國首次充斥一股莫名的厭女情結。面對那些滿面歡喜彼此道賀的政治家和市民，我不禁想到，如果這個嬰兒是個女孩，這些人會出現何種反應？

嬰兒的性別會影響嬰兒的價值，因此日本社會在嬰兒出生後便會立即確認嬰兒的股間是否有那根東西；有的話，眾人才會開始大聲道賀，反之則是流露出失望的神情。在日本，身為家中「么長子」的男孩並不少見，若秋篠宮未再誕下新的兒子，這名男童也將成為他的「么長子」。過去，日本人在自己的小孩全是女兒的情況下，會不斷生產直到獲得他們期望的男孩，但在現代的少子化趨勢下，這種現象正在快速減少；尤其在擁有三到四個小孩以後，人們往往會因為經濟考量而停止生產[94]。

小孩出生瞬間便因為性別出現價值差異，這就是一種最明顯的厭女症。各家報紙刊登的皇室家譜都只標示出具有皇位繼承權的男性，這時的女性皇族只是出借子宮來傳承男系血統的媒介物。事實上，大正天皇的母親是明治天皇的妃子，但她的名字卻沒有出現在皇室的家譜上，這正符合了「貴族不問母系出身」的傳統。但在二十一世紀的今日，日本卻仍然採用這種有如平安時代[95]的家譜，這讓我不禁感嘆日本根本沒有打算在天皇制上尋求兩性平等。

這個受到全民重視的男童在九月六日出生時，任何人只要懷有「幸好不是女孩」的想法，都可以算是具有厭女症。日本皇室便是在這種情結下，以明確制度組織起來的家族。

---

94 原注：秋篠宮家只要增加一個小孩，就可以額外取得每年三百零五萬日元的皇族費。日本政府如果擔心少子化的問題，或許可以考慮對所有家庭皆給予相同的補貼。

95 日本平安時代起自七九四年桓武天皇將首都從長岡京遷至平安京（京都），直至一一九二年源賴朝建立鎌倉幕府為止。

秋篠宮的兄嫂，也就是皇太子和他的妻子，或許還因為自己的孩子是個女孩而感到鬆了一口氣。媒體的焦點將會轉向他弟弟的家族，不再持續關注他女兒是否會成為「皇位繼承人」，他也可以逃離不孕治療的壓力，輕鬆地撫養女兒。對於只有死亡才能退位以及脫離皇族的皇太子（和他的妻子），或許這正是他期待已久，可以扭轉兄弟地位的發展。小孩的性別竟然可以改變兩個家族的地位，這種事讓我不禁聯想起平安時代。

這種以厭女症為基礎的社會被稱為家父長制的社會。在這種父權制社會，一般都有偏好男孩的傾向。這種傾向並不是萌生於孩子出生的那一刻，而是從懷孕的階段便開始出現這種傾向。更精明的作法是在懷孕前利用人工生殖的離心分離法，對具有X染色體與Y染色體的精子進行篩選。從嬰兒出生的性別統計數字可以明顯看出這種偏好男孩的嬰兒篩選，例如先進國家的自然出生男女比例為一〇五比一〇〇，實施一胎化的中國到了二〇〇九年則是一一九比一〇〇。從流行病學的角度來看，這個數字代表背後可能存在若干人為操作。中國社會比較偏好男嬰，女孩可能在精子的階段便被篩出，或者在懷孕的階段遭到墮胎。

位於東亞儒教圈內的日本、韓國和中國，只有日本沒有偏好男孩的傾向。在三個國家均進行「如果你只能生下一個孩子，你會想要男孩還是女孩」的持續性民意調查上，韓國和中國至今仍然具有極高的比例是選擇男孩；但日本在八〇年代上半，偏好女孩的比例便已超越了偏好男孩的比例。不過，這並不代表日本具有較高的男女平等度，而是因為日本人普遍擔心沉重的男孩教育費用，以及期待女兒可以在日後擔任照護的角色。「如果要撫養小孩，撫養女孩會比較輕鬆」的想法反應出：現今社會對於撫養子女的觀念已經從原本的「生產財」轉變為「消費財」。當撫養子女變成一種無法期待回收投資的消費財，「撫養女兒比較輕鬆」的想法也證實了撫養子女是多麼沉重的一種負擔。相反的，在把子女當成生產財（父母把撫養孩子當成是一種可以回收投資的手段）的社會，則是依舊存在偏好男孩的傾向。從這點看來，日本皇室很顯然的還是把男孩當成是生產財。

皇室從何時開始出現厭女症

皇室從何時開始出現厭女症？這個問題成立的前提在於，皇室在歷史上並非一直存在厭女情結。我們可以把厭女症簡單定義為，男人會慶幸自己出生時不是個女孩，女人則會怨恨自己被生成女孩。然而在古代，卑彌呼[96]大概從不曾埋怨自己是個女孩，平安時代的攝關家藤原一族[97]應該也

96 卑彌呼（約一五八—二四八），古代日本邪馬臺國的女王。魏明帝曹叡封卑彌呼為「親魏倭王」，授其金印。卑彌呼在位七十多年，於九十多歲高齡去世。

97 平安時代的藤原一族一直以攝政或關白的職位擔任天皇的代理人或輔佐者，因此也被稱為攝關家。

很高興生下的是女兒；因為他們可以把女兒送進天皇的後宮作為親近權力的捷徑，而女兒在這時便成了他們的「生產財」。

對於大正末期[98]的共產主義者來說，天皇制是近代才出現的特有歷史觀，也是必須被推翻的統治體制，因此我在本章使用了「皇室」並避免使用「天皇制」的用語。以「古代天皇制」和「近世天皇制」來連貫的歷史，只是人們在日後為了賦予歷史一貫性才創造的產物。「萬世一系」[99]是虛構的傳統，但這個「被創造出來的傳統」卻拋棄了自己的系譜，並把萬世一系當成是自己的原始傳統。從歷史來看，日本在一八八九年（明治二十二年）建立皇室典範[100]後才確立了近代「天皇制」的厭女主義。這次「皇室改革」的最大重點在於，規範只有男人才可以成為皇室的繼承者。但日本直至江戶時代[101]仍然有女帝即位，因此女帝否定論不過是當時皇室改革派的藉口，他們把自己視為「傳統派」的說法更是一種謬論。這次的皇室改革只是把武家的繼承規則套用在皇室一族，然而近世以前由女系繼承的「姐

98 大正是日本大正天皇的年號，期間為一九一二年至一九二六年。
99 天皇的族系號稱「萬世一系」，從首任天皇神武天皇以來一脈相傳，不像中國、韓國、越南等周邊國家經歷過改朝換代。
100 「皇室典範」是一八八九年頒布，用來規範皇室的皇位繼承及攝政等相關事務的法律。
101 江戶時代（一六〇三—一八六七）又稱德川時代，指日本歷史在江戶幕府（德川幕府）統治下的時期。

家督」[102]、養子關係及女家長等在庶民間通行的慣例，卻也從此消失在強調男系的明治民法與戶籍法。

「記紀」[103]的神話邏輯學

《古事記》和《日本書紀》都是在描述大和國[104]的建國神話。所謂的建國神話通常是以族譜的形式，也就是誰和誰結婚以及他們結婚後生下誰，記錄這個國家的統治者是誰、應該是誰，並予以正統化的故事。有關於皇室一族的原始紀錄便是出自於這兩本史書。

艾德蒙．利奇[105]發表名為《伊甸園的李維史陀》[106]的論文時，我還是個結構主義者[107]，因此我

102 姐家督指家中最年長的孩子是女兒時，可以招贅女婿來讓女兒繼承家業。
103 「記紀」指的是《古事記》和《日本書紀》，兩本書皆是創作於奈良時代（七一〇—七九四）的日本歷史書。
104 大和國是日本古代的令制國之一，屬京畿區域，領域相當於現在的奈良縣。
105 艾德蒙．利奇（Edmund Ronald Leach，一九一〇—一九八九），英國社會人類學家。
106 克勞德．李維史陀（Claude Lévi-Strauss，一九〇八—二〇〇九）是著名的法國人類學家，與弗雷澤（James George Frazer）、鮑亞士（Franz Boas）並稱「現代人類學之父」。李維史陀建構的結構主義與神話學對人類學、社會學、哲學和語言學等學科都具有深遠影響。
107 結構主義（Structuralism）不是一個統一的哲學派別，而是一個以結構主義方法論聯繫起來的廣泛思潮。結構主義認為人的存在和意義是由語言和文化符號系統所規定，我們所說、所思考的一切，都受到語言和文化符號深層結構的支配。

也發表了一篇名為《高天原[108]的李維史陀》的英文論文（也就是日後的日文論文《記紀的神話論理學》）。但李維史陀的研究領域沒有涉及聖經，利奇便嘗試以結構主義的手法解讀舊約聖經中的族譜誌；我的論文則是以結構主義的婚姻規則嘗試解讀記紀中的婚姻，並製作了一張有關歷代天皇和皇后的婚姻簡表。

時期	代	天皇女	皇族女	豪族女	其他	女帝
第一期　神武——開化	9代	0	2	7	0	0
第二期　崇神——允恭	10代	0	6	1	3	0
第三期　安康——持統	20代	11	3	0	3	3
第四期　文武——桓武	8代	1	0	2	2	3

◎「天皇女」、「皇族女」與「豪族女」分別指天皇、皇族與豪族的女兒

108 高天原是日本神話《古事記》中，天照大神統治的天津神們所居住的地點。有別於地上的大八州，高天原被描述為飄浮在海上、雲中的島嶼。

皇室一族起源於天照大神孫子的神話。記紀中的「始馭天下之天皇」雖是神武天皇，但在這之前則在描述被放逐到高天原的素盞嗚尊降臨出雲國的故事。神武是素盞嗚尊的化身，或者說素盞嗚尊是神武的化身，因為素盞嗚尊很可能是人們在日後經由回溯創造出來的原型。話雖如此，從歷史來看就連神武本身是否存在也還是個疑問。從史實來看，可以確認的只有崇神天皇以後的歷史，從神武至開化的九代很可能是複製了崇神以後的族譜，因為崇神在神武之後又再次以「始馭天下之天皇」的身分出現。記紀的作者們很可能是為了增加歷史的深度，而創造出這一段歷史。日本在一九四〇年（昭和一五年）舉辦的慶典「紀元二六〇〇年」，便是在毫無根據下把日本史回溯至神武即位的西元前六六〇年。這麼一來，相較於基督教誕生後起算的西曆，神武即位後起算的皇紀就顯得更源遠流長，皇國日本的微弱自尊也可以藉此獲得強化。

天照大神的孫子得和大和國女子成婚才能展開皇室的族譜；這類婚姻被稱為「創始婚」，意指來自外地的男子與當地女子（豪族女）的婚姻。大和國的建國神話和大洋洲一帶流傳的「外來王」傳說有著許多共同點，其中的「皇尊」就是「大王」，也就是王中之王以及族長們的首領。每個國家在群雄割據的情況下，要從首長制轉換成集權制都得有一個王中之王，也就是所謂的大王。然而，這位大王為何比其他首長優越，足以成為眾人的統治者？這時，就必須賦予這位大王正統性。

創世神話中的統治者要不是從天而降，就是來自海的另一方，這麼一來在內部缺乏這種正統

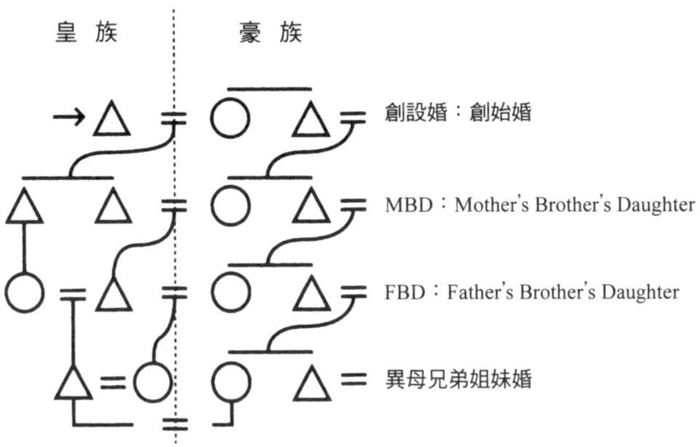

圖一：記紀的婚姻類型

性的根據下，自然無法質疑統治者的正統性。另外，統治者的正統性也需要有授與其正統性的授權者，但統治者與被統治者並不屬於相同的族群，因此統治者的授權者只能是來自於外部的神明。儘管統治者把這種經由被統治者賦予其正統性的政治體制稱為民主主義，卻也因此得面對被統治者的不斷質疑其正統性的根據。

依照記紀神話的說法，天皇其實是日本的外來者。這個問題並不是天皇是否來自朝鮮半島的歷史問題，而是理論架構的問題。我在著作一篇名為《外來王》的論文時，一度十分擔心自己從神話架構分析出來的結果，很可能替自己招來天皇主義者的抗議。

創始婚會進行自我模仿，因此創始婚生下的兒子會和母親的兄弟的女兒結婚，這就是李維史陀在《親屬的基本結構》中提及的MBD（Mother's Brother's

Daughter）婚。大王在一夫多妻制下會不斷迎娶當地豪族的女兒，目的自然是為了強化大王的霸權。古代各部族之間的關係，要不是戰爭就是聯姻[109]。從豪族的角度來看，與大王一族的聯姻可以鞏固彼此的政治盟約，因此女兒在這時就成了一種資源。

這類婚姻屬於階級上的上昇婚（女方與比自己地位高的男性結婚），女方則是同時處於階級與性別上的雙重劣勢地位。俗話「從爐灶的炭堆裡找老婆」便是在表達這種上昇婚，灰姑娘指的正是這種女孩。對男人來說，娶個女傭回家的好處在於，男人可以在婚後當一輩子的大爺。

然而，大王一族也會生下女兒。這些最高階級的女兒在上昇婚的社會下，可以選擇的結婚對象只有同族的男人。在ＭＢＤ婚後，我接著要討論的是ＦＢＤ（Father's Brother's Daughter）婚，也就是同族的婚姻。以皇族來說，就是指皇族的女兒與同屬皇族的兒子結婚。在一夫多妻制下，大王可以同時迎娶皇族的女兒（ＦＢＤ）和豪族的女兒（ＭＢＤ），但兩者的地位將會因為各自的出身出現差異，這時的皇族女兒將會坐上皇后的位置。另外，下一任的天皇會以皇后生的孩子為優先繼承者，因此母親的地位也會影響到孩子的地位。事實上，第一期以及第二期的天皇都是皇后生的孩子，即使到了第三期，二〇代中也有七代天皇的母親是皇后。

109 原注：因此大洋洲的部族直到今日仍具有「與敵人聯姻」的慣例。

第三期中的皇族女，也就是前任天皇的女兒變成皇后的例子有增多的現象。由於天皇自己也是前任天皇的兒子，因此這類婚姻也就是所謂的近親婚姻。這種近親婚姻其實是不同母親的兄弟姐妹婚，從這點看來父系制的確是一種很方便的制度。在這種制度下，兄弟姐妹即使擁有相同的父親，只要母親不同人便屬於不同族，彼此也就可以成婚。在男女同是皇族的婚姻中，由於女方也是皇族，因此有助於提高他們孩子的地位。而且，大王的正統繼承者中，皇族女生下的孩子通常也會取得優先的繼承順位。

天皇的女兒只能與同族男子結婚，否則便得維持單身並成為神明的妻子。儘管皇族的理由是，皇族女由於身分高貴無法與平民結婚，只能成為神明的妻子。但事實上，皇族只是在找藉口把這些皇族女放逐到伊勢，並建立齋宮制度[110]來讓同族女子與神明結盟以確保天皇一族的外部性。

古代有推古、持統、皇極等八位天皇女出身的女帝，這代表天皇在這時已經不需透過與豪族聯姻鞏固自身權力。父系制有助於提昇父系出身的女性地位，一些歷史學者為了宣傳男系繼承的正統性，更主張「中繼天皇說」來說明女帝的存在只是少數的例外。但「中繼」的說法卻無法解釋這些女帝為何具有如此強大的權力，其中包括持統天皇建立了標準的律令國家體制，皇極天皇更是在退

110 齋宮是古代至南北朝時，於伊勢神宮服侍天照大神的齋王的宮殿，而齋王的職務則是由未婚的皇女擔任。

位多年後又再度即位成為齊明天皇。

古代史學者倉塚曄子認為，齋宮制度的建立使得天皇的權力出現超越王權的契機。倉塚在對於齋宮制的研究中，不但證實齋宮制使得天皇的權力超越王權，也使得天皇家的女性地位從此開始低落。另外，她還確認了古事記和日本事記的創世神話在這時出現，正是為了賦予天皇統治的正統性。

從結果來看，皇室在七世紀的記紀計畫最終是失敗收場。原本想讓皇室權力超越王權的天皇一族，日後卻因為藤原攝關家等外戚的掌政而變成傀儡政權。如果從擔任攝政、關白和將軍等實權派的角度來看，「正統性必定源自外部」的說法有利於他們把自身權威來源的天皇「外部化」，這也開啟了日本長期以來把天皇作為一種文化象徵的利用。

記紀還存在一個謎團，那就是創世神話明明是用來說明父系天皇一族的起源，為何卻存在天照大神這樣的女性祖神？我把這個謎團命名為「天照之謎」。從非洲父系社會的神話可以發現，許多父系氏族的始祖都是女性。實施一夫多妻制的父系社會，一旦家中的父親去世，整個家族便很容易分裂為母系的單位，由此也可以看出父系原理在家族的父親過世後便會失去原有的效力。

記紀神話中，素盞嗚尊在與奇稻田姬結成創始婚以前，已經和天照大神有了「婚約」[111]。上昇

111 根據「記紀」的記載，日本開疆拓土之神伊奘諾尊擁有「三貴子」，分別是天照大神、月夜見尊與素盞嗚尊，因此天照大神與素盞嗚尊之間有著姐弟關係。

婚的頂點是位於最上層的兄弟姐妹之間的近親婚，這種兄弟姐妹婚被聖化為具有最高價值的婚姻，而且只有王族才可以結成聖婚；處於下層階級的人民即使擁有再高的地位，也不能違背這種禁忌。從上昇婚的婚姻規則可以發現，這只是一種理論上的必然。事實上，夏威夷也存在與七世紀的大和國類似的大王制，而且夏威夷的近親婚也是只有大王才可以擁有的聖婚。（圖二）

大和國的創世神話為何存在女性祖神？

從理論來看，王權的正統性必須存在外部，因此女性便成為其外部的象徵。倉塚指出，「皇室女一旦昇天至天照大神的高天原，就會喪失公主的身分」。無論是昇天至高天原或移居他方（伊勢），都等於被放逐至皇室外部。皇室女如果不想前往齋宮渡過一輩子單身的生活，就得脫離皇籍才能嫁給平民，這種不對稱的性別規則仍然延續至現在的皇室典範。

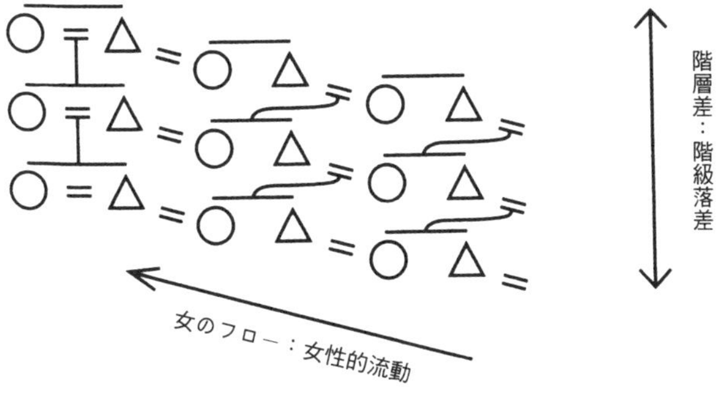

圖二：上昇婚與聖婚（兄弟姐妹婚）

皇族與人權

皇族女一旦與平民結婚就得脫離皇籍，皇族男卻不必如此。因此，雖然皇太子的弟弟娶的是平凡女性，還是可以保有皇籍。過去有很長一段時間，日本的國籍法賦予日本男性與外國女性的婚生子日本國籍，卻不承認日本女性與外國男性的婚生子日本國籍。這種偏頗的法律直到一九八五年才獲得修正，但皇室典範並沒有跟進。這種法律不僅明顯違反禁止歧視女性的國際法，也違背了主張男女平等的日本國憲法，可是從不曾有人對此提出異議。由此看來，日本國內似乎沒有人打算在法律上保障皇族的人權。

現在的日本便是建立在犧牲這群皇族女和皇族男的人權之上。天皇主義者或許會為了守護天皇制而要求天皇犧牲，因此更不可能允許天皇擁有自己的想法，只是不曉得他們有沒有意識到自己正在踐踏一群背負著皇室之名的家族的人權。日本把這群被稱為「皇室」的家族視為家族典範時，這種深埋於皇室的厭女症也讓日本成為一個不自由的社會。

七、春畫的厭女文化

暴力．權力．財力

小倉千加子指出：「女人追求的是關係，男人追求的是擁有。」這之後，齋藤環寫了一本書《女人的關係，男人的擁有》，桐野夏生[112]則是在她的小說《IN格殺愛情》中引用了相同的臺詞。我無法確認這句話的實際出處，因此小倉和齋藤的創作很可能彼此各不相關，但如果我記得沒錯，最早提出這句話的人是小倉。無論真相如何，這都是我第一次看到有人用如此簡潔的語句，表現出以「愛」為名的男女關係中的性別不對稱性。

只要從男人想要徹底支配女人的角度來思考，就可以了解這個社會為什麼會出現家庭暴力與情

112 桐野夏生（一九五一—），日本著名女性作家與推理小說家。

殺的事件。最有可能殺害女人的人不是外人，而是她們最熟悉的丈夫與情人。美國甚至有個讓人笑不出來的笑話：「所謂的配偶就是最有可能殺死你的人。」妻子或情人想分手，但男人卻想復合時，就是最容易發生情殺的時候。當男人無法復合卻又不想看到自己的女人變成別人的女人，就會在失去理智下殺死女方，因為殺人就是最終極的擁有。

女人會嫉妒奪走自己男人的女人，男人的嫉妒卻會導向背叛自己的女人。男人一旦無法保有自己的女人，就會因為所有權遭到侵害而造成自我崩壞的危機。女人的愛情是一場圍繞著男人的競賽，她們的嫉妒來自於她們把別的女人當成競爭者，男人則是把愛情當成一場賭上自尊與自我認同的競賽[113]。

不過，男人想要依靠暴力來擁有女人是下下策。

男人擁有的資源中，從擁有的時間順序來看，應該是暴力、權力和財力，而權力與財力，也就是地位與經濟能力。在動物的後宮世界裡，雄性會針對試圖搶奪雌性的其他雄性施展暴力，同種雄性在這時就成了所謂的「外敵」。另外，屬於某隻雄性的雌性一旦試圖接近其他雄性，雄性便會以

113 原注：有些人認為，女人的嫉妒是因為愛情對女人也是一場賭上自尊與自我認同的遊戲。在這種情況下，她們應該也會攻擊那些傷害她們自尊的男人。

暴力威嚇該雌性，因此這群雌性只是在武力的壓迫下接受（或承認）雄性的統治。

但雄性倚靠暴力取得與維持的權力，在該雄性體力下降時便會遭到其他雄性的篡奪。人類社會也是如此，只不過人類不僅會透過暴力維持權力，還會利用知識與精神的力量。儘管人類在維持權力上有著比較複雜的形態，但這些手段都屬於社會地位的附屬物，而不是個人的特質；例如一個人一旦從「首相」或「社長」的位置卸任，便會立刻變回普通人，而且地位的落差愈大就愈可能成為人們同情的對象。

相較於暴力與權力，具有高穩定性與泛用性的經濟能力是一種具有相對優勢的資源，人們只要有錢就可以買到暴力與權力；孱弱的老人可以出錢聘請保鏢，無能的男人可以花錢取得社會地位，而經濟能力也是一種比較可以公開展現的資源。

男人如此重視這些資源的原因在於，女人會屈服於男人的暴力、馴服於擁有地位的男人，並主動貼近有錢的男人。

性愉悅的支配

但那些缺乏權力、地位與金錢的男人又該如何是好？

本書第四章裡，犯下秋葉原隨機殺人事件的加藤就十分在意自己是個「剩男」。換句話說，對於既沒有學歷和金錢，也沒有良好職業的男人來說，擁有一個女人便是他們用來逆轉人生的唯一寄託。

漫畫家倉田真由美[114]和一個離婚三次的男人「先有後婚」，這個男人就是一個既沒有學歷也沒有錢的終極無賴。倉田表示：「他一直很有女人緣，這不僅帶給他極度的自信，也使得他不把學歷和收入當一回事。」[115]換句話說，這正好證明了加藤的說法：「男人只要有女人緣，就可以擁有不一樣的人生」。

有些人把女人緣歸因於男人的「魅力資源」。然而，「魅力資源」是什麼？加藤認為女人緣來自於男人的外表，但我在第四章中已經指出這種看法的謬誤。

暴力、權力和財力等資源，都會影響到男人在同性社交集團的地位。外表的價值看似存在我們的身體，其實也是一種社會認定的價值。如同勒內・吉拉德[116]的「三角慾望」理論，人只會對他人也想要的東西產生慾望，因此美好的外表只有在獲得他人的認同時才會具有相對的價值。

---

114 倉田真由美（一九七一—），日本漫畫家，代表作為《愛上無賴男》。

115 原注：〈承擔的決心——和離婚三次的男人「先有後婚」〉，《AERA》，二〇〇九年七月二十七日，頁七〇。

116 勒內・吉拉德（René Girard），法裔美籍歷史學家、文學評論家。吉拉德的理論基礎是「三角慾望」是吉拉德的理論基礎，也被稱為「模仿慾望」。在吉拉德眼中，人基本上受到慾望所支配，人想要得到另一個客體是因為另一個人也想得到它。

男性集團存在爭奪社會資源的霸權競賽，女人只是男性集團依照男人的排序分配的財產和報酬。女人將這種男性社會的價值內化後，便會主動配合男人的排序，這時男人便可以透過排序分配到相對的財產。在這種男性霸權競賽裡，女人「發情」的對象是男人在男性集團的相對地位，而不是男人的個人特質，因此這種「發情」的戲碼具有極度的文化性與社會性。

男人只要擁有出色的外表和身材、崇高的地位或巨額的財富，確實會比較有女人緣。但如果我們告訴這些男人，你有女人緣並非來自你本人，而是因為你的外表、地位和財富時，大部分男人又會出現什麼樣的反應？

以好色聞名的作家渡邊淳一並不在乎這樣的質疑。他曾在一篇文章中表明：「沒關係，有錢也是男人的魅力之一。」而這種「鈍感力」或許也是他的魅力之一。

另外，男人還有一招可以翻轉這種霸權遊戲，那就是以性愉悅來統治女人。對男人來說，性愉悅的價值不僅凌駕所有社會資源，也是權力、地位和金錢無法換取的最有力資源。

「這女人是因為我那方面很強，所以才會離不開我。」

一定有很多男人渴望在自己的女人面前，對著其他男人說出這種話。而且，一定也有些男人很想看看那些同時擁有地位和財富的男人，在聽到這些話時的驚訝表情。

從色情作品的情節公式可以發現，即使男人處於極為弱勢的社會地位，他們還是相信，只要在性愛上支配女人就可以逆轉所有的劣勢。

陽形中心論[117]

對男人來說，陽具就是性愉悅的來源，女人想要獲得性愉悅就得依靠陽具。佛洛伊德應該是把人類對陽具的強迫症提高到心理學層級的第一人。根據他的理論，是否擁有陽具甚至會影響到一個人的人格。

拉岡以「陽形（Phallus）」[118]的拉丁語取代佛洛伊德理論中源自解剖學角度的陽具崇拜，並把陽形的用語延伸成一種具有象徵意義的統治機制。對於這句拉丁語，日語最初的譯法是「陽具崇拜」。拉岡派創造出心理學上的「陽具中心論（Phallocentrism）」和「陽具統治（Phallocracy）」等用語後，有位女權主義者在一場座談會上批評了陽具統治的社會機制；當時，有一位年長的學者

117 「陽形中心論」（日文為ファロセントリズム；英文為Phallocentrism）由法國精神分析學大師拉岡所創，原指「陽具崇拜主義」，後被衍生說明以男性為中心的社會機制。

118 拉岡比較喜歡講「陽形」（Phallus）而不是「陽具」（Penis），原因是要強調精神分析關心的不是生理事實的男性性器官，而是這個器官在幻見（fantasy）中扮演的角色，或者說它所代表的想像與符號功能。

十分認真地表達了他的看法，他的答案更是帶給我極為深刻的印象：

「至少我的陽具還不曾讓我擁有掌控我老婆的能力。」

即使這是玩笑話，也讓人笑不出來。

但如果他的回答如下呢？我是個既貧窮又無能，也沒有任何社會地位的男人，所以我只能用陽具來掌控老婆，而她也是因為我那方面很強所以才離不開我。男人們聽到這些話大笑的同時，心裡頭大概也會羨慕起這個男人。

性支配不需使用暴力，也不需倚靠權力和金錢，因此是一種透過快樂的支配，而不是一種倚靠恐懼的支配。權力論的重點在於，只要被統治者是自發性服從於統治者，便能降低統治的成本、取得穩定的統治成果。女人在性支配下自發性服從於男人的支配，自然是一種最終極的支配方式。

色情作品的消費者是男性，因此具有性愉悅的支配公式，以及剝奪一切社會特質下取回男性性的核心儀式。陽具是性愉悅的源頭，自然在色情作品中具有不動如山的重要性。

著手研究春畫

我在三十年前開始研究春畫。

當時，傅柯的英文版《性史》已經發行，日文版則是過了好幾年後才發行。我在迫不及待的情況下，買了一本英文版的《性史》回家閱讀。

根據傅柯的研究，性慾既非「自然」也不是「本能」，而是「文化」和「歷史」的產物。這本書不僅證實了我的想法，也促使我開始研究日本人的性生活。

傅柯把人類的性生活區分成性愛藝術（ars erotica）與性科學（scientia sexualis）。近代以後，人類的性生活才開始出現科學上的意義，並成為一門定義正常與異常、標準與脫軌的學科。佛洛伊德雖然是把人類的性生活提升至學術領域的第一人，卻也是把同性戀「病態化」、把有無陽具這種解剖學上的偶然解釋成「宿命」的始作俑者，女權主義者也因此不得不跳出來對抗這種「解剖學上的宿命（Anatomy is destiny）」。

隨著人類性知識的轉變，近世以前的「性愛」說法到了近代以後逐漸被「性學」一詞取代[119]，因此「性學」的說法是一種近代的產物。中世與古代由於缺乏有關性生活的近代科學知識，所以也就沒有如同今日的正常與異常、異性戀與同性戀的區別。如同傅柯所指，事實上在古希臘人稱為「交合（aphrodisia）」的性愛領域，少年愛並不被視為是一種脫軌的性生活。不過時至今日，「歷史的

119 就日本歷史而言，江戶時代為「近世」，戰前為「近代」，戰後為「現代」。

系譜學」似乎已經有了不同的解讀。

由此可以發現，近代的「性常識」並沒有很悠久的歷史，其中包括夫妻的性愛是最高等的性愛、正常的性愛是異性的交合，而其他的性行為都是屬於脫軌的性活動。特別是對近代化比較晚的日本而言，更可以想見「性常識」的變化速度之劇烈。日本的「性學」是明治以後的產物，那麼在這之前，日本的「性愛藝術」又是呈現什麼樣的面貌？

我從事春畫研究便是為了解開這個謎團，選擇這個領域則是因為我發覺，日本有關性愛的史料極少又不易取得，但卻存在極為豐富的春畫與春本[120]。

日本春畫與外國的春宮畫有很明顯的不同點，其中包括對於男女性器的誇大和高度的寫實主義。相較於性器，人體的其他部位通常會被簡化與樣式化，但又仔細描繪男女的愉悅表情。亞洲圈的其他國家的春宮畫中，男女人物即使呈現高難度的性愛體位也依然面無表情。

日本春畫的特色在於表現女人的愉悅表情，這並不單純是對現實的模仿與反映，而是為了滿足男人的需求。江戶時期的春畫是一種屬於男人的性消費財，因此男女的「交合」是必要條件，這也反映了男人認為，只要有了交合的行為，女人就必定能達到性愉悅的狀態。

120 春本即豔情小說。

江戶中期的浮世繪版畫家鈴木春信的春畫中，男女人物全都面無表情；其中甚至有一幅描繪老師強暴前來找他學習寫字的女學生，然而這名被奪走處女的女孩卻沒有任何反抗的表情。鳥居清長的《袖之卷》被譽為浮世繪的巔峰之作，畫中描繪許多男女交合的畫面；這些交合的男女全都有著豐腴的體態、瞇著眼的愉悅神情，主角除了嫖客與妓女，還包括村姑與戀人、婦人與情夫、未亡人與情人以及年老的夫妻；另外，春畫的場景沒有時地限制，畫中的男女作風大膽，臉上全帶著愉悅的神情。

但到了江戶後期，春畫的構圖開始出現變化，溪齋英泉等畫家開始創作色彩亮麗的浮世繪。春畫開始出現強姦與綁縛的場景，畫面中的女人則是在痛苦下呈現扭曲的表情。幕府末期到明治年間[121]，被稱為虐待畫家的伊藤晴雨則開始創作具有虐待傾向的綁縛畫。浮世繪從江戶時期發展至近代的過程中，變態的性愛場景逐漸增加，對女性的支配則是從「快樂的支配」轉向「恐懼的支配」。從這點可以看出，春畫的文化精緻度逐漸降低，難怪相較於近世的性愛，近代的性生活有著野蠻化的傾向。

121 幕府末期指日本德川幕府統治末期，時間是一八五三年幕府放棄鎖國至一八六七年把權力移交明治政府。明治是日本明治天皇的年號，時間是一八六八年至一九一二年。

這種變化並不能完全解讀為，江戶時期的女性已經取得性的解放，以及時代轉變下男性的支配力提高了。

就像我前面提到的，春畫的「交合」是一種必要條件。色情作品的定律就是女人可以隨時應付男人的性要求，男人只是在女人的引誘下才會和女人發生關係，因此男人不需為自己的性行為負責。對男人而言，支配女人的最佳機制就是把女人設定成性愉悅的追求者，並讓她們從被支配中獲得性愉悅。

「交合」的畫面是約定俗成的結果，女人的愉悅表情也是如此。不過表象未必是事實，女人從交合中獲得性愉悅的表象也只是男人的性幻想。

另外，春畫還有一種國外罕見的表現女性愉悅的手法，那就是描繪女人在達到性高潮時手指與腳趾皆呈現彎曲的巴賓斯基反射[122]。春畫被認為是高度寫實主義的原因之一，便是因為有些人認為春畫很可能是一種現場寫生。我們雖然無法觀察自己在性高潮下的反應，卻可以從春畫察覺這種投向女人的冷靜視線。即使在妓女與嫖客交合的場景，妓女的身上也會出現這種巴賓斯基反應。

122 巴賓斯基反射（Babinski reflex）是一種刺激足底時的神經反射現象，常被用來觀察新生兒神經系統的發育情況，和診斷成人脊髓和腦的疾病。

然而，如果男人的性支配是為了讓女人獲得性愉悅，這會不會是一種悖論？

有些男人會說：「男上在床上這麼拚命的目的，只是為了讓女人達到性高潮。」

但「床上服務」帶有另一種支配的意味，也就是男人可以透過陽具支配女人的性愉悅，女人只有服從男人才能獲得性高潮。

永井荷風的《四疊半房間的紙門》是昭和年間的色情傑作，這本書裡便清楚描述了這種微妙的機制。作者在書中以江戶通俗小說的傳統手法，透過「男人的視線」冷靜描繪男人把藝妓帶向高潮的過程。這本小說成為色情經典的原因之一，便在於作者成功描繪「觀察的男人」與「被觀察的女人」的視線不對稱性，以及「支配性愉悅的男人」與「被性愉悅支配的女人」的不對稱性。有錢就可以買春，卻無法買到女人的性愉悅。如果男人可以藉由陽具操控女人的性愉悅，是否意味陽具為男人帶來了最終的勝利？為了避免讀者誤解，我得再次強調這種「陽具的勝利」並非現實。相反的，這只是更加突顯了男人是如何的幻想「陽具的勝利」。

江戶的紅燈區有著關於情場「老手」和「生手」的美學。會逛紅燈區的男人不會找良家婦女談戀愛，而會把妓女當成戀愛的對象。他們不會沉迷於與良家婦女的戀愛與性愛，因為良家婦女只是他們結婚與生孩子的對象，而不是他們戀愛與獲得性愉悅的對象。然而妓女的真情也只是一場騙局，只有情場生手才會相信妓女也有真情，也因此只有在生手的身上才可以看到戀愛與性愛的快樂。男人一旦從生手變成老手，便會把紅燈區劃歸成約定與虛構的世界。明白這種規則的男人便會被稱為老手，無法區別現實與虛構的男人則會被稱為生手。生手一旦變老手，買春的樂趣就同時減少了。筆名南陀白紫蘭的窪俊滿[123]便很了解這種事，他在寬政[124]年間創作的《古今繪入吉原大全》[125]中寫道：「生手一旦成了老手，性愉悅也就失去了原有的價值。」此外，創作《花道大鏡》的藤本箕山[126]是把日本的買春文化提升至「色道」境界的第一人，在通俗小說方面則是山東京傳[127]。

人們雖然可以利用言語說謊，卻無法在身體的反應上說謊。藤本箕山把妓女在交合中出現肌膚緋紅與溼潤的狀態，譽為是最極致的性愉悅。但掌控嫖客的性愉悅是妓女這種性專業人士的工作，她們一旦出現性愉悅就會損耗她們的體力，因此她們不可能讓自己在每次的交合都出現性愉悅。而且，妓女得在老鴇要求的一柱香（約二十分鐘）內做完一個客人，所以也沒有充足的時間去醞釀性愉悅。

123 窪俊滿（一七五七—一八二〇）是江戶時代的浮世繪師，晚年以「南陀伽紫蘭」的筆名創作通俗小說。
124 寬政（一七八九—一八〇一）是日本江戶時代光格天皇（一七七一—一八四〇）的年號之一。
125 日語的繪入指附有插圖的書籍或報刊雜誌，吉原則是江戶時代的大型花街。
126 藤本箕山（一六二六—一七〇四）著作的《花道大鏡》是一本花街指南，也是日本「色道」的開山之作。
127 山東京傳（一七六一—一八一六），江戶時代後期的浮世繪畫師、通俗小說作家。

有些老手會買下妓女的時間，卻不和她們做愛，只和她們聊天。儘管如此，這類交易依舊可以算是一種買春的形式。對於這種嫖客，妓女們就得準備各種「不幸的人生經歷」來滿足他們想要展現自己是個老手的心態。

但性愉悅呢？買春對老手來說，是一場掌控「用金錢買來的女人」和「無法用金錢買到的性愉悅」的遊戲。在這種遊戲中，老手的對象不是純樸的女孩，他們想看到的是那些可以自由掌控性愉悅的女人，卻在他們的支配下不由自主陷入性高潮的深淵。老手非常清楚買春只是一種金錢交易下的遊戲，不會像生手一樣把妓女當成情人，也會在達到目的後爽快地付錢走人。至於那些無法控制身體反應而越界的妓女只能低頭無語，因為遊戲規則早就載明受到性愉悅支配的一方就是失敗者。

《古今繪入吉原大全》中寫道：「妓女的情人就是可以不花錢而與妓女做愛的男人」隨後，又寫道：「這種不入流的嫖客根本不足掛齒。」嫖客一旦成為妓女的情人，遊戲也就宣告終止。因此，「只要是情場老手便應該知所進退。」

陽具崇拜

陽具是性愉悅的源頭，所以江戶時期的春畫對陽具有著頗為強烈的戀物癖。這時期的春畫除了有異性戀場景，也有主人與童僕的同性戀場景，而陽具在這些畫上皆占據中心位置。在少年愛的場景，畫家會描繪出男孩在肛交時瞇著眼睛的融入神情。但事實上，即使是習慣肛交的人在肛交時還是會經常感到疼痛，可見得男孩的「融入」只是更加證明了「交合」是春畫的必要條件；而且，如同所有色情作品，被侵入的一方都必須表現出歡迎的表情。

然而，儘管大多數色情作品都會描繪女人的性愉悅，我卻不曾看過有關男孩性愉悅的描述。部分色情作品則會描繪成年男人與男孩在精神與心靈上的高度契合，從這點也可以看出男孩可能只是出於尊敬，才會把自己的身體當成祭品奉獻給同性的年長男子。

依照傅柯對古希臘少年愛的評論，伴隨性器插入的異性戀與同性戀的交合，原本就是一種不對稱的性行為。在「攻者」與「受者」的不對稱關係下，「攻者」是陽具的持有者，「受者」則是代表去勢者，也就是被女性化的男人。性愉悅只屬於「攻者」，而不屬於「受者」。希臘人或許便是了解這是一種不對稱的關係，所以才會把少年自由公民主動獻身給成年男子的行為，視為是最理想的「性愛」。當少年在愛與尊敬下，主動把自己在轉變成男人前的「最美好時刻」奉獻給成年男子，這樣的獻身自然會帶給男人最大的滿足感。

如果成年男子與少年自由公民的愛是「上等」的愛，那麼與少年奴隸的愛便是「下等」的愛，因為少年奴隸根本無法拒絕成年男子的支配。至於與女人的異性愛則是一種更低等的愛，因為愚昧的女人既不具有「市民」的資格，也不是與男人同類的生物，這種性愛對男人而言不過是一種支配家畜般的行為。以拉丁語來說，家庭（familia）是一個包括了妻子、奴隸和家畜的集合名詞，從這點也可以看出古代社會有著多麼根深蒂固的厭女文化。

從春畫的女同性戀性愛場景也可以發現陽具崇拜的意識，但我必須再次強調這只是男人的性幻想。春畫不只描繪女性的自慰，也描繪女同性戀的性愛場景。畫家藉由描繪年輕女孩和女僕一邊自慰，一邊偷窺主人與別人交合的場景來表現女人的異性戀慾望。這類場景暗示著自慰只是「正常交合」的暫時替代品，以及女人都渴望擁有真實的做愛對象。女人的自慰場景可以激起男性消費者慾望的原因就在於，男人可以透過幻想自行填補在畫面上缺席的陽具。

同樣的，在女同性戀的交合場景，一名看似女僕的女同性戀正使用假陽具插入對方的陰部，有些場景甚至描繪出女同性戀使用的一種「雙頭假陰莖」的假陽具。無論如何，這些畫面不僅透過女人的媚態激起男人的慾望，也強調了在缺乏陽具的情況下，女人只能藉由可悲的道具滿足自己的慾望。

我們從春畫可以發現，男人不僅相信陽具是把女人帶向高潮的道具，更認為女人只能透過陽具才能獲得性愉悅。如果陽具崇拜成了色情作品的定律，春畫的表象便不能從物質的角度來解釋，而應該看成是一種象徵性的「陽具統治」。這時的陽具已不只是人體的部分器官，而是象徵以男性性幻想為核心的「陽形」。

陽具崇拜的對象並不單純是解剖學上的陽具，而是已經進入戀物癖領域的象徵性陽具崇拜。從這點可以了解男人為什麼這麼害怕陽痿，以及威而鋼為什麼可以用史無前例的速度通過藥物審核。

事實上，女人並沒有陽具崇拜的意識，只有男人才會受到這種意識的束縛。

不需要男人的性愉悅？

最後，我在這裡提出一種相反的觀點。

春畫的畫家們都認為自己很了解女性的性愉悅，也創作出許多具有衝擊性的隱喻畫面。著名的《章魚與海女》[128]的春畫中，一隻章魚怪吸吮著一名赤裸橫陳的女人下體，女人的臉上則是浮現出恍惚的表情。從與葛飾北齋同時代的浮世繪畫家皆逐漸改變繪畫主題來看，這類充滿想像的構圖已經成為春畫的一種典型。

春畫的消費者是誰？春畫可以讓所有人都感到性刺激？雖然春畫是以男人為銷售對象，也是為

128 作者是江戶時代後期的浮世繪畫師葛飾北齋（一七六〇—一八四九）。

了男人創作的性消費財，但女人其實也是春畫的消費者。

女權主義者在發起女性解放運動時，為了消除人們的陽具崇拜意識，曾提出「女人的性愉悅是來自陰道還是陰蒂」的議題，但其實佛洛伊德才是引發這個議題的始作俑者。根據佛洛伊德的學說，女人是一種在發育過程遭遇失敗的不成熟性別，只能透過陽具的插入才能獲得性愉悅。不過，女權主義者不同意這種論點，並主張女人不需要陽具便可以獲得性愉悅；在此也必須補充，陰道和陰蒂對於女人的性愉悅有著相同的重要性，女人要獲得性愉悅並不是只能透過陰道。

男人在觀賞《章魚與海女》時，是否會產生徹底的無力感？他們在窺視女性的自慰場景時，是否會不知不覺沉溺於自慰？無論如何，對男人來說，「女人的性愉悅」都是一種具有性意義的賭注。色情作品的不對稱性在於，男人主導了色情作品的「視線」，女人的性愉悅則是自始至終都受到這種「視線」的束縛。

「男人服侍女人達到性愉悅」這句話會讓男人感到不適的原因在於，主客倒置的修辭法暗示了性愉悅下的女性支配。

然而，男性想要的卻是以性愉悅支配女性，並認為這種支配才是凌駕所有權力的最終極支配。雖然春畫的陽具統治是一種厭女文化，但若以性愉悅來支配女人，或許部分女人還會考慮接受。然而相較於春畫的厭女文化，近代以後的厭女文化卻變得更加野蠻和粗暴。

八、近代的厭女文化

「母親」的文化理想

對於具有厭女症的男人，「母親」是他們唯一無法侮蔑的對象。母親是生下他們、養育他們，不辭辛勞地照顧他們的強悍女人；即使遭到丈夫的虐待，母親還是為了孩子選擇忍耐、犧牲和奉獻。對於這樣一個不求回報，愛著自己的女人，男人怎麼可能侮蔑她？儘管對於母親的描述只存在於我們的想像，但這種描述的規範力還是會影響到所有的兒子和母親。

如果讀者們認為現在的社會根本不存在這樣的母親，這或許證明了「母親」的規範力已經隨著時代演進而弱化，以及文化上的理想「母親」只存在於我們的教科書。

我曾經把「家父長制」簡單定義為：「家父長制是一種讓男人用來欺壓自己兒子的養育機制。」

但男人可以侮蔑「女人」，卻不能侮蔑「母親」，因為男人侮蔑「母親」便等同侮蔑自己的「出身」。

在大多數語言圈，人們總會使用「妓女的兒子（a son of bitch）」或「雜種（bastard）」等侮蔑對方母親的詞彙來辱罵男人。二〇〇六年世足賽決賽，法國球員席丹以頭槌攻擊義大利隊的馬特拉齊後，被罰紅牌出場。這件新聞在當時成了熱門的話題，人們事後才知道馬特拉齊在席丹耳邊說了侮蔑他母親的言語。大多數男人想必都能夠理解與認同，席丹為了母親遭到侮蔑而反擊。

對於「母親」的最大侮辱就是「妓女」和「未婚媽媽」等，用來表示那些沒有登錄在家父長制下的女人。因此家父長制的另一種說法就是，用來決定女人和孩子歸屬的制度。女人和孩子只有在屬於某個男人，或者說受到某個男人的支配和統治才會獲得社會的認同，不屬於某個男人的女人所生下的孩子則無法獲得社會的認同。直到今日，在登記結婚下出生的孩子和非登記結婚下出生的孩子，依舊有著民法上的差異。不過，現今社會已經逐漸以「非婚生子」取代「私生子」這種具有歧視性的用語。

不論何種出身，孩子就是孩子。奇怪的是，最近的「少子化對策」雖然有針對結婚的獎勵與已婚女性的生育獎勵，卻沒有針對「非婚生子」的生育獎勵。如果日本政府的少子化對策只能做到這種程度，這只會讓人質疑政府的努力程度依舊不足，或是政府依舊認為保護家父長制比鼓勵生育來得重要。

男人會對這類侮蔑用語感到憤怒的原因在於，他們已經把源自家父長制的「聖女」與「妓女」的性雙重標準（參照第三章），內化為自己的性歧視意識。男人想要加入男性社交集團，就得先擁有一個女人來證明自己是個「男人」。男人本身就是個歧視者，因此更無法忍受別人的歧視。

男人經常用「妓女」和「未婚媽媽」描述那些既隨便又淫蕩的女人，並把她們比喻成「魔女」和「惡女」。這些女人脫離了男人的管制，成了人們口中的「性自主」的女人；也就是說，「她們根本不理會男人的管制，認為自己有權利決定如何使用自己的身體」。

事實上，大部分「妓女」都是在缺錢的情況下，才會把身體的性使用權暫時讓渡給男人。大多數「未婚媽媽」則是因為孩子的生父不願負責，使得她們變成家父長制下的受害者。這些女人之所以會背負這些罪名，是因為這個社會的加害者總是習慣把所有責任都轉嫁給受害者。

「窩囊的兒子」和「鬱悶的女兒」

無論生下什麼樣的孩子，母親都會接受自己的孩子；無論什麼樣的母親，母親都是孩子在這世上唯一的母親。因此，不管是婚生子或非婚生子，孩子都應該會同情受到家父長制壓迫的母親。

但兒子卻會因為自己與父親是同性，而無法擺脫自己也是加害者的意識。對於兒子來說，相較於擁有一位「壓迫的父親」，「沒有父親」的兒子更容易因為自己是「父親的兒子」，而同時成為被害者與加害者。因此，對大多數男人來說，相較於「弒父」，「弒母」才是他們人生中最難以面對的課題。

佛洛伊德曾經描述「兒子是如何變成父親，以及女兒是如何變成母親」的成長故事。在家父長制下，這個問題得修正為「兒子是如何變成厭女的父親，以及女兒是如何變成厭女的母親」。關於這個問題，已經去世的文藝評論家江藤淳曾經清楚地揭示了，近代家庭的父與母、兒子與女兒之間的關係。雖然我過去已經討論過這個問題，但由於這本書討論的是「日本的厭女文化」，所以還是得再次提到江藤。

他在《成熟與喪失——「母親」的崩壞》這本書的後記描述自己寫書的動機，而這本書在討論戰後的日本稱得上是一本具有里程碑意義的著作：

> 很久以前，我就一直想藉由「父」與「子」的問題來嘗試解讀文學上的「近代」日本問題……隔了二年，我在一九六四年夏天從美國回來，才決定把焦點轉換成「母」與「子」。

江藤在這裡所指的「子」應該是指「兒子」，我則是加入江藤沒有觸及的「女兒」，並以「可悲的父親」、「焦慮的母親」、「窩囊的兒子」和「鬱悶的女兒」，重新描述近代日本的家庭關係：

對兒子來說，父親一旦受到母親的輕蔑，便會變成「可悲的父親」；母親在沒有其他選擇，只能繼續服侍這樣的父親時，便會變成一個「焦慮的母親」。兒子儘管對這樣的父親感到厭惡，卻也知道自己無法擺脫相同的命運，而選擇認同「可悲的父親」時，便會變成一個「窩囊的兒子」。兒子在無法幫助母親脫離困境下，只能內化他的自責感。這時，兒子不僅會持續感覺自己是個「窩囊的兒子」，還會因為無法脫離母親的支配，選擇偷偷與母親站在同一陣線……女兒雖然不需認同「可悲的父親」，卻沒有如同兒子的能力和機會逃離這種可悲的處境。女兒在意識到自己的未來也會遭到男人的支配，變成一個「焦慮的母親」時，便會變成一個「鬱悶的女兒」。女兒與兒子不同的是，女兒對於「焦慮的母親」沒有責任也沒有同情，這種鬱悶的感覺也就更沒有轉圜的餘地。

這種家庭關係的前提是，家中有著「焦慮的母親」以及進行無理統治的父親，這樣的母親時常會對孩子們抱怨自己的不如意、甚至會向兒子嘮叨「你不要像你爸爸一樣」。這時，這種「母子連結」的日本版「伊底帕斯神話」才會成立。

這就是日本的「傳統文化」？

在傳統的家父長制下，女人的地位來自兒子，尤其是具有繼承權的兒子。因此，在NHK的大河劇《風林火山》中，那些戰國武將的正室與側室才會想盡辦法為自己的兒子爭取繼承權。諏訪一族遭到武田信玄的討伐後，由布姬被父親當成和親的貢品而變成武田的側室，編劇讓她在臨死前留下的遺言是：「我下輩子想當個男人。」一個女人怨恨自己生為女人就是一種最明顯的厭女症。

但近代以後，兒子在社會流動下獲得了超越父親的可能，這使得原本具有強大統治力的父親變成「可恥的父親」和「可悲的父親」。從這點可以發現，江藤在一九六〇年代寫的《成熟與喪失》在社會史上具有重要意義。六〇年代是日本經濟的高度成長期，也是高等教育普及化的時代。這時，團塊世代[129]開始大量湧進高中和大學，但回想起來這個世代之所以具有比較高的生活水準和教育水準（也就是他們這一代比他們的父母那一代還要「成功」），完全是時代與世代的效應，而不是來自個人的努力和能力。

另外，女人無法透過教育提昇自己的社會地位，只能把希望寄託在婚姻。女人無法透過「妻子」

---

129 團塊世代指日本戰後出生的第一代。狹義指一九四七年至一九四九年間日本戰後的嬰兒潮，廣義指昭和二〇年代（一九四六—一九五四）出生的人群。

的身分來提昇自己的社會地位時，便會改以「母親」的身分把自己的期望寄託在兒子身上。但對於時常得忍受母親嘮叨「你不要像你父親一樣」的兒子來說，母親的期望只是一種沉重的負擔。

「自責的女兒」登場

就社會史來看，這種變化對世代與性別產生了影響。以世代來說，日本的經濟此時從成長期進入停滯期（有些人稱為成熟期）後，團塊世代的下一世代，也就是團塊第二代[130]，將很難在經濟發展和教育水準上超越上一代，高等教育的入學率也會在飽和下出現學歷通膨的現象。這也代表，孩子們可以期望在未來超越父母的時代已經宣告結束。

從性別的影響來看，當女性除了結婚，還有其他管道可以取得社會認同時，母親便會對女兒懷有期待。女兒將會變成「有著女性面孔的兒子」，母親對女兒和兒子的期待落差將會縮小。我認為這是少子化的必然結果，或許有些人還會認為這是一件好事。

但母親對女兒的期待往往不同於對兒子的期待，她們會向女兒傳遞兩種訊息，包括「妳要做個

130 團塊第二代指在一九七一至一九七四年間，日本第二次嬰兒潮出生的世代。

有出息的兒子」以及「妳要做個有出息的女兒（女人）」；而且，這兩種訊息都帶有隱約的「妳不要像我一樣」的自我犧牲，以及「我所做的一切都是為了妳」的譴責意味。

女兒在接收到這種雙束訊息[131]時，內心想必會感到無所適從。如果「鬱悶的女兒」是高度成長期的產物，那麼取代她們在歷史上登場的應該是「自責的女兒」，而這些女兒如今已經不想再成為母親的代理人。如同「窩囊的兒子」，女兒也得為「母親的幸福」負起期待與責任。但與兒子不同的是，女兒在認同母親的情況下，比較無法擺脫替母親完成人生願望的債務。信田佐代子[132]在《太過沉重的母親：守墓女的嘆息》一書中描述了許多現實的例子，而我更從這些「自責的女兒」身上進一步聯想到那些「自虐的女兒」。

131 雙束訊息（Double-Bind Message）指溝通訊息中同時含有兩個相互對立的訊息，使得收訊者無所適從。
132 信田佐代子（信田さよ子，一九四六—），心理學家。

近代女性的厭女症

江藤在《成熟與喪失》中，對小島信夫[133]的小說《擁抱家庭》做出讓人感到不安的「神諭」。對主角之妻「時子」來說，同時身為「母親」與「女人」是一件讓人厭惡的事。

江藤把這種「女人的自我厭惡」，比喻為近代植入日本女性身上最深刻的感覺。

「自我厭惡就某種意義而言，是女性生活在近代產業社會的普遍意識。」

在我的印象中，還沒有人能像江藤一樣這麼清楚地描述厭女症的歷史性。從厭女症的歷史來看，厭女情結既然有開始的時候，自然也會有結束的時候。

江藤對這個故事最感興趣的地方是，時子的厭女症來自於對丈夫的「競爭心」。時子的丈夫曾經拋下妻子獨自前往美國留學，回國後則是在一所大學擔任教授。日本在戰後便實施男女同校的考試競爭，因此在求學方面，基本上已經沒有性別的歧視。時子在學生時代的成績比丈夫優秀，因此當她面對丈夫的成功時，反而會感到強烈的剝奪感。

厭女症會經由比較強化，比較也意味著存在可以比較的事物，或者說存在兩項具有「可通約

133 小島信夫（一九一五–二〇〇六），小說家、評論家。

性」[134]的事物。當人們接受性別和身分是一種無法改變的命運，或許會感覺人與人之間存在「區別」，卻不會感到「差別」。但透過「相同的人類」的可通約「分母」，人們才會開始感覺「差別」是一件不公平的事。男女之間原本就存在性差別，只是到了「近代」以後，性差別才被強化了。控訴性差別的女權主義是近代的直接產物，因此已經去世的女性學先驅駒尺喜美[135]才會樂於看到「區別」提昇至「差別」的變化，那些對此感到不滿的人則是想讓「差別」再回復成「區別」。

自我厭惡的厭女症

男人的厭女症是對他者的差別化和侮蔑。男人不用擔心自己會變成女人，因此更可以大膽地把女人他者化和差別化。

但女人呢？對女人來說，厭女症使女人對自己感到厭惡。對任何人來說，在自我厭惡下活著都是很痛苦的一件事。

134 可通約性是科學哲學的概念；如果人們可以通過比較不同的幾種科學理論來確定哪種理論更準確，我們就說這幾種科學理論是可以通約的。

135 駒尺喜美（一九二五－二〇〇七），近代文學研究者、女性學學者。

社會弱勢（social minority）就是受到「標籤暴力」的一群人，統治集團（social majority/dominant group）則是創造出這種標籤的另一群人。對於這種機制，我想引用一段十分出色的日本文章，也就是鈴木道彥[136]在一九九六年針對小松川事件[137]的犯人李珍宇寫下的《惡之選擇》：

少年在絕望地低語「我是朝鮮人」時，他口中的「朝鮮人」究竟代表了什麼？語言是一種具有自身歷史與價值的符號，因此遭到日本人侮蔑的「朝鮮人」才會頑固地拒絕回歸到指涉單純人種事實的語言。人們可以用日語表示「我是日本人」的事實，卻無法用日語表示「我是朝鮮人」，但少年只會說日語，他只能無奈地接受日本人所定義的「朝鮮人」。

以研究法國文學家普魯斯特[138]聞名的鈴木，為何會研究李珍宇？這個問題或許可以從他把李珍

136 鈴木道彥（一九二九—）日本的法國文學學者。
137 小松川事件是發生在一九五八年的殺人事件。犯人李珍宇是一名十八歲的韓裔日本人，因殺人及強姦兩名日本女性而於一九六一年被執行死刑。
138 馬塞爾·普魯斯特（一八七一—一九二二）是法國意識流作家，代表作為《追憶似水年華》。

宇稱為「日本的惹內」[139]來加以推測。尚．惹內是個小偷、詩人和同性戀者，沙特[140]更在他的大作《聖惹內》中把惹內描述成一個異類。惹內在少年時代因為一宗輕微的竊盜案而被稱呼為「小偷」後，便下定決心：

「既然你們都說我是小偷，那我乾脆就當個小偷。」

人類在順應命運下的選擇「自由」，也就是沙特最感興趣的「存在自由」。鈴木也從李少年的身上看見了這種順應命運的「惡的選擇」。

西蒙娜．德．波伏娃[141]寫道：女人不是生來就是女人，而是逐漸變成女人。如果真是如此，女人又是如何逐漸變成女人的呢？事實上，女人是在被貼上「女人的標籤」後，才開始自覺「我是個女人」。

如同李少年意識中的「朝鮮人」，「女人」的標籤也同樣充滿蔑視的意味。

每個人都是生來就得面對一個既有的語言世界，這種語言並不屬於自己，而是屬於他者。「女

139 尚．惹內（一九一〇—一九八六），法國小說家、劇作家、詩人、評論家、社會活動家。惹內早年曾是個流浪者，還曾因竊盜罪被捕，後來轉而從事寫作。

140 尚．保羅．沙特（Jean-Paul Sartre，一九〇五—一九八〇）是法國哲學家、作家、存在主義哲學大師，代表作《存在與虛無》是存在主義的高峰之作。

141 西蒙娜．德．波伏娃（Simone de Beauvoir，一九〇八—一九八六）又譯做西蒙．波娃，是法國作家、存在主義哲學家、女權主義者。她的哲學散文《第二性》(*Le Deuxième Sexe*) 是現代女權主義的奠基之作。

人」的標籤在女人出生前就已存在，但女人只有在接受他人的「妳是女人」的指示，並自認「我是女人」後，才會成為一個「女人」。如同阿圖都塞[142]所言，女人一旦回應他人給予的「女人」稱呼，女人的「主體」便從此確立。

內田樹[143]在《私家版・猶太文化論》中提及，現在的「猶太人」是在被標籤化以後才出生的一群人；同樣的，現在的「女人」（和「朝鮮人」）也是在被標籤化以後才出生的一群人。這些人在承受這些標籤的同時，也承接起所有的歷史業果。

鈴木還以李少年為例，明確表示這些人沒有選擇的「自由」。同樣的，「女人」也是如此。女人在變成「女人」時，便也背負了「女人」的標籤所代表的歷史性厭女症。女人只有接受這種標籤才能變成「女人」。女權主義者便是一群無法接受這種「標籤」，也無法「內化」厭女症的一群人。所有女權主義者都得先解除自己的厭女症，才能開始對抗他人的厭女症。至於那些從不曾有過厭女症的女人（如果有這種女人的話），根本沒有理由也沒有必要成為女權主義者。有些女人甚至宣稱「我從不曾因為自己是個女人而感到拘束」，這句話或許也可以解讀為「我沒有想過要對

142 路易・皮埃爾・阿圖都塞（Louis Pierre Althusser，一九一八—一九九〇）又譯做阿圖色，馬克思主義哲學家，出生於阿爾及利亞。
143 內田樹（一九五〇—），日本哲學研究家、思想家、倫理學者、武道家、翻譯家。

抗厭女症」。

儘管面對被強制貼上的「女人」標籤，女人應該還是可以找到「解除」的方法。

九、母親與女兒的厭女症

作為負面教材的母親

女兒的厭女症來自母親。女兒發覺母親討厭自己的女性身分時，也會開始對自我感到厭惡，而在目睹母親的不滿和不如意後，對母親的輕蔑便油然而生。女兒往往會把自己的初潮告訴母親，但應該有不少女兒都曾因此受到傷害；母親說「妳終於變成女人」時，臉上卻浮現看到髒東西似的表情；有些女兒甚至會被母親要求「不要讓妳爸爸和弟弟知道」，而感覺自己的身體變化似乎是一件不能被人發現的醜事。

另外，母親雖是女兒人生中的最初權力者，但女兒日後卻會目擊母親遭到比她更強大的權力者的輕蔑與支配。

母親的不如意來自對現實生活的無力感，女兒的怨恨則是來自母親不滿意自己的人生，卻又強迫女兒接受相同的生活方式。儘管女兒把母親視為負面教材，但如果想脫離母親的束縛便得借助外人（男人）的力量。可是，把自己的人生交到外人手上，又會帶給女兒沉重的無力感，而女兒也會害怕這個外人對待自己的方式很可能會如同父親對待母親一樣的粗暴。

女人的命運幾乎是一種沒有出口的輪迴。

母親的代價

這個社會總認為女人得成為母親才能算是個「女人」，但社會雖然會對女人成為母親表示恭喜，卻不會替母親分擔任何責任。因此，女人或許會對成為母親感到高興，但一旦孩子出生，她們就會立刻察覺自己得付出多麼大的犧牲。

不過，以上的舉例只適用於近代家庭[144]。對於只需負責生產不需擔心教育的前近代統治階級的女人，以及不管孩子教育的下層階級女人，她們或許根本不需考慮這個問題。對於女兒的人生已經

144 原注：依照近代人口學下的歷史記述概念，「近代家族」的特徵包括：一、以夫婦為中心。二、以子女為中心。三、排除非家屬。如果從性別論來看，就得再加上二項特徵，包括：四、公私領域分離。五、對各個領域的性別角色分配。歐洲的近代家庭形成於十八至十九世紀，日本則是形成於明治末期至大正年間的大都市地區，並於戰後的高度成長期間迅速地普及化。

注定將與母親相同的社會，母親和女兒之間也就沒有所謂的競爭和怨恨。所以，或許前近代的女人所面對的問題只有「勞苦」沒有「苦惱」。

母親會期望從孩子身上獲得回報。兒子的任務簡單來說，就是成為一個有出息的兒子、解救受到父親壓迫的母親，並一輩子孝順母親。因此，母親的目標就是把兒子教養成具有戀母情結的男人，以及幫助他順利繼承家業。這時，母親的報酬就是變成繼承人的母親，並在家父長制下提昇至有如皇太后的地位。

女兒呢？女兒終究會嫁到別人家。在無法期望回收投資的情況下，再多的投資都只會像是丟進了水溝。但這種過去的常識已經不適用於今日的社會，現在的女兒已經成了母親一輩子的所有物。女兒即使出嫁後，還是有義務照顧娘家的父母，母親也會期待女兒能夠扛起照顧的工作。過去十年裡，父母對於「希望誰來照顧自己」的優先順序已經從媳婦轉成女兒，實際上女兒擔任照顧者的比例也的確增加了。

現實生活中，有些母親儘管依靠著女兒的照顧，但在外人面前卻又否認這種事實。有些家庭是由姐姐代替弟弟扛下照顧母親的責任，然而母親卻總是覺得自己很可憐，竟然得依靠女兒的照顧。但更可憐的其實是這些女兒，因為母親不但不感謝她們的照顧，甚至還認為自己很可憐。

近來，女性的人生選擇逐漸增加，母親開始期望女兒可以滿足她們的需求。現在的女人不再有藉口說「我只是個女人」，因為女人「只要肯努力，也可以在社會上獲得成功」。九〇年代以後的二十年間，女性在四年制大學的入學率出現快速增長，甚至超越短期大學的入學率。女人在醫學院和法學院等實用科學領域的主修人數也顯著增加，最近的醫師國家考試中，女性的合格者大約占了三成，就連司法考試也有三成左右是女性。這個數字背後存在二代母親的執念，因為女兒的高等教育若缺乏母親的支持，根本沒有實現的可能。即使父親表示「女人不需要教育」以及「上短大就夠了」，母親還是會私下告訴女兒「別管妳爸爸怎麼說，媽媽一定會想辦法幫妳籌學費」，因此女兒才能進入大學就讀。不過，這些女兒很少選擇就讀工學院與商學院。這種「女性就業」的取向呈現出母親世代對於現狀的認知與絕望，因為母親們在結婚前都有上班的經驗，她們很清楚女人根本無法在需要團隊合作的工作領域立足，也會以此勸告女兒選擇可以靠著證照獨立工作的學科。

少子化使得女兒變成「有著女性臉孔的兒子」。在只有一、兩名小孩的家庭，有不少家庭的孩子都是女兒，而這樣的家庭便不可能出現性差別的教育。事實上，有不少家庭把女兒當成兒子教養，對女兒懷有和兒子一樣的期待，投入如同兒子的教育資源，女性的重考率也因此提高。

這時的女兒儘管在根本上仍然不同於兒子，卻得同時回應母親對於兒子與女兒的兩種期待。女人在這個時代的選擇雖然增加，卻得同時背負起「女兒的責任」與「兒子的責任」。在同時存在女兒與兒子的家庭，母親會比較關心兒子，這麼一來女兒的角色也就變得更加複雜。這時的女兒不僅必須回應母親的要求成為優等生，還得注意不可讓自己的成績超過哥哥或弟弟，以免威脅到母親心愛的兒子。小倉千加子在小說《惡夢》中描述女人在這種處境下的痛苦時，寫道：「我雖然是個女人，卻得拿出可以與男性匹敵，但又不能超越哥哥的成績。」

母親會為女兒的幸福感到高興嗎？

女人有兩種價值，一種是自己爭取的價值，另一種是藉由別人（男人）獲得的價值。酒井順子[145]在《敗犬的遠吠》中暗示了，在女人圈裡後者的價值高於前者，對女人來說，或許生活在無法靠自己取得價值的時代還比較輕鬆一點。現在的女兒則得設法同時滿足這兩種價值，母親也對女兒抱持著這樣的期待。有些母親甚至會告訴女兒：「妳專心去上班，我可以幫妳照顧孩子。」

那麼，女兒會感謝這樣的母親嗎？

母親這麼做就如同在宣告：「我一輩子都不會放開妳。」這也如同在告訴女兒，妳的人生是屬於我的，妳得扮演我的分身、實現我的夢想。母女關係或許正如信田佐代子的一本小說書名：《以

145 酒井順子（一九六六—），日本散文作家，代表作為《敗犬的遠吠》。

愛為名的支配》[146]。母親的期待只會帶給女兒壓迫，「母愛」和「自我犧牲」只是母親用來支配女兒的藉口。

中山千夏[147]曾在文章中描述自己在星媽的長期支配下，最後起而反抗的始末。儘管母親一直告訴中山「我這麼做都是為了妳」但在中山不斷質疑下，母親最後終於承認「事實上，我是為了我自己」。我很佩服中山可以如此勇敢地面對自己與母親的關係，因為當我發覺自己一直在逃避與母親的對峙時，母親已經老了。對於已經變成弱者的母親，我再也沒有機會和她釐清兩人的母女關係。

話說回來，母親會對女兒的幸福感到高興嗎？

雖然母親會對女兒懷有期待，但女兒真的實現自己無法完成的事時，母親的心裡大概除了高興，也會萌生一些複雜的感覺。母親和兒子就不存在競爭的問題，因為他們之間存在性別的緩衝區。然而面對女兒時，母親就無法拿性別作為自己失敗的藉口。儘管母親可以把女兒的成功歸因於自己的幫助，但成功的人終究是女兒不是自己。

如果女兒想要完成母親的野心，就不能只達成「自己爭取的價值」，還得獲得「他人（男人）

146 小說的日文書名原義為「以愛為名的支配」，但在臺灣出版的書名最後被修改為《母愛的療癒》。
147 中山千夏（一九四八—），演員、歌手、參議院議員、作家。

賦予的價值」。母親的身分是一種得到男人選擇的價值，即使這是一種連母親也不滿意的價值，但再怎麼成功的女人如果缺少這種價值，還是會被母親視為只成功了一半的女兒。諷刺的是，母親還可以藉此確定女兒依舊處於自己的掌控範圍。一個無法成為母親的女兒，也就是一個無法和母親承擔起相同苦難的女兒，母親自然不可能承認這樣的女兒是一個完整的「女人」。

如果女兒真的嫁給一個連母親也會羨慕的完美男人，母親又會有什麼感覺呢？很多新娘的母親都很喜歡自己的女婿，有些母親甚至會希望女兒可以嫁給自己喜歡的男人，但無論如何，嫁給那個男人的女人終究是女兒不是自己。因此，女兒過得愈是幸福，母親的心情想必也會變得愈複雜，甚至夾雜一絲女兒被別的男人奪走的失落感。所以女兒離婚返回娘家時，母親或許反而會因此暗自竊喜。

母親的嫉妒

「母親會嫉妒女兒」，因此女兒想要爭取幸福時，母親就會設法阻止。心理學家岩月謙司[148]曾

148 岩月謙司（一九五五—），日本生物學家，專長為動物生理和行動學。

以這個主題寫了好幾本書來描述「母女的關係」。

不過，母女關係自然沒有那麼單純。

女性學出現以後，「母女關係」便成了女性學的一個主要議題。這是因為佛洛伊德以後的心理學，始終把焦點放在父子關係，而不重視母女關係。因此，海倫．德意志[149]和梅蘭妮．克萊因[150]等女性精神分析學家，才會開始極力架構佛洛伊德遺漏的母女關係理論。

竹村和子[151]的《關於愛》是一本從佛洛伊德理論解讀母女關係的出色作品。不管什麼性別的嬰兒都會和母親有著緊密的連結，父親則是扮演在他們身上植入閹割焦慮的角色。但沒有陽具的女兒無法被閹割，所以女兒是把陽具遺留在母親的子宮，一出生便遭到閹割。女兒和兒子一樣，都會把母親當成初次的愛慕對象，只是女兒在認知到自己不會像兒子一樣變成父親後，就無法把母親當成渴望的對象。女兒無法愛母親，也無法愛母親的性別（也就是自己的性別）。相較於兒子，女兒喪

149 海倫．德意志（Helene Deutsch，一八八四—一九八二），澳裔美籍精神分析學家。她是佛洛伊德的學生，同時也是第一位專門從事婦女研究的精神分析學家。

150 梅蘭妮．克萊因（Melanie Klein，一八八二—一九六〇），英國精神分析學家，生於維也納，主要貢獻為對兒童精神分析和客體關係理論的發展。

151 竹村和子（一九五四—二〇一一），日本的英國文學學者，研究領域涵蓋英美文學、批評理論和女性主義思想。

失愛的對象來自更原始的因素。女兒想要忘掉這種失落，並將這個失落的對象內化，卻因此陷入抑鬱的狀態。對女兒來說，「對母親的愛是一種被禁止的愛，也是一種不得不遺忘的愛」，因此女兒的「抑鬱是一種為了遺忘愛的對象的壓抑」，也就是女性性本身就是一種壓抑。這時，那些用來形容「女人」的「矜持」與「含蓄」，聽起來實在很像在形容女人的抑鬱。換句話說，所謂的女人就是一種即使察覺自己的慾望，也得設法壓抑的性別。如果事實真是如此，那麼生為女人真的是很吃虧的一件事。

母親和女兒的和解

最近，市面上陸續出現許多描述「母女」關係的作品，包括信田佐代子的《太過沉重的母親：守墓女的嘆息》、齋藤環的《支配女兒人生的母親——為何「弒母」很困難？》、佐野洋子[152]的《靜子》，本章的論述即是受到這些作品的影響。

齋藤環是正統的拉岡派學者，對熟悉佛洛伊德理論的人來說，他的「母女」論應該是很容易理

152 佐野洋子（一九三八—二〇一〇），作家、繪本作家。

解的理論。但母女的複雜關係交給男性學者來解讀，難免有點違和感；而且，他愈是把母女關係單純化，帶給人的違和感也就愈強烈。父子關係則相對簡單：父親是兒子的壓迫者，因此兒子才會在怨恨父親下想要殺死父親，取代父親的位置。但母女關係相較於父子關係就顯得複雜多了，而且兒子有機會可以脫離親子關係，但女兒卻沒有這樣的機會。

「有些人認為母親厭惡是類似『女性厭惡』的近代產物，但我不這麼認為[153]。至少從佛洛伊德理論的觀點，女兒的母親厭惡是一種更加原始的心理狀態。」

依照齋藤的說法，嬰兒被迫脫離能夠滿足他們欲望的母親時，他們心裡的不滿就是「母親厭惡」的來源。如果事實真是如此，那麼不論男女都應該會有這種情結。依照南希．邱德蘿[154]的說法，子女只會認知到母親是他們人生中的第一個照顧者，把「沒有陽具」視同「軟弱」或許只是近代家庭才有的現象[155]。近年來，許多人已經不把佛洛伊德理論看成是具有普遍性的心理學說，並認為這種理論只適用於十九世紀末的家父長制維也納家庭，以及用來解釋近代家庭特有的性別分化的歷史因

153 原注：這裡所指的「有些人」，應該是指江藤淳以及認同江藤淳看法的上野。
154 南希．邱德蘿（Nancy Chodorow，一九四四－），美國的女性主義社會學家、精神分析學家。
155 原注：事實上，人類學家馬淩諾斯基（Malinowski）前往特羅布里恩群島（Trobriand Islands）時，發現當地雖然是母系社會但卻沒有戀母情結的意外現象，而且在母子家庭與父親是招贅的家庭中成長的兒子們身上，認同父親的機制就變得難以發揮作用。

素。齋藤說：「佛洛伊德的學說對於性別分化的機制，有著清楚且具有結構性的解釋。從這點來看，他的學說便具有不可忽視的價值。」齋藤的說法雖是事實，但似乎只適用於某些歷史條件下的「近代家庭」。

「為何『弒母』很困難？」這個書名副標題，乍看之下似乎適用於所有時代，卻很可能只是現代的特有現象。以前的社會，母女關係很可能會因為女兒出嫁而變得疏離，因為嫁出去的女兒已經變成「別人家的人」，母親失去找女兒哭訴的立場，女兒也不可能介入娘家的事。對女人來說，結婚儀式就是重新建立親屬關係的儀式，這也是為什麼在日本的結婚儀式上，最初的兩輪敬酒是先敬夫家的雙親，接著才是夫妻之間的互敬。女兒出嫁後，母親還是可以干涉女兒人生這種事，不過是這些年才出現的變化。

同樣的，乍看之下會讓人感覺時代錯亂的書名《守墓女》，其實也是一種徹底的現代現象。在家父長制下，出嫁的女兒就算要守墓也是守夫家的墓，而不是娘家的墓，娘家的父母也不應對女兒懷有這樣的期待。一旦不只是單身的女兒，就連出嫁的女兒也無法擺脫母親的掌握時，自然會導致「守墓女的嘆息」。對於這種歷史變化，信田自己也表示：「『守墓女的嘆息』會變成書名這種事，如果是在四十年前，當時二十幾歲的我根本無法想像。」

只有在某些社會條件下，「守墓的女兒」這個詞彙才能引發人們的共鳴，其中包括母親的壽命延長、高學歷化造成女兒的晚婚、母親具有相當的財富、女兒有工作、非典型雇用者增加造成經濟動盪、少子化造成獨生女的增加等。

在討論「母女關係」時，必須指出是哪個時代的母女關係，因為今日的母女關係不同於二十年前或四十年前的母女關係。依照信田的說法，由於上述歷史條件的改變，現代母親的依靠對象已經從兒子變成女兒。這是否代表女兒的地位已經提昇？

一位優秀的長女一直對母親懷抱著怨恨，甚至說：「媽媽其實很嫉妒我。」這位長女就是佐野洋子。在佐野的世代，很少女人有機會接受大學教育，以及進入職場工作。相較於優秀的女兒，她母親也像當時的所有母親一樣比較疼愛懦弱的兒子，但她哥哥卻在十一歲時突然病死。哥哥死後，父母便把哥哥的畫具全轉交給她，並開始期待她可以代替很會畫畫的哥哥。佐野在父母的期待下考上美術大學，並在日後成為一位成功的畫家。但母親在面對女兒的活躍時，臉上卻露出不高興的表情。

「妳這麼努力不就是為了讓我考上大學？而且，我不是一直很努力地工作？為什麼妳還會這麼不高興？」

佐野始終認為母親一定想過，如果當初死的人是她就好了。她沒有辦法喜歡母親，對母親的憎恨也一直讓她感到自責。

如果是兒子憎恨父親，應該就不會感到如此自責，從這點就可以看出父子關係與母女關係有著極大的差異。母親雖然是個壓迫者，卻也是個受害者，因此女兒不僅不能憎恨母親，還應該為自己曾經有過這種念頭而感到羞恥。相較於對母親的憎恨，佐野的書裡更多的是自責的聲音。

佐野花錢把母親送進老人院後，母親便逐漸出現認知障礙。那位曾經十分強勢、粗暴、不會誇讚女兒，也不曾說謝謝或對不起的母親，如今已經變成一尊呆滯的佛像。自從小時候被母親甩開她伸過去的手後，她就發誓以後絕不再把手伸向母親。但如今她又再次牽起母親的手，撫摸著母親以前不讓她撫摸的身體，甚至鑽進母親的被窩。可是，她也知道如果母親的意識仍然正常，這一切就不可能發生。

佐野說：「以前，我從來沒有喜歡過我母親。」直到母親生病後，她才和母親和解。當呆滯的母親開口對她說：「對不起、謝謝。」她哭著告訴母親：「我真高興妳還活著！」過去這五十幾年，自責一直讓她感到痛苦，如今她終於可以放下了。她寫下「媽媽原諒我了」，而不是「我原諒媽媽了」。從這點就可以看出，佐野的心裡有著多麼強烈的自責。

佐野在母親還活著的時候與母親達成和解，讀者們讀到這裡一定會有種鬆了口氣的感覺吧。但人生並非總是如此，有些女兒得等到母親死後才能脫離女兒的角色。

我沒有來得及在我母親去世前和她達成和解。換句話說，在我原諒母親或是母親原諒我之前，母親就去世了。太遲了嗎?事實上，死者還活著。對女兒來說，這時的母親就是活在她心裡的母親。我透過與自己心中的母親不斷對話下，母親在我心中的樣貌已經有了改變。

無論是回應母親的期待或背叛母親的期待，母親在世時女兒都無法逃離母親的束縛；無論是順從母親或違逆母親，母親還是會一直支配著女兒的人生。母親即使去世後，也還是會想要繼續支配女兒的人生。但母親是女兒的分身，女兒也是母親的分身，因此女兒對母親的怨恨與厭惡會轉換成自責與自我厭惡。無法喜歡母親的自己，未來也注定無法喜歡自己的女兒。厭女症對女兒來說，始終是對於流著母親血液的自己的自我厭惡。

如同信田所說的，母女要走向和解的唯一方法就是，彼此都得先承認「對方不是自己」。

十、「父親的女兒」的厭女症

作為家父長制代理人的母親

上一章提到了，女兒的厭女症來自母親的教化。

但把厭女症植入母親體內的人卻是她的丈夫，母親只是在表現父親的厭女症。女兒則是經過家父長制代理人的母親教化後，內化這種源自父親的厭女症。我在此必須再次強調，所謂的厭女症就是男人的女性蔑視，以及女性的自我厭惡的代名詞。

二〇〇四年，家庭暴力防治法修訂後，身體虐待、經濟虐待和精神虐待才被列入家庭暴力的定義範圍。此後，即使行為人沒有使用暴力直接毆打被害人，只要使用涉及辱罵被害人的言詞，例如笨蛋、廢物、賤人等都會被視為「虐待」。被害人在遭受虐待下，會出現無力感、喪失自信和自我輕視的情形。許多女人大概是在家庭暴力的定義擴充後，才頓時驚覺：「原來我結婚後，一直遭受丈夫的虐待。」

有些人或許會反問，男人為什麼要娶這種在他們眼中既「愚蠢」又「無趣」的女人？從男人的角度來看，男人娶這種女人的原因正是因為她們既「愚蠢」又「無趣」。男人只要娶了這種老婆，便可以藉由不斷嘲笑她們來持續確保自己的優勢地位。男人想要擁有一個「可以嘲笑」的女人的原因在於，他們可以藉此確立自我認同。以秋葉原事件中的加藤為例，他應該也是想要擁有一個這樣的女人。

從男人把「可以嘲笑」當成結婚對象的選擇條件可以發覺，男人選擇學歷低的女性是為了壓制對方，但這只不過是一種「預言的自我應驗」[156]。在家父長制的社會下，父母往往會在兒子身上投入較多教育資源，丈夫的學歷普遍優於妻子的原因，並非來自個人的能力，而是來自性別的效應。在夫妻關係中，這種優勢會轉化成個人的權力關係。身為丈夫的男人卻總是忘了，自己從沒想過要娶一個「聰明女人」（這裡所指的聰明女人，單純指學歷與男人相同，甚至比男人高的女人）。男人之所以會娶這種老婆的原因，就是因為她是一個「愚蠢的女人」。

在這種父母關係下成長的女兒，一旦意識到自己將會變成「像母親一樣的女人」，自然會對未來感到絕望。但女兒擁有母親沒有的特權，首先，女兒可以「拒絕成為像母親一樣的女人」，並把母親當成負面教材；再者，女兒可以介入父母的權力關係，藉由成為「父親的引誘者」，取得比母

156「預言的自我應驗」又稱為「自證預言」（self-fulfilling prophecy），是由美國社會學家羅伯特．金．莫頓（Robert K. Merton）提出的社會心理學現象，指人們先入為主的判斷，無論其正確與否，都將或多或少影響人們的行為，以至於這個判斷最後真的實現。

親優勢的地位。女兒在與母親爭寵的過程，一旦取得勝利便會更加輕視母親，甚至認為自己比母親還要了解父親，因此不可能犯下與母親相同的錯誤。受過教育的女兒會認為自己比沒有受過教育的母親還要了解父親的想法和孤獨，並與看不起母親的父親站在同一陣線。父親與母親發生爭吵時，甚至會認為「爸爸很可憐，因為媽媽實在太任性了」。

「父親的女兒」

這樣的女兒就會變成家父長制的女兒。

田嶋陽子[157]在研究英國文學時，曾經寫過一篇有關「父親的女兒」的出色文章：

悲劇《厄勒克特拉》[158]描述的是，厄勒克特拉從母親的女兒變成父親的女兒的啟蒙過程。女

157 田嶋陽子（一九四一—），日本的女性學研究者、英國文學學者、藝人、參議院議員。

158 原注：希臘悲劇中的「厄勒克特拉」（Electra）是勇將阿伽門農的女兒。她母親克呂泰涅斯特拉（Clytemnestra）趁著丈夫遠征時與堂弟通姦，並在丈夫回國後謀殺了丈夫。日後，厄勒克特拉與弟弟歐瑞斯提茲（Orestes）便以殺夫的罪名殺死自己的母親。佛洛伊德理論把伊底帕斯用來象徵兒子的「弒父與戀母」的情結，而厄勒克特拉則被用來象徵女兒的「弒母與戀父」的情結。

兒如果想被父權制的社會接受，便得默認父親處於優勢地位的一切壓迫與不公，「弒母」便是一種試金石；女兒選擇站在母親一方的結局就是死，選擇站在父親一方則得接受「去勢」。在這兩種選擇中，厄勒克特拉選擇了後者……「去勢」意味著，她選擇壓抑母親對於正義與公平的抗議。女人一旦接受「去勢」就代表承認自己的生命價值不及男人，以及甘心接受性的壓迫。

這場希臘悲劇的女主角厄勒克特拉，常被視為女性版的伊底帕斯。伊底帕斯在不知情下殺死親生父親，迎娶親生母親，厄勒克特拉殺死母親克呂泰涅斯特則是為了替父親阿伽門農報仇；因為母親不但與自己的堂弟埃葵斯托斯一起謀殺父親，還和埃葵斯托斯結婚。厄勒克特拉沒有支持「母親的慾望」，而是選擇成為家父長制下「父親正義」的代理人，她的「弒母」只是再次證明「母親的慾望」只能依存在「父親正義」底下，以及她是個在出生時就已經「被去勢的女兒」。

在佛洛伊德理論中，兒子和女兒有著不對稱的故事。相較於兒子是因為對母親懷抱慾望而遭到父親的去勢，女兒卻是在出生時就已經去勢。換句話說，女兒是「一出生就被去勢的兒子」；更粗俗的說法是，女兒是「把雞雞忘在媽媽子宮裡的小孩」因此，對於一出生就已經去勢的女兒來說，沒有必要也無法被再次去勢。

作為「引誘者」的女兒

父親與女兒的關係並不單純是支配與依存的關係，倒比較像是模稜兩可的關係。相較於同是孩子的兒子，女兒更是絕對的弱者。但兒子和父親只會發展出競爭的關係，女兒卻可以成為父親的「引誘者」；更精確的說法是，女兒會被父親教育成一個「引誘者」。對父親而言，女兒不只是自己的分身，也是自己最愛的異性，卻也是自己「不能下手的女人」。因此，女兒對父親而言，便成了帶有禁忌的誘惑者。

父親雖然把女兒視為自己的所有物，女兒卻也是他絕不能下手的女人。那些和我同世代的男人成為父親後，我曾經好幾次看見他們抱起自己的女兒，說：「我一定要殺了那個奪走我女兒處女的男人。」這番話清楚顯示了，男人在面對女兒的擁有和禁止的兩難處境。

父親們大概都有過想把女兒永遠留在身邊的想法，畢竟相較於莫名其妙的妻子，他們至少可以在女兒身上看到自己的影子。父親不只會如同皮革馬利翁[159]似的寵愛女兒，甚至會想把女兒留在身

159 原注：希臘神話中的皮革馬利翁（Pygmalion）愛上了自己創作的雕像後，向神明祈禱讓雕像變成人類。這裡所指的是父親把女兒教養成自己喜歡的樣子，並且把女兒當成自己的傀儡。著名的音樂劇《窈窕淑女》（*My Fair Lady*）便是改編自蕭伯納的戲劇《賣花女》（*Pygmalion*）。

邊當自己的「最佳情人」。這時的女兒不僅成了父親的性對象，也成了父親想要永遠守護的禁臠。對於家父長制的男人們，人生「最極致的夢想」大概就是可以成為女兒人生中「唯一的男人」。

事實上，這種恐怖的「夢想」並不單純只是「夢想」，從層出不窮的兒童性侵案可以發現，人們有多麼容易打破亂倫的「禁忌」。這類「夢想」在日本文學被視為是一種文化理念，並且毫不避諱地創作成各式各樣的文學作品，例如《源氏物語》中的源氏與玉鬘、紫之上的關係。源氏雖然沒有對養女玉鬘下手，但直到玉鬘出嫁前，源氏看待玉鬘的眼光始終帶有性暗示。對於紫之上，源氏則以她是個孤苦無依的孤兒作為藉口，但如果依照現在的說法，源氏應該可以算是一名兒童性侵犯。

無論是「蘿莉塔情結（Lolita Complex）」[160]或「皮革馬利翁情結（Pygmalion Complex）」[161]，兩者都源自對父女關係的模仿。但男人把「引誘者」的罪名套在女孩身上時，卻總是忘了這些「誘惑」全來自他們自己的塑造。

納博科夫[162]的小說《蘿莉塔》是「蘿莉塔情結」的由來，作者把十二歲女主角蘿莉塔描述成會

---

160 原注：偏好未成年女性的一種性傾向。

161 原注：指想要以自己的方式把未成年女性養成自己愛人的心理。

162 弗拉基米爾．納博科夫（Vladimir Nabokov，一八九九－一九七七），俄裔美籍作家，被譽為「當代小說之王」，代表作為《蘿莉塔》。

賣弄風騷勾引男人的「壞女孩」。男人的藉口總是「那個女孩一直引誘我，所以我才會把持不住。」《蘿莉塔》在伊朗被視為禁書，因此一名教導英國文學的女老師只能偷偷地讓女學生閱讀這本小說。女老師在她的著作《在德黑蘭閱讀蘿莉塔》中提到，那些年輕的女性讀者不但沒有陷入納博科夫的「男性論述」，甚至認為《蘿莉塔》根本是一本性侵小說。當一個十二歲少女得依靠一個對自己表現出性趣的男人才能維持生活，她的行為只是一種無可奈何下的「反應」。然而，男人不但無視於女孩的處境，還刻意把她塑造成「壞女孩」。

這種「誘惑」的能力來自男人的賦予，而不是一種女孩可以自行掌握的資源。儘管如此，女兒卻可以藉由扮演「引誘者」來分享父親的權力。在某些情況下，女兒甚至可以扮演「父親的女兒」在反轉的權力關係下，侮蔑和嘲弄父親。谷崎潤一郎[163]的《痴人之愛》[164]便是一本典型的日式「皮革馬利翁」小說，這個故事在描述一個男人收養了一個無助的少女，他的人生卻反而落入少女的掌控。

163 谷崎潤一郎（一八八六—一九六五），代表作有長篇小說《春琴抄》、《細雪》，被日本文學界推崇為經典的唯美派大師。

164 原注：谷崎潤一郎的這部作品是以諷刺性的手法描述，單身的上班族讓治最初是以幫忙照顧他生活起居的名義，讓沒怎麼受過教育的奈緒美住進他家。讓治原本想把奈緒美培養成自己喜歡的女性類型，但兩人的關係逐漸逆轉下，他反而成了被奈緒美掌控的奴隸。

日本的「父親的女兒」

田中貴子[165]專門研究日本中世文學，她的《日本戀父情結的文學史》便是從「父親的女兒」的角度回顧日本文學史。田中在沒有談到佛洛伊德理論和性別理論的情況下，把「父親的女兒」定義為「一個用來表示接受父親價值觀的女兒的詞彙」，並把這樣的女兒稱之為「具有戀父情結的女兒」。「這些女兒的特徵在於，她們認為自己就是父親的代理人」，但「即使她們完全繼承父親的遺願，還是會因為女性身分而無法獲得立即的認同。」

田中以「西鄉隆盛[166]的女兒」為例，說明「父親的女兒」的最大功用之一就是，「對於死於遺憾的父親，女兒是安慰他靈魂的一種存在。」。因此無論在東方或西方，女兒都得扮演「厄勒克特拉」的角色。

對於這種「父親的女兒」，田中舉《自言自語》[167]來作為女兒與父親發展出性關係的例子。女

165 田中貴子（一九六〇—），日本中世文學研究者。
166 西鄉隆盛（一八二八—一八七七），日本幕府末期的薩摩藩武士、軍人、政治家。
167《自言自語》是鎌倉時代後深草院二条寫的一本日記。

主角二条在後深草上皇的支配下，同時受到「父親、愛人和主人的三種束縛」。田中表示：

> 在「戀父情結」的關係中，父親往往會採取強勢態度支配女兒。女兒一旦接受這種束縛，認為這是一種甜蜜的束縛，便會如同戀母情結的兒子放棄反抗……有些人或許會感到不安，但還是會選擇擁抱這種束縛。

不只有父親會覺得「父親的女兒」是一種甜蜜的故事，有些女兒也抱有相同看法。第一三八回直木賞的得獎作品櫻庭一樹[168]的《我的男人》便是在描述這類故事。據說，這篇小說還曾經因為內容太不道德，而在評審委員間引發是否授獎的爭議。小說內容描述一位二十幾歲的單身男人，收養了一名因為事故失去家人的親戚女兒。事實上，男人知道女孩是自己的親生女兒，卻還是在她進入青春期後和她發生了性關係。這篇故事有如現代的《源氏物語》，內容不僅涉及「蘿莉塔情結」、「皮革馬利翁情結」、血緣幻想和家族神話等充滿八卦性的議題，故事地點甚至刻意設定在顎霍次克海沿岸可以看見浮冰的偏遠村莊。評審委員（應該多數是男性）認為這篇故事「太不道德」，大

168 櫻庭一樹（一九七一－），日本女作家、小說家。

概是因為作者打中了男人這種既淺顯又可怕的慾望，或者是「一樹」這種會讓人誤以為是男性的筆名（或者說是女性作家想要藉此在性別上轉換成男性），使得評審委員認為作者想要偽裝成男性。《我的男人》中的父親沉溺在和女兒的性關係裡，甚至不擇手段地想要維持他的現有生活。對父親而言，這是一個不容他人置喙的理想世界，因此他可以為了女兒丟掉工作；當他和女兒的關係有被揭露的危險，他甚至不惜殺人滅口。儘管這本書在形式上選擇了多重敘事觀點，但從書名是《我的男人》而不是《我的女兒》，就可以察覺這篇故事的敘事觀點其實來自「父親的女兒」。對於父親們來說，《我的男人》這種「父親的女兒」禁忌關係，只有從女兒的觀點來描寫，他們才能夠接受。也只有這樣的設定才能證明「是那個孩子一直引誘我，所以我才會把持不住。」

女兒無法脫離父親的掌握，因為女兒是父親最甜蜜的夢想。如果女兒想要脫離父親的掌握，父親就會選擇與女兒同歸於盡。然而，女兒在這樣的父女關係下，難道不會隱約察覺自己身為「引誘者的權力」？事實上，女兒的確可以讓父親臣服在自己的腳下，並獻上他人生的一切，這種事也只有在父親與女兒的關係下才有實現的可能。

在櫻庭發表這篇小說的四十年前，倉橋由美子[169]出版了一本小說《聖少女》。這本小說同樣是

169 倉橋由美子（一九三五—二〇〇五），日本女作家、小說家。

從女兒的觀點，描述作為「父親的女兒」的甜蜜與幸福。高中生女主角在偶然間認識一位母親以前的情人時，便意識到這個中年男人有可能是自己的親生父親，卻還是在男人的引誘下和他發生了關係。事實上，她也使出一切手段去勾引男人。然而，一個沒什麼性經驗的青澀少女卻可以成功引誘一名老練的中年男人，我想原因只能歸結於他們的父女關係。

對男人來說，可以在不知情或假裝不知情的情況下，和自己在不倫關係中生下的「親生女兒」做愛，或許是家父長制下的「男人夢想」。事實上，櫻庭在小說中暗示「父親」年輕時，曾經和寄養處的一名年長女性親戚發生不倫性關係，目的就是在暗示男人收容的「養女」其實就是他的親生女兒。

倉橋在小說的最後為這篇故事做了完整的交代。少女即使知道男人不只是「母親的戀人」，還是和自己的親生父親持續亂倫的關係。雖然皮革馬利翁小說的定律就是預言的自我應驗，也就是父親創造出來的女兒終究會愛上父親，但這種「被創造者」愛上「創造者」的戲碼也傳達出作者極度自戀的心理。這時就可以了解，倉橋的文章為什麼總讓人感覺有種過度自我意識的自體中毒現象。身為引誘者的女兒也會把父親的愛當成自戀的資源，這時「父親的女兒」就不再是單純的依附者。女兒一旦了解自己可以對父親使用特權，也就是自己身為「引誘者的權力」時，便可以利用這種特權徹底反轉父女的權力關係。

向「父親」報仇

「父親的女兒」並不等於「戀父情結」。如果「父親」是個「完美的情人」，女兒應該會心甘情願和父親一起禁錮在兩人的小宇宙。這時的「父親」與「父親的女兒」就成了共犯，但這樣的世界只存在小說裡。

現實生活中的大多數父親都是「不完美的男人」，他們會在女兒面前暴露自己的控制慾、自我中心、權力慾和粗鄙人格。他們臣服於自己的肉慾，甚至無恥地把醜陋的性慾發洩在最親近他們，卻也最無力反抗他們的女兒身上。事實上，屈服於「女兒的誘惑」就是他們人格粗鄙的最佳證明。對女兒而言，一旦父親屈服於她們的「誘惑」，父親就會立即變成她們所輕蔑的「虐待者」。

藝術家妮基・桑法勒[170]寫道：「十二歲時，父親曾經要求我當他的愛人。」

直到六十幾歲，妮基才在自傳中透露這件事[171]。在這之前，她雖然曾在自己的攝影作品《爹地》中影射父親的性侵，但她本人始終沒有加以證實。五十幾年來，她一直因為受到親生父親的性侵處

170 妮基・桑法勒（Niki de Saint Phalle，一九三〇—二〇〇二），法國雕塑師，畫家和電影導演。

171 原注：妮基在一本名為《*Mon Secret*》的短篇自傳中首次揭露這件事。

於精神錯亂的狀態，甚至因為無法壓抑憤怒與攻擊的衝動而不得不向精神科醫師求診。

妮基寫道：

爹地，我的神，為何你要在我面前下跪？

「爹地，你下跪啊！既然你想求我，那你就得跪下來求我。跪下！轉向東邊，轉向西邊！」

唉！我曾經如此深愛蒙著眼跪在我面前的你，

但眼前的你卻只讓我感覺下流！下流！下流！

十二歲少女在面對自己突然被賦予的「引誘者權力」而迷惘時，不僅察覺自己成了「父親」的性愛對象，更認清自己不是父親以及無法變成像父親一樣的男人，而只能像母親一樣成為父親的附屬品。然而，女兒一旦看清「父親」也只是個「男人」時，父親也就失去他原有的特權。「任何人都可以碰她，唯獨這個人不行，因為這個人是她的父親。」妮基在出版自傳前曾經寫下這麼一段話，但直到她寫出這段話將近二十年後，她才坦承父親的確「碰過」她。

「父親」一旦想要侵犯女兒，身為犧牲者的女兒便有了輕視父親的理由，甚至可以藉此翻轉父女的權力關係。

女兒一旦成功翻轉父女的權力關係，便可以藉由「引誘者的權力」侮蔑「父親」。有些女性更明白表示自己有過這樣的「女兒渴望」，例如飯島愛子[172]曾經寫下：「我曾經想像自己遭到父親的強暴。」

七〇年代的女權主義解放運動中，飯島愛子是領導日本第二波女權主義的先驅，也是「對抗侵略＝歧視的亞洲婦女會議」的主要成員。飯島死後，在加納實紀代等人的努力下，把她的遺稿集結成冊出版《「侵略＝歧視」的另一方》。書中有一篇文章《生存・一個女權主義者的半生》，赤裸裸地描述了一位「父親的女兒」是以什麼樣的方式擺脫父親植入她體內的厭女症。

> 我曾經做了一個白日夢，並發覺它一直存在我的潛意識……父親不只受到我的侮辱，甚至以狗爬式全身赤裸地跪在地上，我則是笑著站在他的身旁。我看著自己臉上那種暢快的笑容，想起自己已經沒什麼好怕的了……我已經讓父親全身赤裸地跪在地上，這世上再也沒有人可以隨意地批評我了。（一九六一年九月四日）

172 飯島愛子（一九三二－二〇〇五），日本女性解放運動的先驅。

四十年後，飯島又針對這篇日記補述：

當時，我沒有足夠的勇氣把所有夢境都寫進這篇日記。事實上，我還夢到自己遭到父親強暴。

我藉由讓父親做出最可恥的行為來報復父親。

依照作者的說法，「赤裸地呈現狗爬式的姿勢」具有性暗示，這讓我想起妮基也在《爹地》的攝影集裡放了好幾幅類似的作品，其中一幅的畫面就是「父親以狗爬式跪在地上，女兒則是大笑著站在父親身旁」。

飯島的父親是個富有的婦產科醫師，每當飯島的母親做了什麼讓他不開心的事，他就會說：「女人就是靠不住！」飯島年輕時一直認為，「女人原本就應該受到男人的輕視，因為女人本身就是一種很麻煩的低等動物。」

她寫道：「父親創造出厭惡與貶低女性的心態，並透過母親把這種心態傳播到女兒身上。」對父親感到厭惡，並對母親表現批判的女兒，結婚後卻由於丈夫以如同「父親對待母親的方式」而墮入相同的輪迴。

飯島透過回顧寫下：「原本，性歧視與性壓抑是驅使我改變的動力……但我卻開始排斥自己的女性身分，渴望變成男性……自我的失落讓我產生自我厭惡，錯誤的心態導致我對女性的蔑視，並轉而渴望與男性發生性行為。」

從自殘的「援交少女」身上可以發現，這些十幾歲少女們以這樣的方式來向父親表現反抗與侮蔑。她們把與父親同世代的「客人」當成「父親的代理人」，並把自己的身體提供給這些男人滿足他們既醜陋又粗鄙的性慾。屬於父親的「女兒身體」，卻是父親絕對不能玷汙的對象，因此少女們藉由玷汙自己的身體來達到向父親報仇的目的。當這些少女只能透過「自殘」和「自罰」來實現「復仇」的目的，她們的別無選擇更突顯了她們是絕對的弱者。

很久以前，社會心理學家愛利克．艾瑞克森[173]便指出了這樣的機制，並把它命名為「負向認同的發展」。他發覺在青年期的「自我認同混亂症候群」中，有部分少女會為了懲罰「什麼也不是的自己」，不惜藉由賣春等脫軌行為來確認自我。這些賣春少女大多出身自父親從事聖職或老師等具有權威性和壓抑性的家庭。她們在被父親無力化後，只能透過自殘和自罰來報復父親。

173 愛利克．艾瑞克森（Erik Erikson，一九〇二－一九九四），德裔美籍社會心理學家，以創造認同危機（identity crisis）的術語而聞名。

有趣的是，不只艾瑞克森指出這個現象，清水千奈美在《無法對父親說的話》[174]中也透露了相同的事實。清水藉由統計發現，許多在青春期時受到父親不當性接觸而感到不舒服的女孩，都有著從事公務員職業的父親。公務員不但具有權威性與壓抑性，也是一種既保守又偽善的職業。他們缺乏其他的性接觸目標，所以才會把女兒當成他們的性對象。從這點看來，櫻庭一樹把《我的男人》裡的父親設定為「海上保安廳的職員」，似乎也具有暗示的意味。

既不是「父親的女兒」也不是「母親的女兒」

「父親的女兒」是在家父長制下再造的「父親的女兒」。「父親的女兒」帶有接受自我厭惡與壓抑的意味，因此我們必須設法終止這種惡性循環。

然而，要從「父親的女兒」轉換成「母親的女兒」並不容易。當母親依舊自認是家父長制的代理人，女兒與母親的關係便不可能趨向和諧。而且，母親一旦想要依照自己的想法生活，女兒就會

174 原注：清水創立了「OL委員會」，並在不同主題上收集與分析年輕女性的心聲。這本書從女兒與父親的關係分析一千五百名女性的心聲後發覺，「約百分之五十的女性討厭自己的父親」。

目睹母親遭到家父長制的嚴厲懲罰。女權主義者在初次把「母女關係」議題化後，便發覺母女之間的關係並沒有那麼單純。

如同田嶋所說的，「女兒選擇聽從母親就得死，聽從父親就得去勢」，要脫離「父親的女兒」就得推翻這種只能二者擇一的命題。近代家父長制定義的「父親」、「母親」、「兒子」和「女兒」都已經被植入厭女症，而且「母親」和「女兒」屬於共生的配對，女性只有同時脫離「母親」和「女兒」，才能獲得真正的解放。

十一、女校文化與厭女症

男人的盲點

一個男人曾在我耳邊小聲說：「上野小姐，我覺得人原本就有男女之分，男人和女人還是應該要放在一起比較好。」

我當時很想立刻回嘴：「只有你們男人才會這麼想吧！」但最後我只是不發一語地微笑了一下。我保持沉默是因為要向他解釋這種事實在太麻煩了。事實上，女人在很久以前就已經創造了「只有女人的世界」，只是他從沒有注意到這個事實。

酒井順子的登場代表著，男性媒體中終於出現一個不在意男性視線的女性寫手，而這讓我不禁感慨地想到，女人在這個領域終於擁有一塊具有治外法權的場所，或者說是自治區、聚集區、出島[175]或租界。

175 出島是日本江戶時代肥前國（長崎縣）長崎港內的扇形人工島、外國人居留地。

酒井的觀點可以算是一種「女校文化」，但架構起這個社會的基礎文化卻是「男女同校的文化」。更精確的說法是，架構起這個社會的基礎文化是男校文化和隨之而來的異性戀文化。「女校文化」對男人來說，大概始終是個謎團和處女地。

男人未曾發覺的處女地其實是一片新大陸……話雖如此，如同「新」大陸只是歐洲人的觀點；對當地人來說，新大陸既不是什麼「謎團」，更沒有所謂的「發現」，而是一個他們原本就很熟悉的世界。男人只認識男人的世界以及那些與男人共處的女人，卻無法看見女人在沒有男人的場所呈現的是什麼面貌。事實上，就算只有一個男人加入女性聚會的場所，女人的舉止就會立刻出現變化，因此男人永遠無法了解女人的世界。

女人很清楚在只有女人的場所和有男人的場所，女人的舉止會出現怎樣的落差，因此她們無法忍受那些沒有察覺這種差異，甚至「天真地」在男人面前賣弄風情的女人。女人把這種落差視為「潛規則」，所以那些刻意在男人面前賣弄風情的女人就會變成其他女人讚賞或揶揄的對象。

如果女人把「女人世界」的「潛規則」告訴男人，不只是背叛了其他女人，也違反了遊戲規則。

酒井順子自出道後便一直書寫「女性的、來自女性、面向女性」的文章。她出身貴族女校的立教女學院，在就讀立教大學時便以「瑪格麗特．酒井」[176]的筆名在《Olive》雜誌上發表文章。作為

176 原注：「瑪格麗特．酒井」是泉麻人為酒井順子取的筆名，因為酒井出身的立教女學院的英文名字是「聖．瑪格麗特」。

一個早熟的寫手，酒井的創作從來就是為了女性讀者，也一直受到廣大女性讀者的支持。

酒井如今在《週刊現代》擁有一個專欄，女校文化也似乎突然受到這本男性雜誌的注目。雖然我認為這是一場意外，但也有可能是一種刻意經營的結果。這種不在乎男性讀者的寫法，反而成了男性雜誌具有附加價值的一個專欄。我無法預測這種女校文化的「新鮮感」可以在男性雜誌維持多久，但有許多女性寫手都是在意識到男性觀點後改變了自己的寫作風格。因此，我很想知道酒井可以維持目前的寫作風格多久，或者是這本男性雜誌可以在這種微妙的平衡下保持這個專欄多久。不過，酒井大概也不在乎雜誌停掉這個專欄，因為她還是可以退回「女校文化」的聚集區。而且以媒體業來說，今日的女校文化也已經具有成熟的市場規模。

媒體消費者的女性意識高漲，才會導致男性媒體出現「女校文化」的聚集區。更露骨一點的說法是，女性已經擁有了更強大的購買力。今日的大多數媒體都很重視女性讀者的需求，就連一些原本被視為男性雜誌的媒體也開始出現「男女同校」的現象。

我第一次注意到酒井順子是因為她的散文集《少子》。

當我讀到一個三十幾歲的女人表示，她不想生孩子的原因是「怕痛」時，我心想，怎麼可能？怕痛只是個藉口，她一定是不敢承認自己「不想要有孩子」。這個真實理由是女性的一種「禁句」：身為女人卻不想要有孩子的話，就沒有當女人的資格。報紙的散文欄和投稿欄，總會看見一些女人表示：「雖然生產的過程很痛苦，但看到小孩的當下，我立刻就忘了所有的痛苦。」由此看來，「不喜歡小孩」的女人不只缺乏母性，也是女人的瑕疵品。不過，等到她們變成母親以後，想法應該就會不一樣。

發生「美齡論爭」[177]的那一陣子，我從一群年輕媽媽的口中聽見一些很直率的心聲：「我一點也不喜歡我家的小孩」、「我不喜歡臭臭的嬰兒」、「嬰兒的大便真的很臭」。但母親不會一下子出現劇烈轉變，可見得她們只是吐露了她們以前不敢說出口的真心話。

她們之所以膽敢說出自己討厭小孩，是因為這個社會已經不再把「討厭小孩」的女人視為可怕的女人。

在這之後，酒井的《敗犬的遠吠》成了最熱賣的暢銷書。但酒井自從發表《少子》開始，她的態度始終是：「我雖然是個三十幾歲的熟女，但我還是不打算結婚、生子，那又怎樣？」不過和以前不同的是，她這次不再肯定自己的現狀，反而稱呼自己是可憐的「敗犬」。這本書大賣帶來的一項意外成果是，酒井擴大了自己的讀者群。酒井的讀者群原本只限於「女校文化」的聚集區，「敗

177 陳美齡（Agnes Chan），一九五五年生於香港，現居日本東京都。曾為歌手、演員、作家、小說家並擔任大學教授、日本聯合國國際兒童緊急基金協會大使等。一九八七年，她因為攜帶嬰兒到電視臺等工作場所，和一些持有反對意見的人進行了「美齡論爭」。

犬論」也只是她們彼此說笑的「潛規則」。但如今屬於「男女同校」的《AERA》周刊卻引進了「敗犬論」，甚至引發一場莫名的「敗犬論爭」。不過很明顯的是，「敗犬」早已立於不敗之地，拘泥於女人「勝負」的不是酒井，而是男女同校文化下的媒體業。

女校價值的再發現

大多數把女兒送進女校的父母，大概都想把女兒教養成「淑女」。但事實證明，這只不過是父母們的錯誤認知。相較於女校，男女同校的女學生會比較早發展出對於異性戀的性別認同，女校的學生則比較有機會發展出領導的才能；如果是男女同校，女學生通常會推舉男學生擔任學生會會長，而讓女學生擔任副會長。在「只有女人的世界」裡，女人就得自己承擔起勞力與指揮的工作。我在女子短大教書的十年裡，總會在參與聯誼活動時，看到一些男女同校的女學生藉口搬不動，要男孩子去搬木頭和盛水，女子短大的女學生則會在背後揶揄這些女學生。女子短大的女學生並不是不懂男女同校和女校有著不同的遊戲規則，也知道自己可以利用這種異性戀制度下的女性性資源。她們曉得利用男女差異也是一種生存「技巧」，但別校女學生過於明目張膽的表現只會讓她們感到掃興。由於我當時在女子短大教書，所以才有機會目睹她們之間的差別。但也有可能是因為我當時和她們的年紀相近，因此比較容易融入她們的群體。

在駐日盟軍總司令部的教育改革後，實施男女分校的高中還是在日本存在了很長一段時間。直到一九九〇年代實施男女共同參與政策後，這些學校才開始受到男女同校的政策影響。F縣的名門公立女高便是在這種趨勢下，決定開始招收男學生。我認為這是百年難得一見的大變革，應該要列入社會學的研究主題。當時參與上野研討會的成員中，剛好有一位女學生畢業自那所高中，所以我就鼓勵她針對這個主題展開研究。她寫出一篇非常優秀的畢業論文後，在我的建議下投稿至學術雜誌並獲得刊登。這篇論文的標題是《男學生的出現為女學生的外表帶來什麼改變？》，作者白井裕子在大學畢業後成了記者。

白井是最後一屆的女校畢學生，她妹妹則是該校實施男女同校後的第一屆學生。她的研究特點在於，迴避了有可能過於「主觀的」意識，例如調查當事人「對於男女同校的看法」，以及「妳覺得現在和女校時代有什麼不一樣」，而是以第三者的角度單純以「外觀」作為判斷的指標。

在她就讀那所女校時，女學生們大多在上學時穿裙子，等到了學校以後立刻換上運動褲。雖然沒有強制規定，但裙子本身就是一種最鮮明的女性性符號。男人不會穿裙子，但女人卻可以選擇穿裙子或褲子。換句話說，女人一旦穿上裙子，就代表她選擇了「女性的裝扮」。從白井的數據上可以發現，男女同校後女人穿裙子的習慣出現很大變化。男女同校後，女學生們不管是在上學途中或是上課都會穿著裙子。依照朱迪斯・巴特勒[178]的說法，如果「女人」是一種性別的展演，那麼女人就會不斷透過「女裝」來讓自己「變成女人」，男女同校的女學生也就是透過「女裝」的記號來實現與男學生的差異化。

這樣的差異化不但既簡單明確，又具有十足的說服力。從其他案例也可以發現，女學生在「男女同校」的情境下通常會傾向於扮演配角，因為只要是「女人」就得具有含蓄、謙讓和體貼的美德。名門女校一旦開始招收男學生，普遍都會遭遇錄取成績逐年降低的現象。成績好的女學生將會流向男女同校的名校，取代她們入學的男學生卻是把這裡當成是排成名門男校後面的次等志願。不僅如此，男女同校還會讓女校失去培養女性積極性與領導才能的學習環境，因此名門女校才會對是否要實施男女同校感到猶豫。

但女校並不是社會的隔離區，所以女學生們才會在放學後換上裙子，因為她們很清楚自己只要一踏出學校，就會被男女同校的文化環境所包圍。而且，女校也不是一個無憂無慮的祕密花園，這裡有著比男性社交集團更加複雜的「女性」霸權遊戲。

178 朱迪斯・巴特勒（Judith Bulter，一九六六—），美國後結構主義學者，其研究領域有女性主義、酷兒理論、政治哲學以及倫理學。

女校文化的雙重標準

如同酒井順子，中村兔[179]發表在男性雜誌上的文章也帶給我女校文化的感覺。中村原本是輕小說作家，也是經過激烈市場競爭考驗的寫手，但她卻以「購物女王」的身分在媒體登場。瘋狂購物、泡牛郎、整形、豐胸……等不僅全是女性行為的過度表現，也有著連男人都一目了然的異性訴求，而中村卻是靠著誇大這些行為來把自己商品化。她把自己接受整型前後的樣貌在媒體上曝光，並有如自虐似的把「女人的痛苦」商品化的行為，就如同林真理子[180]把「女人的嫉妒與羨慕」商品化一樣（參照第十四章）。但林真理子有著明顯的「有異性緣、被愛、結婚」的異性訴求，中村卻只是為了吸引女人的注意，這就是我把她視為與酒井不同的另一種「女校文化」表現者的原因。

這種結果或許來自世代差異，林出生於一九五四年，中村是五八年，酒井則是六六年，但也可以說是男校文化和男權社會的支配力正逐漸弱化。

179 中村兔（一九五八—），日本小說家、散文作家。
180 林真理子（一九五四—），日本小說家、散文作家。

中村也就讀女校，女校文化有著「面向男人」與「面向女人」的雙重標準，男人的世界卻有著一元的價值。那些受到男人吹捧的男人也會受到女人的讚賞。評估男人的標準，簡單地說就是金錢與權力。如同堀江貴文所言，男人無法拒絕金錢與權力，女人則無法拒絕有錢有權的男人。他現在對於女人喜歡的是他的錢而不是他的人這件事，想必已經有了更深刻的體會。

在女校文化的雙重標準下，女人眼中的「好女人」自然不同於男人眼中的「好女人」。女人無法掌控男人賦予女人的價值，因此那些男人眼中的「好女人」就成了其他女人怨恨與嫉妒的對象。另一方面，那些女人眼中的「好女人」則因為具備無法吸引男人注意，以及不受男人歡迎等帶有惡意的評價，反倒成了可以讓其他女人安心的對象。

搞笑藝人山田邦子便是這樣的女人。山田出現以前，人們總認為「女人沒有辦法成為搞笑藝人，因為女人沒有辦法嘲弄自己」，或是「女人的自我嘲弄是一件很痛苦的事」，但山田顛覆了人們的這種認知。當我知道山田也出身於女校，而且以前就很喜歡逗同學開心時，我終於了解山田為何可以成為一名搞笑藝人。長相奇特、體型豐滿的山田並不是男人會喜歡的那種女人，因此她很快就把自己劃入「女人聚集區」，並且創造出可以讓她與粉絲們都感到安心的好笑世界。

然而，相較於男人賦予的女性價值，女人賦予的女性價值只能算是次等的價值。酒井把沒有結婚的女人稱為「敗犬」，其背後也帶有這樣的認知。換言之，女人的價值除了憑藉自己能力取得的價值，還包括了他人賦予的價值，而且後者的價值高於前者。沒有結婚的女人之所以會被人們稱為「敗犬」，就是因為婚姻是女人獲得男人選擇的一種證明。

「扮醜」的生存策略

中村在女校文化下生存的祕訣，簡單地說就是「扮醜」。

民間故事裡，美女們總會刻意「扮醜」來躲過一些災難。

讀者們可以想像一下，如果女校裡出現一位像藤原紀香這樣擁有魔鬼身材的美女，那麼這個女孩一定會變成眾人羨慕和嫉妒的對象。以紀香為例，她雖然是個大美女，卻也常少根筋，擁有討人喜歡的搞笑特質，這也是她可以在女人世界生存的原因。

「真好，紀香不但是個模特兒，還可以嫁入名門。」

「我的生活沒妳想得那麼好。最近，我在火車站前的麵店吃麵時，遇到我以前的班導師。妳知道嗎？她竟然在包包裡放了一本《少年Jump》[181]！後來，我就跟她約定彼此都不可以把這件事情說

181 日本集英社發行的少年漫畫週刊。

出去。」

「扮醜」就是藉由這種莫名其妙的談話來讓自己成為別人的笑柄。若非如此，像紀香這樣的美女很難在女校文化下生存。事實上，這也是女校文化不對外公開的一種「潛規則」。

在女校世界，學業成績並不等於女性性魅力。不僅如此，針對學校文化的相關研究[182]顯示，這兩者存在分化發展[183]的現象。強烈的性魅力本身就是一種生存的資源，因此美少女的學業成績通常都不是很出色。波伏娃小時候經常被拿來和她漂亮的妹妹比較，並對她說：「像妳這種長相不怎麼出色的女孩，如果再不努力讀書就完了。」人們總會期望女孩可以藉由學業成績補足性資源上的缺乏，至於學業成績差的女孩則只能指望倚靠性魅力來達成「逆轉人生」的目標。這些學業成績不好的女孩會使用「醜八怪」和「書呆子」來嘲諷那些缺乏性資源的女孩，並把大部分的心力投注在化妝與服裝等女性性資源的投資上。然而，女性的性魅力並不是依靠自己取得的價值，而是在男人的

182 原注：保羅，威利斯（Paul E. Willis）的《學做工》一書雖然開啟了學校文化的研究，但卻有著缺乏女性角度的缺點。因此在這之後，學校文化研究便轉向以女學生為研究對象。在日本方面，木村涼子等人也已經有了具體的研究成果。

183 分化發展（schismogenesis）是格雷戈里．貝特森（Gregory Bateson）創造的術語，意指互相對立的二項要素會傾向差異極大化的方向發展；比如兄弟與夫妻間很容易出現「我姐姐很漂亮，可是我卻完全不是那麼一回事」，以及「我老公很嚴肅，但我卻很散漫」的現象。

選擇（成為男人的性慾對象）下被賦予的價值，因此這些女孩才會顯得與學校文化格格不入，甚至出現早熟的性行為。但在男權社會下，這些反抗學校文化並且早熟的女孩，反倒成了可供男人自由支配的性客體。

除了學業成績與性魅力，女校文化還有另一種評斷女性價值的標準，有陽剛氣質的帥氣女孩會成為全班的王子（而非公主），搞笑的女孩則成為班上的風雲人物。只是這些「王子」一旦畢業，便很可能因為難以適應異性戀制度而導致自我認同的危機。而且，這些受到女性歡迎的女孩，心裡一定很清楚自己根本不可能受到男性的歡迎。

「扮醜」便是女人用來獲得其他女人認同的一種變身策略，因為不管這個女人是有意或無意，任何女人都不會接納另一個很受男人歡迎的女人。

學業成績、女性性魅力和受女性歡迎的程度，這三種複雜的評量標準導致女人世界的分裂，因此女人世界才無法像男人世界一樣有著一元的價值標準。

笑點與老哏

精神科醫師齋藤環在《家庭的痕跡》中，對酒井順子的《敗犬的遠吠》的評論是，酒井強調男性價值婚姻的結果導致「渴望男性」的「敗犬」心態。如果依照佛洛伊德的說法，「敗犬」就是一種陽具崇拜的心態。

我並不認同齋藤的看法，也在對該書的書評中表示，「敗犬」很明顯的是一種自我調侃。事實上，同世代男性敗犬的人數還多過女性敗犬，他們對「敗犬」爭議的冷漠反應，只是更加證明他們已經把結婚對男性的價值內化。就這點而言，這些男人才是真正的「敗犬」，因為在同性社交的世界裡，男人得靠著擁有女人才能證明自己是個真正的「男人」。在網路上發表《我真想賞丸山真男幾巴掌》而爆紅的赤木智弘就是男性的敗犬，他的希望只是想要如同以前的男人一樣「擁有工作和老婆」，可見年輕世代依舊很重視婚姻在同性社交中的價值。

「敗犬」是笑點或老哏決定於一個人是否懂得自我調侃。笑點可以引人發笑，老梗不但讓人笑不出來，甚至還會讓人感到有點悲哀。

事實上，也不會有女人像中村兔這樣，把自己稱為「可悲的女人」。然而，中村真的認為自己可悲嗎？

她為了確認自己的女性性魅力而瘋狂購物、泡牛郎、整形，甚至消費應召男。然而，當她把這些可悲的努力當成商品呈現在媒體上，在我眼中卻有如是過度展現女性特質的扮裝皇后。她的行為雖然看似試圖在異性戀制度下追求女性的性魅力，但從本質來看，她在乎的始終只有女性讀者的目光。

扮裝皇后原本是男同性戀者的女裝策略[184]，目的是藉由誇大女性特質來嘲諷性別的虛構性。同樣的，中村也是試圖藉由誇大來諷刺女性在提升性魅力上的努力、徹底揭露女性的性別虛構性，以及嘲弄男人在面對這種虛構展演時，宛如機械本能一般的性反應。

據說中村在面對男人稱讚她的美貌時，總是回答：「是啊，因為我有整形。」這樣的回答應該足以讓大多數男人打退堂鼓。依照中村的說法，人一旦整過容就不再需要為自己的長相負責[185]。中村想要傳達的是，外表的美醜不是屬於自己的東西，如同扮裝皇后，女人的性別也只有在「女裝」下才得以成立。就我看來，中村不僅具有高明的見解，她的表達方式也具有一定的笑點。《新潮45》雖然替她開了一個專欄，男性讀者們卻只是抱著看戲的心態「窺視」中村的女校文化展演。然而，中村卻絲毫不在意這些男性的目光，相較之下可悲的究竟是哪一方？

184 原注：扮裝皇后是男同性戀者藉由誇張的女裝來反射性別只是一種展演的策略。

185 原注：非營利組織「獨一無二的臉」的會長石井政之曾經表示：「我無法接受自己的臉！」由於患有先天性的皮膚病，石井有半張臉都覆蓋著紅色胎記。他稱自己的臉為「獨一無二的臉」，並持續努力接受這張他一生下來就被賦予的臉。相對的，中村則是想藉由整形來解放自我。

女校文化正悄悄地在媒體上擴大影響力，其中包括自稱「女人」的三十幾歲和四十幾歲的女人，以及不需要男人的「腐女」[186]……這塊被男人忽略的暗黑大陸，一旦如同傳說中的神祕大陸「亞特蘭提斯」般浮現，不知道男人會有什麼樣的反應？

186 原注：「腐女」是相對於宅男的一種自我揶揄的稱呼方式，意指喜歡ＢＬ及角色扮演等二次元萌物的女性。

十二、東電ＯＬ的厭女症（一）

媒體「發情」

如果要談論女人的厭女症，自然不能漏掉「東電ＯＬ事件」。

一九九七年三月十九日，有人在涉谷區圓山町一間古老的木造公寓裡，發現一具流鶯的屍體。流鶯是這個社會最底層的性工作者，部分流鶯的賣春價甚至只要二千日元。她們的工作地點通常是社會的陰暗角落，即使遭到殺害也很難引起人們注意。但當警方發現這名流鶯畢業於慶應大學，還是東京電力的儲備幹部時，這個事件開始被渲染成一則醜聞。週刊和名嘴開始熱烈討論被害者在白天時是知名企業的上班族，到了晚上卻成為涉谷流鶯的雙重生活，記者佐野真一更把這件事寫成《東電ＯＬ殺人事件》。然而，這種「媒體發情」的現象對於被害者A小姐來說，不只是一種隱私的侵犯，更是一種二度蹂躪。直到死者家屬懇求社會讓他們回歸平靜生活後，整個事件才逐漸平息。

這個事件在媒體停止瘋狂報導後，還是引來許多學者和女性的持續關注。以報導手法寫成的《東電ＯＬ殺人事件》一書出版後，佐野收到許多女性讀者來信表達她們「感同身受」的心情，因此他才決定繼續寫出《東電ＯＬ症候群》。就我所知，有不少心理學家都曾針對這個事件表達他們的看法，其中包括心理學家小倉千加子、精神科醫師齋藤學、香山里佳和齋藤環，以及臨床心理師信田佐代子等。作家桐野夏生則是在參考這個事件後，寫出上下二本的長篇小說《異常》中村兔也在《「我」這種病》一書，獨立出一章討論東電ＯＬ。從這些現象看來，這個事件一定有什麼東西吸引著大家的目光，尤其是激起了女性的共鳴。

有一個女編輯在了解這件事後沉痛地告訴小倉千加子，她覺得自己就是東電ＯＬ。大多數女性都對這個事件感到五味雜陳，甚至是感同身受。她們為什麼會有這種反應？雖然我認同目前為止的部分「解釋」，卻還是感到有點疑惑，並且一直想要親自解開這個謎團。

東電ＯＬ的內心陰暗面

從佐野真一的《東電ＯＬ殺人事件》的書名可以看見兩個主題：「東電ＯＬ事件」和「殺人事件」。這本書的前半部重點在於，探討一名ＯＬ菁英為什麼會去賣春，後半部則轉移至尼泊爾男性嫌疑犯的身家背景和審判過程。然而，這樣的內容或許仍不足以滿足讀者對這個事件的好奇，但佐野坦承自己並不了解女性心理，因此他在本書的最後一章加入他與精神科醫師佐藤學的訪談內容。在《東電ＯＬ症候群》中，佐野則是引用許多讀者來信，並實際採訪了其中的幾名女性讀者。書中，他表示自己很訝異於「竟然有這麼多女性同情這位東電ＯＬ」，卻沒有觸及她們的內心世界。

這本書出版時，我不僅對一位男性記者怎麼會去探討這個事件感到奇怪，讀完後更是加深了我的疑問，因為整本書讀來就像是一位具有強烈正義感的記者在報導一位無辜者的遇害事件。

另外，我認為Ａ小姐並不能稱為是ＯＬ。一九七〇年代以後，ＯＬ（Office Lady）才取代了ＢＧ（Business Girl）成為女性上班族的代名詞，原因是ＢＧ也意味著從事色情行業的女性。當時，不論是ＢＧ或ＯＬ都是指在公司內部擔任男性上班族的助理職務，也就是從事「端茶和影印」的小妹。

但Ａ小姐卻是在一九八〇年代初期，擁有大學學歷，獲東京電力錄取的女性儲備幹部。雖然佐野形容她是「ＯＬ菁英」，但這種用語本身就有點矛盾。Ａ小姐在三十九歲遇害時，年薪據說便「已經高達一千萬日元以上」，如果只是一名「ＯＬ」又怎麼可能有這樣的身價。

日本在一九八五年才實施男女雇用機會均等法，但在這之前已經有部分大企業開始實驗性地錄用一些大學畢業的女性擔任儲備幹部，Ａ小姐便是在這樣的背景下進入東京電力工作。她父親過去也在東電上班，而且還是擁有大好前景的社內菁英，但卻在她就讀大學二年級時突然因病去世，得年不過五十多歲。雖然A小姐是在對父親的尊敬下選擇進入東電，但她會被錄取的部分原因可能也得力於她父親舊屬的斡旋。她父親畢業於東大，母親畢業於日本女子大學，一家人在杉並區擁有一棟獨立房屋，因此稱得上是富裕的高學歷中產家庭。她還有一個妹妹也在大學畢業後成了上班族。以母女三人的家庭而言，這家人應該沒有什麼經濟上的問題。

一個畢業於一流大學，又在一流企業工作的高學歷女性在沒有經濟問題下，卻還是選擇從事流鶯這種最底層的性工作。圓山町內一些認識她的人表示，她賣春的價碼只有五千至二萬日元，而且總是很仔細地把每一筆收入都記錄在筆記上。雖然她很拚命地賺錢，生活卻十分節儉，頂多只會去便利商店買關東煮和罐裝啤酒。

為什麼？

這個問題對某些人來說或許是個謎，但對其他人卻不是，而後者就是自認為是東電OL的女性；或者說，這些自認為是東電OL的女性也曾經有過相同的疑惑。

現在，我們就先根據佐野的報導來試著探索「東電OL」的背景。

A小姐在約二十歲時曾經有過厭食症，而她在三十九歲遇害時的體型也依然十分削瘦。據說在她戴著假髮、上完妝，並穿著風衣站在圓山町接客的那一段時間，有些客人還因為她脫下衣服後的身材實在過於乾癟而取消交易。

大學二年級時，家中主要經濟支柱的父親去世後，身為長女的A小姐在強烈責任感的驅使下，認為自己必須擔負起一家人的生活。她甚至對家人表示，她打算和父親一樣進入東電工作，而且她一定會努力工作，不會打壞父親的名聲。這時的A小姐基本上就是個「父親的女兒」，她不僅是家中的長女，也依照父親的期待考進一流大學。

A小姐成為東電「早期的女性儲備幹部」後，便和男同事一樣努力工作，試圖在經濟事務上力求表現，而她在財經雜誌上的投稿也獲得了大獎。但在過去只有OL的職場環境，她還是得和其她女同事一樣替男同事倒茶。據說每當輪到她為男同事倒茶時，她經常會打破茶杯。儘管她本人表示，她是在把茶杯放進裝滿水的水槽搖晃著清洗時，不小心讓茶杯飛出才會摔破。但從她這種心不甘情不願的洗杯子方式，便可以看出她對於自己得從事這種雜務的不滿。

許多研究報告都指出，在男女雇用機會均等法實施後，那些企業為了宣傳而錄用的第一代「女性儲備幹部」，都曾經在職場上遭遇各式各樣的困難。一開始，許多人並不曉得究竟應該把這些女性儲備幹部視同以前的「小妹」，或是「另一種男社員」。事實上，大多數女性儲備幹部都被要求得同時扮演兩種角色，也就是在業績上必須達到男社員的水準，另外還得注意自己是女社員的身分。當初，公司是以等同男社員的福利和薪資錄用這些女性儲備幹部，因此她們的一舉一動都很容易受到眾人注目。但在承受大家期待的同時，她們還是得和其他女社員保持融洽互動。舉例來說，職場上的女社員通常得輪流提前上班擦拭所有人的桌椅，這時女性儲備幹部是否加入輪值就成了一個問題。如果不列入輪值，就容易使她們和其他女社員產生隔閡，但如果列入輪值，又有可能會造成她們的不滿。無論如何，在不習慣有女性儲備幹部的傳統職場，她們不僅成了得「小心處理」的燙手山芋，特殊的身分更使得她們遭到孤立。所以，即使A小姐和同事們的相處並不融洽，原因也不能完全歸咎於她的獨特性格。這段期間，有許多女性儲備幹部都因為過於沉重的壓力和不適當的職務安排而對職場感到失望。儘管她們曉得自己一旦放棄努力，只會讓男人有更多理由輕視女人，但在無法同時承受兩種角色的沉重壓力下，也只能選擇黯然離職。

一九八八年，三十歲的A小姐被轉調到相關企業的信用評等公司。在這之前，主管對她的評價一直是「不容易使喚的員工」，因此相較於同期的男社員，她被分派到一間比較次等的公司。對於轉調的公司來說，東電這種大客戶派遣來的員工也等於是他們的「客人」。儘管如此，她在這裡依舊被其他人視為是「燙手山芋」。據說，個性拘謹又具有完美主義的A小姐在這間公司工作時，因為時常毫不留情地批評主管和同事的錯誤而受到眾人的排擠。

三年的轉調結束後，她回到總公司並於一九九三年就任經濟調查室的副室長。當年與A小姐同期進入公司的女性儲備幹部總共有九人，但到了這時，其他女性儲備幹部都已經離職了。東京電力在最初錄用A小姐時，便把她分派在企劃部的調查課。相較於配置在直屬部門的男性儲備幹部，女性儲備幹部則多半配置在行政部門，從這種配置就可以看出大型企業在女性社員的升遷上，始終與男性有所落差[187]。

佐野表示，A小姐在被轉調後的半年左右，便開始從事「夜晚的工作」。一開始，她先在俱樂部擔任女公關，不久就轉到涉谷賣春。最初，她的客人都是一些「有如紳士般的客人」，她還會在筆記本上記錄老顧客的連絡方式。當時，涉谷的賣春價是二萬日元至三萬日元，她的價碼也大約如此。社會上開始出現高中生援交後，在賣春年齡逐漸降低下，穿著制服的高中生往往擁有比較高的價碼。

她在一成不變的生活中準時下班，接著去便利商店買關東煮填飽肚子，再以相同的打扮出現在圓山町。每天，她都會接滿四名客人，把當天的收入仔細地記錄在筆記本上，並在收集足夠的零錢後兌換成一萬日元的紙鈔。由於她很重視金錢，因此她從不會胡亂揮霍，頂多只會在結束工作後到便利商店買一塊麵包，以便在搭電車回家的路上犒賞自己一天的辛勞。

187　原注：女經濟學家小澤雅子曾任職於已經倒閉的日本長期信用銀行。根據她的說法，她在調查室工作時的年收入雖然明顯高於同年齡的女員工，但隨著逐年的職務異動，相較於同期進入公司直屬部門的男社員，雙方的收入在十年後便出現了將近二倍的差距。

「夜晚的工作」逐漸影響到「白天的工作」，即使在白天，A小姐也開始化起濃妝、穿著豔麗的服裝。或許是生活太過悲慘，或是她的厭食症又再度發作，她再次變得極為削瘦。這些改變加深了她在職場上的孤立，就連她的同事們也都可以感覺到她的異樣。對男人而言，三十幾歲的年紀正是應該在職場上好好打拚的時候，但她卻可以每天準時下班。從這點來看，這似乎也意味著她在職場上已經失去了存在的價值。

直到三十九歲，她便在這如同宣告「女人保存期限」的年紀遇害。有些人認為，即使她沒有遇害，像她這樣的生活方式也是一種慢性自殺。

她陳屍的圓山町簡陋公寓，如今已經變成OL們的「聖地」。即使過了這麼多年，還是有些人會去那裡獻花。

男人的解釋

佐野對於東電OL的解釋著重於「墮落」的概念，但把賣春女稱為「墮落的女人」是一種過於古板的印象。即使使用墮落以至於賣春來形容A小姐，也不足以解釋她為何在不缺錢的情況下淪落至社會的最底層。就算她被揭發過著雙重生活也不會受到社會的制裁，更不會失去工作。即使這件事在她公司傳開，只要沒有犯法，公司就沒有理由解雇她。而且，她在沒有從事組織性賣春的情況下，甚至可以拿「自由戀愛」作為藉口。

佐野根據傳統觀念把女性賣春視為不道德的行為，並使用「墮落」一詞來形容A小姐。不僅如此，從佐野對於「墮落」的看法還可以發現浪漫主義的影子：

> A小姐在卸下東電OL的面具變成夜鷹[188]的身影時，如同坂口安吾在《墮落論》中所提到的：「人類需要徹底地墮落在正確的道路上……只有透過徹底的墮落，一個人才能發現自己、拯救自己。」每當我想起這段句子，內心總會浮現一陣感動……這種一味墮落的姿態有著既神聖又詭異的純粹。[189]

首先，用「夜鷹」來形容A小姐是一種不合時宜的說法，把她稱為「墮落的神女」並認為她想要透過賣春追求真理及獲得拯救，更是一種二十世紀浪漫主義的陳腔濫調。事實上，對於那些願意

188 「夜鷹」指稱在江戶時期夜晚路邊招攬客人的流鶯。

189 原注：佐野的原文使用了被害者的真名，但在談論東電OL時不需要使用真名，因此本文引用的段落把真名改為「A小姐」。

以少許代價滿足男人慾望的女人，男人總有著「抹大拉的瑪莉亞」[190]似的推崇心理。而且，男性雜誌更把這種女人比喻為「滿身瘡疤的菩薩」和「黑色瑪莉亞」，但這只不過是男人的自我幻想。

對於這次「媒體發情」的現象，速水由紀子[191]指出：「這是男性與女性看法出現最大落差的一次事件。」

佐野放棄解讀東電ＯＬ的心理，並把這個工作交給精神科醫師齋藤學。至少就這點而言，他還算誠實，所以也就沒有出現更多錯誤的見解。齋藤對於東電ＯＬ，則是提出以下佛洛伊德式的分析結果：

一個深愛父親並且受到父親期待的優秀女兒，自然會成長為一個「父親的女兒」。大學時代，Ａ小姐的父親去世後，她在對父親的認同下，想要取代父親承擔起家長的責任。然而，她的優越感在面向原本應該扮演保護者的無力母親時卻變成一種輕蔑，母親則是對驕傲的長女表現出排斥，並轉而親近她的妹妹。因此，Ａ小姐逐漸遭到這個家庭的排擠。

190 抹大拉的瑪莉亞（Mary Magdalene），在《聖經・新約》中被描寫為耶穌的女追隨者。傳說中，瑪莉亞是抹大拉城裡的一個非常美麗的女人。她因為惡魔附身而出賣身體，但最後得到耶穌的赦免與拯救。

191 速水由紀子，日本記者、作家。

「依附父親的結果使得A小姐想要成為父親的代理人……但這也導致她對自己身體的厭惡，甚至想要報復自己的身體。」齋藤把這種自我懲罰的心理稱之為「自我懲罰的願望」，而這種心理更同時帶有「懲罰母親」的意味。「賣春後終究得回到有著母親和妹妹的家裡……在突顯母親和社會的無力上，這是一種十分明確的手段。」

因此，「她的賣春可以視為一種針對母親和妹妹聯盟的攻擊，她則是與已經去世的父親結盟。但如果要達成真正的男性結盟，她的身體就成了一種障礙……賣春不僅是對母親的報復，更可以達到摧毀自己身體的目的。」

這種佛洛伊德式的分析很容易把所有因素都歸結於家庭，而在替所有人分別貼上父親、母親和女兒的標籤後，反而容易忽略了性別的差異。

把自發性賣春視為自我懲罰和自殘的看法，與少女從事援交的觀點有著共通之處，這類解釋更延伸至家庭關係。即使女兒在父親的疼愛與期待下而想要成為一位父親，但父親的女兒終究不是兒子，而只能是父親的「女兒」。女兒發覺自己不可能完全地變成一位父親後，便會開始懲罰妨礙她變成一位父親的女性身體；這時，賣春就成了一種「自罰」。至於受到父親支配而對父親感到厭惡的女兒，則會藉由汙損自己屬於父親的身體來背叛和報復父親；這時，賣春就成了一種「他罰」。

無論是自罰或他罰，女兒都是透過自殘的行為來實現懲罰的目的。

「父親的女兒」即使再怎麼厭惡母親的軟弱與依賴，在彼此擁有相同的身體下，女兒不可能與母親完全切割。母親的禁慾顯示了母親對父親的依賴，而女兒在察覺母親所壓抑的慾望後，便以違反禁忌的方式諷刺母親的慾望，達成報復母親的目的。速水由紀子便是從九〇年代的援交少女背後，看出這種跨越兩個世代的女性性壓抑。

女兒是家庭中的最弱者，因此無法直接攻擊父親和母親，只能把攻擊的目標轉向自己，也就是身為弱者僅有的身體和性慾。相較而言，兒子的攻擊卻是比較單純的他罰與對他人的傷害。從女兒對自己身體的輕蔑可以看出，如同厭食症與割腕，濫交（包括賣春）也是一種自殘的行為。

被兩種價值撕裂的女人

桐野夏生是從女人的「競爭和嫉妒」的角度來解讀東電ＯＬ的第一人。在發生這個事件的四年後，也就是二〇〇一年，桐野開始在《週刊文春》上以這個事件作為主題進行了長達一年半的小說創作，並在最後集結成上下兩冊的長篇小說《異常》。對於這個事件，由於男性和女性的看法有著巨大差異，因此許多讀者都對桐野的小說抱持很大的期待。

女主角的「我」和百合子是混血姊妹，小「我」一歲的百合子長相帶有混血味而且「有如妖精般的美麗」，但「我」卻是一臉平凡的東方人外表。小說一開始便把焦點放在姊妹兩人的長相，這代表作者意識到外表對女人有多麼重大的意義。小說的設定如同東電ＯＬ事件，「我」和百合子如同彼此的分身，但小說還加入了「我」在女校時代的同學「和惠」。從事賣春的百合子後來成了殺人事件的受害者，就連應該在一流企業上班的和惠也被發現在賣春，並成了殺人事件的受害者。小說的情節讓人聯想到「和惠」就是東電ＯＬ，敘事者「我」則是作為另外兩人的對照組，三人在共同的命運下展開一段難以置信的故事。透過這樣的角色安排，讀者可以透過「我」的評論以及和惠與百合子的獨白，從不同角度貼近這個事件的真實面貌。

桐野在《ＯＵＴ主婦殺人事件》中對於主婦們殺人分屍的描寫讓人印象深刻，但在營造東電ＯＬ的真實感上卻略顯不足。我認為以小說而言，把故事人物形容成「如妖精般的美麗」是一種失敗的策略，所有人物都像遵循作者設定行事的結果，更使得故事讀來有如一篇寓言而減損了小說的魅力。儘管這部小說號稱是作者的長篇力作，但結果卻讓我感到有點失望。另外，小說充滿各式各樣有如在傳達作者心聲的口號，則是使得整部小說讀來就像是一部推測性小說。但如果真是如此，又似乎沒有必要寫成這麼長的一篇故事。

和惠是小說中最貼近東電ＯＬ的角色。

她擁有聰明的頭腦、畢業於知名私立大學，並且是一流企業的上班族。以下是她的獨白：

我想贏。我想贏。我想贏。

我要成為最出色的女人，讓所有人都對我刮目相看。

我一定要讓每一個人都注意到我的存在。

最足以表現和惠凡事都想「爭第一」的地方在於，她對同期入社的東大女社員的競爭意識。一個人會想要「爭第一」，通常也意味著他不是真正的第一，而是第二。只有既不是第一流也不是第三流的人，才會擁有比其他人強烈的競爭意識，並把「爭第一」的心態內化。相較於和惠的努力，東大女社員的成功就顯得輕鬆自在多了。

從女校時代起，和惠便一直為了爭第一而努力，她的優越感使得她開始輕視只有美貌，成績卻很差的百合子。然而，作者透過「我」這個敘事者表示，和惠根本毫無勝算：

對女人來說，外貌是一種可以徹底擊敗對手的資源。一個女人只要擁有姣好的外表，其他女人就算擁有再聰明的頭腦、再多樣的才華也不足以成為她的對手。

在「我」和百合子之間，「我」已經注定了失敗的命運。成長的過程中，姊姊經常被拿來與美麗的妹妹比較，更是助長了邪惡的憎恨與嫉妒。主述者「我」在被賦予「惡意」的任務下，最終見證了「美貌」的徹底失敗。「美貌」作為一種誘惑男人的能力，也就是一種只能透過男人才能取得的女性價值。

我在第十一章的「女校文化與厭女症」中提到，女人必須同時擁有女人賦予的價值與男人賦予的價值，但這兩種價值卻具有相互矛盾的特質。儘管如此，如同我在第九章「母親與女兒的厭女症」中的解釋，現代女人還是得同時具備自我達成的價值以及男人賦予的價值。作者在《異常》中描述了在私立名門女校的封閉環境下，「我」和百合子姊妹兩人與同學之間充滿嫉妒與對立的互動狀態。和惠是扮演集團成員的角色，「名門女校」則是代表了在達成這兩種價值上的微妙環境。

百合子和和惠都是透過考試進入這間名門女校的學生。對於具有較高社會地位、一路直升上來的學生，她們的心裡難免會感到羨慕與嫉妒。女學生雖然可以透過美貌和學業提高自己的地位，但外貌終究無法超越階級障礙，正如同只有出身名門的女人才有資格被稱為名媛。除了美貌資源之外一無所有的女人，雖然看似在利用男人，但最終卻會死在男人的徹底蹂躪下。事實上，百合子從高中開始便懂得利用自己的美貌，和男性友人一起設下仙人跳的騙局。

另外，就學業的達成而言，只有在封閉的牧歌式女校環境下，成績才得以決定女性在女性集團的地位。女性一旦離開女性集團，還是得面對男性的目光。

成績好便可以考上名校，畢業於名校就可以靠著學歷和父親的人脈進入一流企業工作，但這樣的假設只適用於男人。和惠只能面對開放給女人的二流選擇，忍受女性上班族都得經歷的深刻挫折感以及隨之而來的輕蔑對待。她過著「有如中年男人的生活」，甚至一度想要在銀座的中央大喊：

來向我搭訕吧！我要的只是有人可以陪著我、溫柔地哄我。

對我說，妳好漂亮、好迷人，我下次可以單獨約妳嗎？

本章引用的二句和惠的獨白取自小說下冊以哥德體印刷的文字，但連同文章強調的方式和過於常見的描述都讓人不忍卒睹。

小說的下冊還有另一處以哥德體印刷的文字。

我想贏。我想贏。我想贏。我要成為最出色的女人。

我想要聽見大家說：她是個好女人，我很高興可以認識她。

多數學者在描述女人在現代遭到撕裂的狀態時，大多把原因歸結於上述兩種慾望。自從男女雇用機會均等法實施後，女人只有在同時實現「個人的成就」與「女人的成就」下，才能被視為真正的女人。

十三、東電ＯＬ的厭女症（二）

想當妓女的女人

很多女人或許都考慮過賣春，其中包括想要趁年輕存點錢的女人、想要透過自己的身體證實性不代表任何意義的女人、缺乏自信而想透過男人來確認自我價值的女人，以及在強烈自我毀滅衝動下賣春的女人。

桐野夏生在這本根據東電ＯＬ事件改編的長篇小說中表示：「女人有太多的理由。」東電ＯＬ儘管擁有年收近千萬日元的工作，卻還是在夜晚時前往涉谷的街頭賣春。她賣春的價碼一次是五千日元，但遇到沒有錢的客人時她甚至會降到二千日元。雖然她很節儉也總是很仔細地記帳，但我還是不認為她是為了錢而賣春。

一九八〇年代的涉谷，電話俱樂部[192]賣春的價碼一般在三萬日元左右。如果是援交少女，即使經過殺價一晚也要五萬日元。相較而言，東電ＯＬ替自己訂的賣身價似乎太低了點。

佐野真一在《東電ＯＬ症候群》中，對Ａ小姐以「兩千日元的低廉價格賣春」一事，引用了某位女讀者的「解釋」；這位女讀者認為，「Ａ小姐是根據男人來定價。」

女讀者的看法讓我隱約察覺她似乎已經指出了這個問題的重點，但佐野向精神科醫師齋藤學詢問這種觀點時，卻只得到「這個看法的確很有趣」的簡單答覆。隨後，兩人的對話焦點便轉移到別的方向，佐野也沒有在著作中繼續探討這個問題。

我想我或許有必要向讀者們解釋一下，「Ａ小姐是根據男人來定價」這句話是什麼意思。

大多數人都認為賣春的價格是由妓女所訂，然而，賣春的另一方就是買春，男人支付的金額也就是男人對自己買春行為的定價。男客支付Ａ小姐五千日元，不只代表Ａ小姐身體的價碼是五千日元，也代表男客對自己性慾的定價是五千日元。「對於缺錢卻又想滿足性慾的可悲男人」，五千日元就是Ａ小姐對他的定價。對只能以這種價碼買春的男人，Ａ小姐的賣春就成了一種嘲諷。

妓女絕不會在不收錢的情況下賣身，即使是被她們「棄如敝屣」的性愛也不會是免費的。

192 電話俱樂部原本是一種男方在設有電話的隔間裡等待女方來電聊天、約會的商業場所，日後逐漸成為賣春的一種管道。

喬凡納・法蘭卡・達拉・科斯特在《愛的勞動》一書中表示，妻子與丈夫的性愛是一種「無酬勞動」[193]。相較於無法對丈夫說「不」的妻子，妓女不和男人免費做愛，等於拒絕男人的壓榨。從這個角度來看，賣春就如同一種具有尊嚴的獨立工作室，妓女替自己的定價也就是一種對男人的定價。這種定價更意味著，如果你不打算出更高的價碼來羞辱我，那麼就別妄想自由使用我的身體。由此可見，妓女和男客彼此對賣春的價碼有著不同的定義。

對於不在乎性愛的價碼，甚至願意免費與男人做愛的女人……男人在表現出輕視的同時，卻也把這種女人聖化成「滿身瘡疤的菩薩」和「黑色瑪莉亞」。男人推崇瑪莉亞的原因在於，她即使墮入畜生道，還是願意接受所有男人並拯救他們。事實上，女人的腦海裡不可能出現這種想法，這類故事應該只是男人把對性慾的罪惡感投射到女人身上的藉口。聖處女瑪莉亞的背面有著妓女抹大拉的瑪莉亞，兩人又都有著瑪莉亞的名字。這或許不是一種巧合，正如男人把女人區分為「面向生殖的女人」和「面向快樂的女人」，這種「性的雙重標準」也同時玩弄著男人本身。

193 原注：提出無償勞動論並主張「家務勞動有給」的瑪莉亞羅莎・達拉・科斯特（Mariarosa Dalla Costa）是喬凡納・法蘭卡・達拉・科斯特（Giovanna Franca Dalla Costa）的姊姊。

女人對男人的定價

女人如果不斷降低自己的性價值，最終便會淪為不具有其他附加價值的單純女性器。身高一六九公分的A小姐在罹患厭食症下，體重只有四十四公斤。她脫光衣服時，有些客人還會被她瘦到看得見肋骨的身材嚇一跳。即使如此，男人卻還是可以和女人辦事，因為這時的女人在男人眼中已經被簡化成女性器。男人只要閉著眼睛幻想別的女人，或者是如同施虐似的用「妓女的陰道取代自己的手」進行自慰，終究還是可以達到射精的目的。

戰爭時，軍人們都習慣把軍隊慰安所稱為「屄屋」。朝鮮人的慰安所是「朝鮮屄屋」，中國人的慰安所是「支那屄屋」。據說「屄」的說法來自中文的俗語，只不過這種說法並沒有經過確認。這種地方不同於妓女戶，女人在這裡不需要講究性技巧和交際手腕，只需洗淨前面客人留下的精液，再躺到床上扮演女性器。慰安婦是戰場上的一種殘酷用語，女人在這時已經被摒除人格，簡化成單純的女性器，男人也同樣簡化成單純的男性器。

「賣春價」是什麼?人們很容易因為賣春是男人付錢給女人，而誤以為賣春價就是男人對女人的定價。然而，依照那位「女性讀者」的看法，只要我們把賣春定義為女人對男人的定價時，便可以一舉解開許多謎團。

賣春價高的女人是肯定買下自己的男人具有相當的身價，賣春價低的女人則是認為對方只值得這樣的身價。至於不收錢便願意和男人做愛的女人，則是藉由踐踏自己的身體來確認男人的性慾也是一種可以任人踐踏的東西。

「你的性慾根本不具有任何價值……」一個願意免費做愛的女人卻把賣春價定為二千或五千時，便是在宣告男人的性慾不具有任何價值。至於那些得要花錢才能滿足自己性慾的男人，女人的收費更是對男人的一種嘲諷。

桐野透過其中一位女主角的口說出：「憎恨這個世界是女人賣身的唯一理由」、「當男人花錢買下變醜的我，我便達成了對自己與對這個世界的報復」；雖然作者委婉地使用了「這個世界」的代名詞，但這裡指的其實就是「男人」。

不只妓女憎恨男人，男人也憎恨妓女。桐野同樣透過其中一位女主角的口說出：「事實上，男人憎恨出賣肉體的女人，女人也憎恨買下她們肉體的男人。」

男人把女人簡化成性器，卻又不得不依靠女人滿足自己的性慾。在這種作繭自縛的機制下，男人或許只是讓自己成了最大的受害者。

厭女症的源頭是男人，這種機制也包含了男人產生厭女症的謎團。以吉行淳之介為例[194]，吉行便是個既離不開女人卻又憎恨女人的男人，這也證明了他確實是個具有厭女症的「好色男」。男人把作繭自縛的詛咒轉向妓女，並徹底利用她們。儘管如此，男人卻無法公開承認妓女的存在，甚至輕視厭惡妓女。男人雖然認同妓女的存在是一種必要之惡，卻又試圖隱瞞這種事實。如同慰安婦制度，買春似乎會讓男人感到相當的困窘。

然而，男人明知妓女是為了錢才會賣身，卻又想用錢買下無法用錢交易的女人的「感情」。對於專業的妓女，「身世」不過是一種普遍的交際手腕，也可以被視為是除了肉體以外的附贈品。在花柳界裡，雖然會出現「買春達人」用錢購買「妓女真情」的矛盾現象，但只有熟悉這種遊戲規則的人才稱得上是專業的女公關與男公關。

上流階層的男人也會花錢消費高級應召女、模特兒和女藝人，但只要從他們也想替自己的性慾定價的角度來思考，就可以了解這種現象的由來。這些男人在自我說服下，只會對具有高附加價值的女人感到興趣，並想要藉此證明自己的性慾是一種高級的性慾，而不是其他男人那種低廉的性慾。

從女人的角度來看，事情就更簡單了。從把自己高價賣出的角度來看，不管是終身契約或一次性

194 原注：有關吉行淳之介的厭女症，可以參考《男流文學論》及本書第一章。

的契約，基本上沒什麼差別。想要成為貴婦的女人往往對「男人賦予的價值」有著過度的期待，這也導致她們即使在婚後遭受丈夫的家庭暴力也不會選擇離婚，因為一旦離婚她們就會變得一無所有。

「家有嬌妻」是象徵成功男人的社會指標，而更精確的說法是「擁有一個身價很高的女人」。男人追求這種女人的目的是要誇示自己的性慾是一種高級的性慾，因為光是要維持妻子的開銷就得花上一大筆錢。美國人把這樣的妻子稱為「花瓶」，她們就如同是男人成功以後的戰利品。貴婦很清楚自己的外表就是丈夫地位的象徵，所以她們往往會把所有心思都投注在保養和穿著。她們這麼做的目的不僅是為了證明自己是配得上丈夫的女人，更為了從丈夫的認同中獲得自我價值感。

對於高單價、單次契約的女人而言，道理大致相同。一旦男人願意出高價買下一個女人，這個女人便會給予自己比較高的評價。評價女人的物品不只是金錢，高昂的名牌和法式料理也具有相同的意義。當男人肯為女人掏出一大筆錢，女人便可以透過男人賦予的價值建立自我認同，並感受到一股快感。反過來說，女人也透過這個過程賦予男人同等的價值。

「性的認同」的「動機語彙」

相較於妓女，援交少女有著不相稱的過高價碼；她們有的只是年輕的肉體，卻缺乏性經驗、性技巧和交際手腕。「援助交際」指的是十幾歲少女的性交易行為，也是一種相對於組織性賣春的曖昧用語。依據《少女民俗學》的作者大塚英志[195]的說法，十幾歲少女的特殊價值在於她們擁有遭到「禁制的身體」。儘管她們的生理已經成熟，她們的身體卻仍然遭到社會的禁制，這群人就是正在就讀國中和高中的女學生。在首都圈，那些出身名門女校的女學生尤其具有更高的附加價值。援助交際的價碼高於尋常賣春的原因，便是來自違反禁制下的附加價值。

宮台真司[196]在針對援交少女的研究中發現，這種附加價值只存在首都圈的少女身上。以在青森縣透過電話俱樂部賣春的少女為例，她們的賣春價便會「收斂」到與ＯＬ和家庭主婦相當的價碼。由於日本農村比較不具有中產階級的禁制意識，因此十幾歲少女在相對較缺乏性經驗的情況下，也就無法產生特殊的附加價值[197]。依照傅柯的說法，性慾具有階級上的差異，「禁制的身體」更是近代教育制度下創造出來的附加價值。然而，援交少女們自己也很了解，她們無法長期保有這樣的附加價值。

195　大塚英志（一九五八－），日本評論家、民俗學者、小說家、漫畫原作者、編輯。

196　宮台真司（一九五九－），日本社會學者、電影評論家。

197　原注：依照傅柯的說法，性慾具有階級上的差異。在前近代的日本，農漁村的庶民間長期以來一直有著夜訪的風俗習慣。在這些地方，處女的價值明顯較低，居民也普遍接受婚前性行為。

宮台的研究還有其他的發現，那就是少女們並不把援助交際視為一種特殊的脫軌行為，以及在低道德壁壘下每個少女都有可能從事援交。宮台的研究結果引起男人們的恐慌，因為這種說法就等於在暗示「你的女兒也有可能從事援交（就像你的妻子也會出軌一樣）」，榮格派心理學家河合隼雄[198]對此表示：「援交會危害少女的靈魂」但宮台持反對意見，並認為「援交不會危害少女的靈魂」。桐野可能是得知這場鬧劇般的「爭論」後，在《異常》中讓百合子的老師木島說「賣春會汙染妳的靈魂」，百合子則是反駁「賣春不可能汙染我的靈魂」。

針對這場爭論，宮台提出「性的認同」說；他認為無法從家庭與學校獲得認同的少女們，只能轉而從男人對她們的需求找到認同。桐野在「少女成為妓女的各種理由」中表示，援交少女就是「一群想要趁著自己還擁有很高的商品價值時，透過賣春來賺錢的女孩」以及「這些女孩由於過度自卑的心理作祟，而想要透過男人的需求來建立自我認同」。

另外，在引用桐野的小說內容上，我刻意省略了最後一句話：「或者是出於助人的精神」。這句話實在太過可笑，桐野或許也有相同的感覺，所以才會把這句話放在最後，並使用「或者是……」的描述法。如果這句話裡的「人」是指男客人，那麼賣春女就不會有「助人的精神」。但如果是為了

198 河合隼雄（一九二八—二〇〇七），日本心理學者、心理療法家、前文化廳長官。

支付親兄弟或情人的醫療費和借款，女人就有可能會為此賣春。如果「助人」是指透過金錢來幫助他人，賣春也不具有這層含義；因為對賣春女而言，男人只是一種搖錢樹。至於那種會同情男人的性慾而獻身的女人也只存在男人的幻想，這時「滿身瘡疤的菩薩」中的「瘡疤」自然成了一種性病的暗喻。

當我們再回頭檢視「女人會成為妓女的各種理由」，便會發現這些理由全都來自「男人單方面的解釋」。所以，那位和佐野唱反調的「女性讀者」，才會表示「那只是佐野先生的男人觀點，但事實並非如此」，並解釋「賣春價是A小姐對男人的定價」。

援交少女在面對採訪時總會提出各式各樣的「動機語彙」，其中包含「購買名牌」和「想要變得有錢」的拜金主義「動機」。當大人們擔心「少女們受到消費社會的毒害」，自然也就落入了少女們的圈套。「拜金主義」是大人們共有的動機，也是比較容易被理解的「動機語彙」。少女們會提供這種語彙的原因在於，這種說法不但比較容易取信陌生對象，還可以藉此隱藏自己內心的真實想法。如果這些少女對於眼前的男人沒有一套「戰略」，又怎麼會按照宮台的期望以「性的認同」語彙來說明自己的動機？

但認為援交少女的「動機」在於追求「性的認同」的人究竟是誰？答案就是賦予少女認同的男人，因為男人始終都是女人存在的「認同者」，而最贊同這種解釋的人，大概就是曾經給予許多援交少女「認同」的宮台自己。

有一位曾經從事援交的女性表示，她是在遭到養父性侵後又被強迫去賣春，而最讓我感到印象深刻的是她的一段話：「我接受男人的金錢是為了明確表示，我可以讓他自由使用我的身體，但只限於他買下我的這段時間。」換句話說，她是透過收錢的舉動宣告，她才是自己身體的所有人，而她的動機顯然與「性的認同」沒有任何關係。

性交易的商業行為

只有在男人不會挑選對象的前提下，性交易的商業行為才得以成立。性交易的成立代表，男人排除了「女人」的個人特質，並且具有戀物癖似的性慾機制，也就是男人會對「迷你裙」、「裸體」和性器等女性符號產生反射性的性慾。

但與其說男人的性慾是一種充滿動物性反應的「獸慾」，倒不如說男人的性慾是一種文化制約下的反應。

男人透過買春購買的不是女人，而是女人的符號。男人會因為符號而發情射精，代表買春只是自慰的一種形式。

如果真是如此，那麼女人在賣春中販賣的又是什麼？透過賣春，女人把自己物化來進行交易的行為，而透過「把女人物化」來達到射精目的的男人則簡化成了毫無價值的性慾。在這種機制下，男人變得厭惡妓女，妓女則會輕視買春的男人。

女人的存在價值

中村兔的《「我」這種病》一書中有一章〈東電ＯＬ這種病〉，其中的這句「無法引起我慾望的女人就沒有存在的價值」，可以稱得上是既簡潔又完美地詮釋了男人對於女人的「性的認同」。

事實上，我們還可以找到許多類似的說法。包括「不漂亮的女人就不算是女人」、「醜女不是女人」、「沒有胸部的女人不是女人」、「更年期以後的女人不是女人」……等，而所有的說法都可以簡化成「無法引起男人性慾的女人就不是女人」，或者「女人的存在價值就是成為男人性慾的對象」。如果真是如此，那麼小倉千加子在《性慾的心理學》裡對女性「青春期」的定義就可以稱得上是一段名言；她對女性「青春期」的定義就是：「女性開始意識到他人的目光，察覺自己的身體並不屬於自己，而是某人的性愉悅道具。」女人得成為男人的慾望對象才會「變成一個女人」，而且無論什麼年齡的女人，只要無法成為男人的慾望對象，便算不上是一個女人。這種說法簡單明瞭的程度簡直讓人目瞪口呆。

如同中村的說法，在這種觀點下就會導致男人的各種不同意見，包括「女人不應該穿迷你裙來挑起我的慾望」、「我對無法挑起我慾望的醜女沒有興趣」。儘管這些全是男人的獨角戲（或是自慰），男人卻想把責任全轉嫁到女人身上，就如同性侵犯總是怪罪女人的引誘。

中村兔在過度追求這種「性的認同」下，變成了扮裝皇后。她扮演「作為男人慾望對象的女人」，甚至把她背後的一切努力全都攤在陽光下，來達到「戲仿的策略」。中村極度渴望「男人的追求」，以至於「在沒有男人追求時，就無法感覺到自己的價值」，最後甚至從事應召女的工作。但在我看來，她的舉動只是一種誇大的演技，並且有著扮裝皇后的本質，因為真正的主使者始終是站在她背後的「作家中村兔」。

中村表示：「或許妓女和我一樣，想要透過成為男人的性慾對象來鞏固自己的主體性」，並認為「東電ＯＬ很可能就是這樣的一種妓女。」

「東電ＯＬ透過自主性的賣春，報復那些想要讓她變成「性的客體」的男人，而她在過程中所獲得的勝利感才是她沉溺在性交易的真正原因。」

在這章獨立討論東電ＯＬ的「解釋」中，中村的解釋是「為了女人」，而不是「為了男人」。

透過「自主性地成為男人的性慾對象」，女人達到了什麼目的？答案自然是把男人簡化成無價值的性慾與無價值的性器。如同男人在買春的行為中將女人簡化成性器一樣，女人也不計一切代價地藉由同一件事來用身體「報復」男人。

透過買春，男人學會了對女人的厭惡；透過賣春，女人學會了對男人的輕蔑。

女人的分裂・男人的悖論

酒井順子在《敗犬的遠吠》中暗示，女人必須同時擁有自我成就的價值與別人賦予的價值，而其中又以後者最具重要性。但在這兩種價值的相互拉扯下，女人也出現了人格上的分裂。事實上不只是東電ＯＬ，均等法實施以後，這或許已經成了所有女人的共同感受。

但若仔細思考，這些說法全都代表著「被男人接受與認同的價值」。身為「父親的女兒」的Ａ小姐在擁有和男人相同的慾望下，想要成為在社會上「成功的女人」；但她同時擁有和女人相同的慾望，也想成為男人的慾望對象。然而，無論何時，男人卻是永遠扮演著「賦予認同者」的角色。

這種機制的悖論在於，「賦予認同者」卻得依存於「求取認同者」，而男人在看清這種悖論後產生的女性厭惡心理，也就是厭女症的由來。

十四、女人的厭女症／厭女症的女人

兩種「特殊」策略

有一種方法可以讓女人不會因厭女症而自我厭惡，那就是把自己視為「特殊」的女人，並把其他女人「他者化」，這麼一來就可以把厭女症轉嫁到其他女人身上。女人可以採取兩種策略來達到這個目的；首先，女人可以成為一名具有特權的女性菁英，也就是被男人視為「名譽男性」的「成功女性」；再來，女人可以讓自己變成一個「醜女」，也就是透過脫離女人的價值來甩掉女性的標籤。換句話說，這兩種策略就是「力爭上游」的策略和「自甘墮落」的策略。

三島由紀夫表示，這世上不存在「理性的女人」。「女人不具有理性」，但「A小姐卻有理性」，因此「A小姐不是女人」。這種既簡單又有力的三段論，不但可以說明「特殊」的例外，而且看來毫無破綻。

「沒錯，女人確實比較容易情緒化。」A小姐說。
「不過，妳是例外。」男人點頭。
「嗯，我可不是個『普通女人』！」A小姐驕傲地表示。
透過這個「例外」，A小姐又再生產了對於「普通女人」的蔑視。她對男性集團的奉承或許會讓她變成「名譽男性」，但男人的客套話卻不代表他們真心認同A小姐是他們的「同伴」。這時的A小姐就如同想要加入白人中產階級社會的黑人。
「黑人員工都很賊，你只要一不注意，他們就會幹些偷雞摸狗的勾當。啊，你比較特別，你和我們一樣接受了相同的教育嘛。」
一個黑人在中產階級的群體內聽到這些話時，應該做何反應？他應該敷衍了事助長同伴的歧視，還是當場翻臉打壞彼此的友誼？
對於弱勢族群來說，這個社會到處都可以發現這種「特殊」策略。
「老年人真討厭，老是滿嘴抱怨。不過岳母您不算啦，您說話實在多了。」
「是啊，所以我自己也不是很喜歡參加老年人的聚會。」
「日本女人說話為什麼要這麼曖昧？我老是搞不清楚她們在想什麼。不過妳比較特別，妳不算是很典型的日本女人。」

「嗯，我也很受不了她們的說話方式。我想我大概不適合待在日本，所以我才會離開日本。」

這些對話聽來就像是一種黑色幽默。

透過這種特殊「例外」的產出，歧視結構便得以完整地再生產。

至於「自甘墮落」這種策略，林真理子可以稱得上是最懂得如何表現這種策略的作家了。

林真理子的立場

我在女子短大任教時，曾經趁著上課對女學生們做了一次簡單的調查。這個調查的其中一項問題是：「妳覺得當個女生是好事，還是壞事？」回覆結果摻雜了一些天真的答案，包括「去夜店可以半價，所以是好事」，以及「約會時可以讓男生請客，所以是好事」，但其中有一個答案卻讓我看了心疼。

「這個問題和我沒什麼關係，因為我是個醜八怪。」

無論是好事或壞事都只是屬於擁有女性標籤的女人，但想要成為一個女人就得先成為男人的慾望對象。至於那些無法滿足這項條件的女人，就連被貼上標籤的資格也沒有，其中包括停經的女人、沒有乳房和子宮的女人，以及醜女人。

女人是在什麼時候變成女人的？依照小倉千加子對「青春期」的精確定義，「女孩」是在青春期變成「女人」。無論幾歲的少女，一旦她們開始察覺自己的身體成了男人的慾望對象，她們的青春期便從此開啟。有位小女孩在七歲時便進入了青春期，因為她已經懂得賣弄風情，並察覺自己的身體已經成了男人評價的對象。一位患有厭食症的女性在過了三十歲以後，由於從男人的目光中察覺自己的身體已經失去價值，因此開始放心地大吃並且變胖了起來。對這個女性而言，無論是年齡或體重都是一種擺脫「女人」標籤的策略。

自我認同中的「醜女人」並不是一種客觀的標籤，因為人們不可能客觀地判斷「醜女人」。女人的重點其實在於透過這樣的自我標籤化，來讓自己拿掉或被拿掉這種「女人」的標籤。

林真理子的小說經常出現一些美麗迷人的女性，這些女人也就是男人眼中「具有價值」的女人。她不只擅長描寫這些「把自己當成武器」的女人們不道德與自卑的心理，她作品中的男人也都有著和女人一樣的自卑感。雖然我並不認為文學一定得描繪人類的偉大，但每當閱讀她小說裡那些自卑的男女，心裡還是會感到不太舒服。

以林的代表作《禁果》為例，這本小說原本在一九九五年至九六期間在《週刊文春》上連載，一九九六年後才集結成書。我買下的是一九九七年版的第二十七刷。當時，這本書已經成為最暢銷的書。它的電影宣傳廣告標語「為什麼出軌的性愛，竟會帶給我如此甜美的感覺？」在遭到ＪＲ的拒絕懸掛後，更使得這本小說成為熱門話題。

小說女主角三十二歲的水越麻也子雖然已婚，但充滿魅力的外貌使得她看來依舊像是年輕的未婚女性。當她逐漸對與上班族老公的婚姻生活感到倦怠時，一位條件優秀的富二代對她展開猛烈追求。女主角原以為這只是一場短暫的婚外情，最後卻在男方的強勢引導下，不知不覺造成原本的家庭破裂並與男方再婚。儘管小說的結局看似完滿，然而女主角卻得面對一位如同孩子般任性的年輕男子以及不受認同的第二段婚姻。對於自恃「女人武器」的女人，這種意外的淒涼結果或許也是一種十分出色的描繪方式。

另一本小說《失敗的配角》中的主角是個男性上班族。他在機緣巧合下和一個自戀女發展出不倫戀，最後更在無法脫身的情況下，無奈地離婚並娶回那個女人。男主角最後說出一句淒涼的結語：「想不到事情會演變成這樣……」但即使男女主角的遭遇值得同情，他們的行為還是難以獲得讀者認同。

《厚子的時代》是一本回顧泡沫經濟時代的作品。書中有一段描述十分吸引我：「在那個狂亂而富裕的年代，有一位女大學生因為她的過往事蹟而成了許多女人羨慕和厭惡的對象。這名女大學生過去曾經是炒地皮之王的情婦，後來又搶走一位知名女演員的丈夫，而且這個男人還是知名義大利餐館 Chianti 的繼承人。」這名二十歲的女大學生北原厚子說過：「我從不搶奪別人的男人，從來都是男人主動追求我。」甚至還自信滿滿地表示：「沒有被男人愛過的女人無法了解男人太愛妳的痛苦。」我想，大多數女性讀者肯定都無法認同這樣的女主角。再說那些男人「追求」的不過是她的年輕肉體，這樣的「愛」自然沒有什麼深度可言。這本描繪「墮落」的小說結局是，厚子最後成了一位科技新貴的情婦。

我一度猜想這種描述的背後或許帶有自虐及批判的意識，但小說本身卻又缺乏明顯的自我批判。作者以嚴厲的目光和筆觸來檢視和描繪女主角的墮落，更讓我感覺作者是把自己當成「特殊」的局外人。另外，這本小說也沒有男作家常有的女性幻想，這也使得這本小說更加徹底地展現了女作家的厭女症。

對觀察者來說，醜女、剩女和被拿掉女性標籤的女人都是處於「安全地帶」的女人。再說，小說中被嘲弄的女人並不是「我」，而是別的女人，因此這裡的厭女症也是別人的事。

讀者的想法呢？林真理子是暢銷作家，而且擁有許多的女性讀者。讀者會認同作者，還是小說中的女主角？事實上，對自己長相很有自信的女性不到一成，也就是說大多數女性都對自己的長相感到不滿或焦慮。這種結果其實理所當然，因為女人的價值判斷掌握在男人的手裡，而不是自己的手裡。林的作品中，那些對男人「有價值的女人」在眼看即將成功之際，總會隨即步入毀滅的道路。大部分讀者讀到這裡，腦中大概都會浮現「大快人心」的念頭，並嘀咕著：「我才不會像她一樣（真是看不慣這種女人）。」

林真理子很擅長描繪男女的交往和背叛、狡猾和欺瞞。在她筆下，女人成了男人的慾望對象，男人成了女人利用的道具，女人和其他女人則是成了競爭者。讀了她的小說後，讀者大概都會對女人產生不信任感和厭惡感。她可以寫出這類小說的原因在於，她認為厭女症只是針對「自己以外的女人」，從讀者的反應也可以證實這種「他者化」機制下的厭女症。許多讀過《禁果》的讀者都有著相同的感想，那就是「我有一個朋友和女主角很像」。

藉由處於「特殊」位置，林讓自己站在再生產與強化具有厭女症的家父長制的一方，而暢銷作家的「成功」也就是來自與「世俗的連結」。因此不只是女人，就連男人也覺得她的小說是可以讓人「安心」閱讀的作品。

女人之間的競爭關係

以評論尖銳而聞名的文藝評論家齋藤美奈子，在她的《文壇偶像論》中評價林有著把女人的「猜忌・妒嫉・偏見」作品化的功勞。「猜忌・妒嫉・偏見」被視為是女人的特質，而且是醜陋的特質。這些特質造成女人的分化，以及產生想要打擊同伴以便讓自己獲得成功的慾望。雖然男人也具有這些特質，但女人與男人不同的地方在於，只有「被男人選擇的女人」才有資格參與這場決定女人歸屬的競賽。

如果林對女人充滿惡意的觀點可以獲得「免責」，林便可以脫離「女人間的競爭」，處於「特殊」的立場。女人絕對無法容忍競爭對手有著自戀的心態，林在缺乏這種心態下便可以避開他人的攻擊，置身於安全地帶。

這種心態應該可以稱之為一種「偏見」。擁有偏見的人沒有想要與對方競爭的心態，因此不會構成威脅，但也稱不上無害。林藉由站在「特殊」立場順利地把她的「偏見」商品化，讀者儘管會嘲笑作者，卻也會輕易地相信這種惡意。不過，林採取的立場自然不是一種現實的反射，而是經過仔細思考下的策略。

扮裝的「女人」

林和我在一九八七年的「美齡論爭」，曾經有過對立的關係。當時，有幾家媒體籌劃了林ｖｓ上野的「對話」。雖然我同意了所有邀約，但由於對方沒有回應，因此所有對話最後都沒有實現。直到十五年後，我和林才有了會面的機會。林在《週刊朝日》的一個對話專欄「真理子的邀訪」邀請我前去對話，而我在對這個聰明女性的好奇和敬意下答應了這場邀約。

對話中，她就像在向我展示她所「擁有的一切裝飾品」，包括丈夫、兒子、地位、名氣、服裝和美貌等。然而，我卻覺得穿著名牌，成功減肥和牙齒矯正後的她，看來就像個「扮裝的女人」。一個女人只有在認為自己「不是女人」時，才能毫不在意地「扮演女人」；而且，也只有「假女人」才能毫不留情地揭露「真女人」的內幕。

那些不喜歡「女人」這套服裝的女人，在對林的認同下也都會體會到嘲笑「女人」的不如意所帶來的隱祕快感。有時，林會被稱為是「女權主義者」，原因大概就是源於她對「女人」標籤的距離感和批評意識。但這種與「女人」的距離感可以藉由與「女人」的差異化來加以消除，並得到一種廉價的快感。

女人和女人的友情．女人和男人的友情

林以女性作家的身分獲得文壇肯定後，擔任了數個文學獎的評審委員。角田光代以《對岸的她》獲得二〇〇五年的直木賞大獎時，評審委員之一的林表示：「我覺得如今的小說讀者似乎和以前不一樣了。」

人類天生具有狡猾和邪惡的本性，同時也有著軟弱好色的特質。我原本很擅長於挖掘人類的本性，也寫了不少有關人類的狡猾和軟弱的小說……但我最近卻開始聽到一些不同的聲音。

這些不同的聲音，如同角田的小說描述女人和女人的友情，這或許就是林之所以會認為「如今已經不是我的時代。」

女人和女人之間真的存在友情嗎？

這種老問題的老答案是否定的，或者說至少在角田出現以前。在同性社交的社會下，原則上女人之間不存在友情。所有女人在面對男人這個「歸屬」時，都有著潛在的競爭關係。

或許有人會認為既然同性社交存在「男性連結」，那麼應該也會存在「女性連結」。但同性社交的共同性是一種社會資源，也是集團賦予成員的一種機能，女人在性別不對稱下自然不具有同性社交的共同性。女人在缺乏這種資源下，只有成為男人的附屬品，才能成為集團的成員。女人之間雖然存在非正式的集團，但把這種集團稱之為「同性社交」，頂多也只能算是一種沒有實際作用的隱喻。

然而，角田卻在《對岸的她》一書中，以不帶有厭女症的筆觸，成功描繪了三十幾歲女性之間的友情。擁有小孩的約聘主婦小夜子和單身企業家葵幾乎毫無共通點，直到小夜子受聘於葵的公司，兩人才萌生出奇妙的友情。從葵高中時代的回憶，小夜子意識到葵就是當時「殉情」未遂的兩名女高中生之一。葵在無法忘記少女時代的創傷下，始終保持單身，經營著一間小公司，同樣擁有纖細靈魂的小夜子則成了她唯一知心的朋友。對於小夜子而言，相較於無法溝通的丈夫，她與葵之間有著更強的連結。因此，當葵的公司陷入危機，小夜子自然義無反顧地幫助葵進行公司的重整。

這本小說會帶給林感觸的原因在於，小說描述了女人與女人之間除了同性戀之外，還是存在單純的友情。

女人與女人之間是否存在友情？角田很明確的告訴我們：是的。

那麼，女人和男人之間是否存在沒有性關係的友情？絲山秋子的答案是：是的。絲山的芥川賞得獎作品《在海上等你》描述的是，一位女性上班族和同期入社的男同事之間的友情，因此也可以算是一篇描述同事愛的故事。在男同事已婚的情況下，男方不曾有過出軌的想法，女方也不曾有過成為第三者的念頭。

女作家筆下的女人開始出現劇烈的變化，男作家星野智幸也在《虹子與黑衣的物語》中描繪了虹子與黑衣的單純女性友誼。這本小說中，兩名愛好足球的少女，一邊踢著足球一邊逃避人生的公路小說似的劇情，讀來就像是一篇在描述兩個「沒有穿裙子的少年」的故事。藉由這本小說，我們可以發覺少女之間也有著如同少年般的真實友情。

川上未映子的《天堂》描述兩位同樣遭到同儕霸凌的少年與少女，以及兩人之間那種幾乎達到形而上領域的「友情」。小說裡的少男和犯下酒鬼薔薇聖斗事件[199]的少年A一樣都是十四歲。這個年紀是小孩迎向大人的轉捩點，同時也是混雜著不祥、神聖、超凡與殘忍的危險年紀。因為斜視而遭到霸凌的「我」和同班同學小島有著純潔的男女友誼，小島還暗示「我」：「我喜歡你的眼睛」、「你的眼睛就是你的化身」。兩人的關係並沒有發展為普通少年少女間的戀愛物語，然而這種超凡、真實而迷人的「友情」卻也束縛著「我」。最後，「我」雖然選擇了矯正斜視並脫離這種羈絆，卻也暗示這段「友情」將會成為他一輩子的記憶。相較於曖昧的性愛，這種只能稱之為「友情」的男女關係具有更高的真實性。如果這都不算是一種成功，那怎樣才算成功？

199 酒鬼薔薇聖斗事件（神戶兒童連續殺害事件）是一名年僅十四歲的「少年A」於一九九七年，在日本兵庫縣神戶市須磨區所犯下的連續殺人事件。事件中共有二人死亡，三人重傷，被害者皆為小學生，而且死者還遭到分屍。少年A在犯行後甚至寄送挑戰信給報社，自稱「酒鬼薔薇聖斗」。

十五、權力的性愛化

夫妻關係的性愛化

傅柯在《性史》中列舉了四種近代以後的「性慾機制」：

一、兒童性慾的教育化（pedagogization of children's sex）
二、女性身體的歇斯底里化（hysterization of women's bodies）
三、變態愉悅的病理化（psychiatrization of perversive of pleasure）
四、生殖能力的社會化（socialization of procreative behavior）

接下來，我將依序討論。所謂「兒童性慾的教育化」就是把兒童性慾當成管理對象，尤其是把禁止自慰當成是教育的一部分；「女性身體的歇斯底里化」則是把女性身體視為性的客體，並認為女人的性壓抑導致「女人的神經質」；「變態愉悅的病理化」是把異性性愛以外的各種性器接觸都視為是變態的愉悅，以及精神病理學上的異常性行為。中世以前，同性戀被視為是一種不道德的變態愉悅，但近代以後則被當成是精神醫學上的異常和治療矯正的對象[200]；「生殖能力的社會化」是把夫妻關係的異性配對正統化，並且成為一種社會管理下的生殖單位。這麼一來，社會便可以透過性慾的管理達成生殖的管理。在以上的歷史變化中，社會的管理對象是「自慰的兒童」、「歇斯底里的女人」、「變態的慾望」和「馬爾薩斯主義的夫妻」等四種。

異性戀夫妻的性愛被特權化以後，只有夫妻之間的性行為才是正統的性行為。原本並非必要的夫妻性行為逐漸變成夫妻關係的核心要素，並且催生出「性的家庭（sexual family）」。

另外，在前近代對婚姻的所有定義中，夫妻的性關係都不是一種必要的條件。夫妻即使沒有性行為也不會影響兩人的婚姻，妻子也不會因為沒有生下孩子而危及自己的元配地位。如果夫妻沒有生下孩子，還是可以藉由領養或由妾室的孩子傳宗接代。而且，妻子只要是在婚姻期間生下的孩子，不管是誰的血脈都會被登錄為丈夫的孩子。甚至在冥婚的情況下，妻子生下的外人血脈也還是

200 原注：一九七二年時，美國的精神疾病診斷與統計手冊（DSM）已經把同性戀列入「精神病」的分類。

會成為已逝丈夫家族的一員。這時的婚姻關係，只是一種決定孩子歸屬的親屬規則。在這種親屬關係的制度下，妻子生下的孩子無關於丈夫是否是孩子的血緣父親（genitor），而只是一種社會父親（pater）的代名詞[201]。近代以後的婚姻法才開始規範夫妻之間的「性義務」。不過，這種說法其實不正確，因為法律沒有載明「性義務」是婚姻的要件，夫妻「缺乏性生活」也不是什麼值得大驚小怪的事。但由於過去曾有夫妻以「缺乏性生活」作為離婚理由的判例，所以夫妻的性行為才會被視為是婚姻的義務。儘管如此，夫妻之間也只有履行「性的義務」，而沒有「滿足性的義務」。

「性義務」可以稱之為「夫妻關係的性化（sexualization）」，但我在這裡採用的說法是「夫妻關係的性愛化（eroticization）」。夫妻性關係被特權化及性愛化後，隨即出現性愉悅的語言。

管制性的權力在對性愉悅的操作下，本質上就是一種「權力的性愛化」。傅柯把這種現象稱之為「權力的感官化（sensualization of power）」，而這裡所指的「感官（sense）」自然是性愛的感官（erotic sense）。傅柯指出：

201　原注：「民法第七七二條爭議」便是源自於，這條法律規定婚姻期間或離婚三百日內，母親生下的孩子可以準正為與前夫的婚生子。母親不想讓孩子登記在前夫的戶籍而沒有辦理出生登記時，小孩就會變成「無戶籍兒童」。而且，婚生子女的法律制度並不論及夫妻是否有發生性行為。

性愉悅與權力既不會不相容，也不會相互排斥。這兩者在彼此追求下產生加乘的強化效果，並透過煽情與發情的複雜機制與道具形成連結。

彼得・蓋伊[202]曾分析一位布爾喬亞階級年輕妻子的日記，並把日記內容揭露在《感官教育》一書。新婚妻子在日記中寫道，自己在丈夫的引導下認識了性的感官、體驗了性的快感。這種內容讀來就像是一篇情色作品，而事實上這種描述隱私的日記也被當成情色作品來閱讀和消費。另一方面，情色作品中也描繪了男人也有著想要窺視女性日記的念頭。

蓋伊把這種經驗稱之為「布爾喬亞經驗（bourgeois experiences）」。從歷史來看，這種經驗的性感官的確是一種階級的產物。如同傅柯所言，性慾是一個階級為了與其他階級區別所創造出來的階級產物，而這裡的布爾喬亞經驗就是貴族與勞動階級的區別。「感官教育」一詞也具有暗示的作用，因為「感官」可以接受正確的教育、學習、養成和管理，而「性的感官」也是如此。把「感官」視為是「自然」和「本能」的說法，只能算是一種近代的性神話。所謂「神話」代表的就是「毫無

202 彼得・蓋伊（Peter Gay，一九二三—），耶魯大學斯特林歷史學榮休教授，前紐約公共圖書館學者與作家中心主任。

根據的信念」。性的「自然化」不只是「性慾的近代」[203]的主要特色，也是近代以後「自然」逐漸取代「神」的地位所導致的結果。

隱私權的建立

傅柯的四種「壓抑假說」背後有著「性的私密化（privatization）」的機制，也就是把性從公領域驅逐、隔離和隱藏到私領域的家庭。在這之後，家庭才開始成為顯著的性的場所。但我必須強調的是，性的私密化並沒有造成性的壓抑，而是帶來性的特權化並與人格進行了連結。傅柯的「壓抑假說」並不是一種表面的壓抑，而是隱藏在這種制度背後的壓抑。性在禁止與命令的組合下被特權化，甚至成了人們可以從事何種性行為的一種判定基準。

性被私密化以後，「隱私」成了「性」的代名詞、家庭成了「性的家庭」、夫妻成了性的連結的代名詞、婚姻成了性行為的社會證照、「初夜」成了性關係的開始宣告、無性生活成了夫妻關係的「病理」……等，許多今日有關婚姻與夫妻的「常識」就此成立。

---

203 原注：有關於「性慾的近代」的定義，以及「性慾的近代」和「近代的性慾」之間的差異，請參閱拙作《性慾的社會學》。

「隱私」的語源是拉丁語的「被剝奪」。公權利遭到剝奪的領域也就是拒絕公權力介入的私領域，以及不適用公法的「無法地帶」[204]。從近代家庭史可以看出，妻子與子女在家父長的霸權支配下所形成的「家庭黑暗面」。對強者而言，隱私的意義在於可以藉由公權力進行毫無制約的自由支配；對弱者而言，隱私則是代表一個缺乏第三者介入和保護的服從地帶。

「隱私」所規範到的是誰？與其說是強者，倒不如說是性的弱者，以及遭到性侵與家庭暴力的受害者。

性愉悅的權利與義務

夫妻之間的契約只決定性行為的權利與義務，而不包括「性愉悅」的權利與義務。中世紀時，西歐用來指導夫妻關係的指南上，雖然認為夫妻有履行性行為的義務，但也只是把性當成懷孕與生產的手段，甚至鼓吹人們壓抑隨之而來的性愉悅。因此，當時以懷孕為目的的異性性交受到人們的鼓勵，與懷孕無關的肛門性交被視為是違反神明旨意的性行為，口交和前戲則是受到壓抑和禁止。

204 原注：有關「隱私」概念的壓抑性，請參閱拙作《「隱私」的解體》。

但近代的性慾觀念裡，「夫妻關係的性愛化」也包含了「性愉悅的權利與義務」。蓋伊引用的日記中描繪了夫妻之間的性行為是多麼的甜美和幸福，以及年輕妻子對於性的迷惑與羞澀。在丈夫引導下認識性愉悅的妻子成了布爾喬亞性道德的理想，也就是「白天像個淑女，晚上像個妓女」。由日本近代的通俗性科學書《造化機論》中，不斷強調夫妻之間的性愛就是最上等的性愛。由於這本書的內容大多在介紹及引用國外的圖書，因此也可以把它當成是來自英語圈的清教徒式性道德。另一本《新編娛苦樂世界獨案內》也認為，人生中最極致的快樂就是夫妻之間的性愛。

對江戶時代的日本人來說，妓女是「戀愛的對象」，妻子和母親是「良家婦女」，因此把夫妻性愛視為最極致快樂的看法，在他們眼中肯定會變成一種很奇怪的觀念。

在「夫妻關係的性愛化」下，妻子對丈夫負有「性愉悅的權利與義務」[205]，而且由於丈夫是教導妻子性愉悅的導師，因此丈夫也是妻子唯一可以行使性行為的對象。不僅如此，丈夫可以藉由「調教」處女妻，塑造出只有丈夫才能吻合的性愉悅模型，如此一來妻子便無法從別的男人身上獲得性愉悅。雖然大多數男人都希望自己是「所有女人」的「唯一男人」，但這終究只是男人的一種幻想。

如同我在第七章「春畫的厭女文化」中所提到的「性愉悅下的支配」，如果夫妻的性愛的確會

205 原注：妻子的性冷感必須被治療的原因是，這時的妻子已經違背了對丈夫的義務。

帶來最極致的性愉悅，丈夫就沒什麼理由去找妓女。明治時期的性指南書不斷強調，買春只是男人把妓女的陰道取代自己的手進行自慰，因此是一種單調乏味的性行為。但如果丈夫真的去買春，那就是妻子沒有做好對丈夫的性服侍。另外，妻子如果能夠滿足於與丈夫的性愛，自然就不會因為慾求不滿而變得歇斯底里，也會更加忠實地服侍丈夫，因為在性愉悅的市場上，終究還是有著「良幣驅逐劣幣」的遊戲規則。

雖然性愉悅取代權力實現了終極的男性支配，但事實上權力並不是被性愛取代，更正確的說法應該是：「權力已經性愛化」或是「性愛已經權力化」，因此「權力的性愛化」也就是近代性慾的表現形態。

施虐癖與被虐癖的發端

在理解「權力的性愛化」上，薩德侯爵[206]可以作為一個參考的例子。薩德侯爵出現在法國大革

206 薩德侯爵（Marquis de Sade，一七四〇—一八一四），法國貴族和一系列色情和哲學書籍的作者，而他的姓氏也是「性虐待（Sadism）」的語源由來。

命期間並不是一種偶然，因為這時的歐洲正處於中世紀進入近代的過渡期。「自然」填補了「神死後」的秩序真空，教導人類原罪的已不再是「神」而是「性的自然」。性作為人類的原罪，在帶給人們性愉悅的同時也伴隨著懲罰，只是執行懲罰的權力如今已經從神的手上轉移到父親和丈夫等男人的手上。基督教的結婚誓言包括了「如同服侍妳的神般服侍妳的丈夫」，而這代表「家父長」已經成了「神的代理人」。乞求「神明的懲罰」等同「快樂的賦予」，因此兒子只能從父親的鞭打中感受父親的愛，妻子也只能從丈夫的毆打中體會丈夫的愛。

現代研究家庭暴力的專家們肯定會說，這不是愛，只是單純的暴力。但事情並非如此單純，因為「權力的性愛化」就是以性愛的形態來達成支配的目的，「性愛的權力化」則是以暴力和支配的形態來表現性愛（主要是男人）。因此，有些女人認為「丈夫是因為愛我所以才會打我」，或者是「丈夫不再打我是否代表他不再愛我」，而這種想法並非毫無道理。伴隨暴力的性行為通常有著解除自我防衛，並彼此融入對方身體的共通點，這時暴力的快感就會帶來性的快感，反之亦然。

薩德侯爵（Marquis de Sade）的名字也就是性虐待（Sadism）的語源由來。依照薩德的說法，在施虐與受虐的性愛中，獲得性愉悅的不只有施虐的一方。如同我對鬼畜系色情作品的評論（參照第五章），施虐者可以透過認同被虐者的痛苦強化性愉悅的感受，因此施虐欲自然可以獲得施虐與被虐的雙重趣味。施虐狂與被虐狂無法清楚區分，因為施虐狂可以透過想像與被虐狂同化，並輕易進行角色轉換。在涉及複數行為者的社會互動中，每個角色都有著既定的規則。但就連夫妻和親子之間的關係也有逆轉的可能，性關係自然也不例外。我們在性行為上習慣把男人視為主動的一方，女人則是被動的一方，因此男人的性愉悅便與施虐形成連結，女人則是與被虐形成連結，而雙方在獲得性愉悅的過程中，也都有著各自依循的施虐與被虐的路徑。

性慾的去自然化

柯林．威爾森[207]在評論連續女性強姦殺人事件中的犯人「開膛手傑克」時，提及一對十幾歲年輕情侶的類似殺人事件。威爾森在解說這宗發生在英國小村莊的殺人事件時表示，如果這個少年已經有了性的知識，那麼他或許就不會拿刀子刺死少女，而是會改用陽具插入少女的體內。

不過，我並不是想要表達暴力與性來自相同的衝動，或是如同男性性研究者（andrologist）所說的，性衝動來自攻擊的衝動以及睪固酮的支配等。

相反的，如同傅柯和所有研究性慾的學者所做的，我的重點是放在性慾的歷史化（historicize），

207 柯林．威爾森（Colin Wilson，一九三一－二〇一三），英國小說家、評論家。

也就是去自然化（denaturalize）。

事實上，性慾在從暴力與施虐跨入愛慕與親密的領域上有著很模糊的界線，因此性慾並不具有一定的「本質」。換句話說，把性定義為「具有攻擊性」或是「親密的表現」都只是一種規範式的命題。我們目前只知道，在某種特定的歷史背景下，性慾很可能會與某種特權進行連結。我們所習以為常的「權力的性愛化」概念，也就是近代的性愛與不對稱的性別關係，或者說是權力關係的連結現象，而這也再次突顯了性別只是一種權力關係的用語。

我必須再次強調，性愛並不必然與兩性關係具有連結，兩性關係也不必然會有性愛的結果。在古希臘，只有同性才會發展出性愛關係。相對來說，夫妻關係只是一種支配與所有的關係。中世末期以後，夫妻關係才被特權化，但即使如此，夫妻之間的性還是與性愛無關。在中世西歐的騎士戀愛中，騎士們浪漫的對象是針對已婚女性；而在近世日本的色道中，丈夫也只會在夫妻關係外尋求性愛。

近代以後，夫妻代表一對男女的一夫一妻制才成為一種固定的兩性關係。在把重婚視為理所當然的社會，婚姻從來不是對等的關係，也不是配對的關係。所謂的妾，也就是擁有專屬契約的性工作者。對日本妻子來說，性愛是一種無法說不的長期「性服侍」，而且毫無性愉悅可言。如果她們曉得布爾喬亞婚姻規範中的「性愉悅的權利與義務」時，肯定會感嘆於日本根本不曾有過布爾喬亞社會。

生活習慣的內化

了解性愛的歷史與從性愛的現實解放是兩回事，這大概就如同受到條件制約的「巴夫洛夫的狗」。每個人都有著某些根深柢固的習慣，一旦要改變這些習慣就會帶來極大的痛苦。對某些人來說，這甚至就像是一種毒癮，而要他們戒掉這種習慣就等同是要他們的命。文化就是一種集體的生活習慣，也可以想成一種廣義的生活習慣。如同改變體型、體質、思考模式和感情的方式，生活習慣也應該可以改變。

過去，從事女性解放運動的女人們曾經提出一個口號：「從被男人擁抱的女人改變成擁抱男人的女人」。但不久後，就出現了這樣的聲音：「我試過以後還是覺得被男人擁抱的女人比較快樂」。因此，有些女人便認為與其要放棄快樂，倒不如選擇當個「被男人擁抱的女人」。

清野初美有一本書的書名很具有象徵性的意義，這本書的書名叫《我有話要說——「想要溝通的女人」和男人》這本書讓人感到違和的地方在於，作者指出女人「想要溝通」，但男人卻不想溝通。事實上，大家都曉得男女之間即使缺乏溝通，男人還是可以和女人做愛。我在第七章中引用了小倉千加子所說的「女人追求的是關係，男人追求的是擁有」。男人是一種即使沒有「關係」，也會為了「想要擁有」而與女人做愛的生物。

如果有一天，妻子突然告訴丈夫「我有話要說」時，丈夫大概會感覺心裡七上八下。這時的丈夫想必曉得，妻子在始終無法獲得「關係」的情況下，忍耐已經到了極限。雖然作者表示，「我有話要說」是「想要溝通的女人」在追求「家庭中的男女對等性」的說法，但讀完這本書後我卻不禁對此感到懷疑。女人想要追求的關係有很多種，這些關係不必然都是「對等」的關係，其中甚至有著垂直的關係。

二〇〇九年去世的作家中島梓，曾經以栗本薰[208]的筆名開創出「美少年系」的新文學領域。她在《美少年學入門》一書中坦承，她只有在垂直的關係下才會感到心動。部分同性戀者也會想要追求如同親子或兄弟般的落差關係，並且由此獲得心理上的穩定狀態。但部分女權主義者的標準解釋則是，同性戀者是不滿於異性戀的不對稱性與對權力性的厭惡下，才會轉而追求「對等性愛」的一群人。

208 栗本薰（一九五三—二〇〇九），日本女性小說家、評論家。栗本也以中島梓的名字進行作詞、作曲，以及參與音樂劇的製作和演出。

如果真要追求「對等關係」，女人便不會選擇年紀大的男人、身材高大的男人以及擁有高學歷與地位的男人。女人想要附屬於男人之下，所以才會說：「我只會愛上值得我尊敬的男人」；而男人只會對可以「支配與擁有的對象」產生性慾，所以才會說：「我只喜歡年輕可愛的女孩」。

我在《發情機制——性愛的劇本》一書中提到，性愛具有文化與歷史的條件。一個人表示「女人的脖子很迷人」或是「膝窩看起來很恐怖」時，都只是再次呈現文化在他身上的烙印。性愛作為一種「文化的發情裝置」，更需要有一定的知性和教養。

對男人來說，女人「有話要說」也就意味著女人的「變節」。女人在過去從不曾要求過「對等的關係」，但隨著時間的流逝，男女之間的關係開始出現變化後，女人終究還是變節了。權力者一旦失去實力與威權，便會成為一隻紙老虎。隨著年紀的增長，男女的年齡差距意義開始縮小，學歷、地位和身高等支持權力的資源也逐漸流失，妻子在這時的「變節」就等同於「以下犯上」。大多數丈夫自然會對此感到困惑，因為「自從結婚以來，我始終如此，改變的人是妳。」

曾是「獨立女性」典範的俵萌子[209]在一篇文章中描述了她與前夫俵孝太郎[210]的離婚始末。萌子

209 俵萌子（一九三〇—二〇〇八），日本女性作家、評論家。
210 俵孝太郎（一九三〇—），政治評論家。

還是個新人記者時，拜師於當時已經是知名評論家的孝太郎，並且如飢似渴地學習各種專業知識。孝太郎很喜歡這樣的萌子，因此兩人便結婚了。萌子日後回想時，把自己與孝太郎的夫妻關係形容成是一種「師徒關係」。婚後不久，隨著萌子以記者的身分在社會上獨立工作，這種「師徒關係」開始逐漸崩解。孝太郎後來又找了一個年輕的情人並與萌子離婚，但在萌子的眼中，孝太郎只是找了別的女性再生產了以前的「師徒關係」。在這段婚姻中，改變的人是妻子而不是丈夫。男方愛的是自己處於優勢地位下指導的女人，而這並不需要用基因或罣固酮來加以解釋。女方曾經喜歡過「被支配與被指導」的感覺，而且是女方是自己脫離了這樣的地位，因此自然不能算是單方面的受害者。

現今的皇太子在迎娶雅子時，曾說：「我會一輩子守護著妳！」這句話在當時不知道感動了多少日本女性。如果妳也曾經因為這句話而感動，那麼妳也算是把「權力的性愛化」內化的女性。男人的「守護」就是把女人放在自己的屏障下支配一輩子，這時的「屏障」有可能是溫室或監獄，但無論是哪一種都沒有太大的差別。雅子妃即將面對的就是這種如同囚犯般的現實生活。男人「守護」女人時，那些會被他們視為外敵的對象，通常就是那些有可能比他們優秀的男性。這時的「守護」只不過是一種「擁有」，而當這種「守護」成了「愛」的代名詞，便可以稱之為「權力的性愛化」。但這樣的形容並不是一種揶揄，因為青年皇太子應該是真心把這句話當成是一種愛的表現，而這也更加真實地呈現出男人的愛只是一種擁有與支配。

相反的，有些女人也會把依存與被擁有當成是一種愛，其中的表現方式包括「我想要跟著你」，以及「我希望你可以一輩子都不離開我」。另外，女人把「愛」當成是「照顧對方的生活起居」，只是在表現女人在近代家庭中的「照護」角色。女人一旦愛上一個男人，常會跑到對方的宿舍幫忙打掃、洗衣服以及做便當等舉動，反映出下層中產階級的婦女淪為無給職家庭勞動者的歷史現實。對於貴族與布爾喬亞的年輕人來說，他們想必會認為做便當這種事是下女的工作，而不是妻子的工作。

性愛是一種無形的文化表現，並和歷史的脈絡有著依存的關係。「權力的性愛化」觀念雖然乍聽之下有點可怕，卻適用於我們的日常關係。

關係的形態也是一種生活習慣，但生活習慣可以改變，而在長年累月下也確實會發生一些變化。

藥物成癮者即使明知戒除藥物可以重新體驗健康的快樂，卻會因為無法想像原來的「健康身體」而難以放棄眼前的短暫歡樂。對於已經習慣駝背走路而造成脊椎彎曲的人，一旦嘗試矯正會帶來更大的痛苦，他們自然會想要放棄治療。文化是身體與精神的強制性模型，如同脊椎矯正器之於脊椎彎曲的患者，人們一旦拿掉這個模型，身心就會同時陷入崩解的狀態。

然而，如同模型可以調整形狀，人類的生活習慣也是如此。改變生活習慣雖然不容易，但我們至少必須了解男女的權力關係既不是命運也不是宿命，而只是一種「習慣」。

厭女症與恐同症可以單純用「權力的性愛化」來解釋。性愛與權力原本就各不相干，因此要讓權力回歸原位，讓性愛變得多樣化並不是一件不可能的事。事實上，這種變化正在逐漸實現。

十六、厭女症能否克服

厭女症的理論機制

過去，男人一直以為自己是透過與女人的配對來「變成男人」。但這種想法並不正確，因為男人其實是藉由加入男性集團來「變成男人」。

男人得靠其他男人才能「變成男人」，也就是只有在取得其他男人的認同後，男人才能「變成男人」。女人頂多只是男人「變成男人」的一種手段，或者是作為男人「變成男人」後的一種報酬。

相對的，女人得依靠男人才能「變成女人」，也只有男人才能證明女人是否已經「變成女人」。

賽菊寇在《男人之間》這本書裡以清晰的理論說明了，男人和女人的極不對稱機制。有關於異性戀秩序、男人之間的權力與慾望、同性戀厭惡、性別不對稱和女性歧視……等，至今為止賽菊寇的理論依舊是最能夠清楚解釋這些機制的理論。賽菊寇為了幫助人們更加了解她的理論而創造了三種概念，也就是同性社交、恐同症和厭女症。（參照本書第二章）

概念雖然不是現實，卻是可以用來解釋現實的強力工具。一個人了解何謂厭女症時，自然也就懂得「好色男」為何有著蔑視女性的本質，以及男人為何不喜歡比自己出色的女人。

對男人而言，異性戀秩序就是用來證明男人是性的主體的體制。在異性戀的體制下，男女關係並不是一種對等的關係；這種不對稱的關係表現在男人是性慾的主體，女人是性慾的客體。異性戀秩序的「規定」是，男人不可以把同性的男人當成性慾的對象，而只能把異性的女人當成性慾的對象。當男人把男人當成性慾的對象，這個男人就得被女性化，因為在異性戀秩序的定義下，只有「女人」才能成為男人的性慾客體，至於那些無法喚起男人性慾的女人，自然就成了男人眼中的「非女人」。

同性社交集團的定義是，男人互相承認對方是「性的主體」的男性集團。女人在受到這個集團的排擠下，只能藉由成為男人的慾望對象而成為男人的附屬品，因此身為集團成員的男人自然會看不起女人。

男人給予女人「非男人」的「烙印」，再透過賦予女人一切美德和名譽來加以差別化和標籤化。

相對於男人，女人代表的是「不勇敢的人」、「不堅強的人」、「缺乏指導力和決斷力的人」、「軟弱的人」、「消極的人」、「無能的人」；換句話說，女人就是一種「不足以成為主體的人」，但這些其實都只是男人為了支配女人所創造出來的特質。

異性戀秩序具有厭女症的本質其實也不足為奇，因為男人是透過自己而非女人來達成「男人」的自我認同。而且，男人得藉由把女人視為性的客體來證明自己的性的主體身分，以及獲得其他男人的認同並成為同性社交集團的一員。事實上，輪姦的集體行為也與性慾無關，而是一種證明男人身分的儀式。

三角慾望

賽菊寇在構思自己的理論時，從赫內・吉哈爾[211]的《慾望的現象學》中引用了被稱為「三角慾望」的理論架構。如同拉岡所言，所謂的慾望就是他者的慾望，也就是把自己認同的對象的慾望當成是自己的慾望。依照佛洛伊德的理論，這時認同的對象與慾望的對象被區分成不同的性別。在吉

211 赫內・吉哈爾（René Girard，一九二三—），法裔美籍歷史學家、文學評論家、哲學家。

哈爾的「三角慾望」中，受到認同的「他者」也就是個人尊敬、仰慕和競爭的對象，因此這些男人彼此之間有著父與子、師與徒、前輩與晚輩和競爭者的關係。一個人如果不認同對方，這時的「他者的慾望」也就不具有任何的價值，因此男人是透過認同對方而把對方的慾望當成自己的慾望，並且藉此與認同的對象一起成為「慾望的主體」。

「三角慾望」中，只有男人才是慾望的主體，女人無論如何都只能成為慾望的客體。男人透過對相同客體的慾望，彼此承認對方是擁有相同價值觀的慾望主體。由於男人的成就必須具有可以向其他男人誇示的價值，因此相對於女人對於男人的評價，男人對於女人的評價有著更一元化以及更容易理解的標準。

蓋爾・魯賓[212]指出，異性戀秩序中的三角核心並不是複數的男女，而是二男（作為慾望的主體）和一女（作為慾望的客體）。她依據李維史陀的「婚姻交換」[213]概念，認為結婚不是二名男女的連結，而是透過女人的交換來建立兩個男性集團的連結，女人只不過是建立這種連結的一個媒介。因此，異性戀秩序是一種本質上帶有同性社交（男人的無性連結）和厭女症（排除女人）的秩序，並且伴

212 蓋爾・魯賓（Gayle Rubin，一九四九—），美國文化人類學家、性與性別政治領域的知名女性理論家與社會活動家。
213 原注：婚姻不是一對男女的結合，而是透過定義複數集團之間的女人移動來取得交換的模式。

隨著恐同症的體制（驅逐同性戀）。

同性社交．恐同症．厭女症

如果把同性社交、恐同症和厭女症的三種概念畫成圖表，結果就會如同圖三。這張圖表並非取自賽菊寇的手筆，而是來自我的創作。認識這個模型的好處在於，可以同時回答「女人是否具有同性社交」的問題。雖然女人並不具有與男人相同的同性連結，但賽菊寇還是先假設了女人之間也有著同性連結，並且指出其中的性別不對稱性；也就是說，男人的同性社交與同性情慾之間呈現斷裂的狀態，女人的這兩者卻有著連續性，這也讓我想起艾德麗安．里奇[214]的「女同志連續體（lesbian continuum）」[215]。

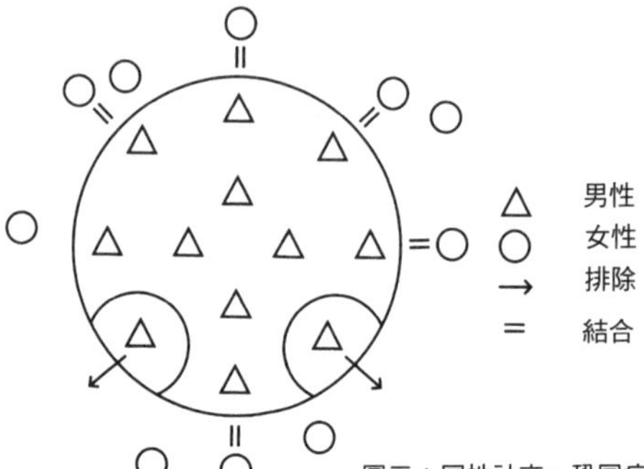

圖三：同性社交．恐同症．厭女症的概念圖

214 艾德麗安．里奇（Adrienne Cecile Rich，一九二九－二〇一二），美國詩人、散文家和女權主義者。

215 原注：男人之間的同性社交和同性情慾呈現斷裂的狀態，女人之間的同性社交和同性情慾缺乏明確的斷裂而形成平滑的連續體。

兩性在權力的不對稱性下，即使同時存在同性社交的男性連結與同性社交的女性連結，也是屬於不同的機制。單從透過認同同性集團並獲得權力資源的分配上，這兩者就有著很大的差異。我想，大概沒有人會主動認同一個次等集團，因此對女性來說，儘管同性社交和同性情慾之間有著連續性，卻還是一種不利的次等選擇。相較而言，成為男人的性慾客體，並且透過附屬於男性集團來間接取得權力的分配就顯得有效率多了。女人在面對男人的潛在競爭關係下，即使存在同性社交的連結也只是一種脆弱的連結。這種機制說明了，女人為何會嫉妒同性的女人，卻不會針對背叛自己的男人。

性慾的近代

從某個角度來看，賽菊寇的同性社交、恐同症和厭女症是足以超越歷史侷限的三種概念。她的研究目標在於了解，「性慾的樣貌與表現，如何在歷史上受到權力關係的影響時，對權力關係發揮影響」。不過，其中當然也存在著「隨時代變化的權力不對稱性」。因此，從她所舉的例子全都引用自十九世紀以後的英國文學可以看出，這三種概念比較適於用來解讀傅柯口中「性慾的近代」中的異性戀秩序。反過來看，如果這個概念機制仍然可以用來解讀現狀，那就表示我們仍然處於「性慾的近代」階段。至少，在這三種概念無法解釋的例外逐漸出現以前，或者是出現了比這三種概念具有更強說服力的概念以前，這三種概念仍然十分適於用來解讀「性慾的近代」中的異性戀秩序。

我在書寫這篇文章時，碰巧讀到一篇曾經上過《AERA》雜誌封面的韓星李炳憲的採訪，而我認為他的訪談內容很適合在這裡拿出來討論。

「我沒有辦法接受在喝酒和說話上都比我強的女人，因為我想要扮演保護女人的角色。」

「男人遇到這種女人時好像會很慘，所以我很怕遇到這種女人（笑）」。這段話等於是坦承他不喜歡強勢的女人，並且想要擁有一個比他弱勢的女人，也就是一個可以接受他支配的女人；其間的差別只在於他用了一種比較隱晦的說法：「我想要保護自己的女人。」

隨後，他又補充：「如果我和摯友喜歡上同一個人，結果就很難說了。」這句話則是貼切地表現了吉哈爾的「三角慾望」。我認為，他的意思應該不只是碰巧和摯友喜歡上同一名女性，而是因為自己仰慕、尊敬和認同的摯友喜歡這名女性，所以自己也會喜歡上她。這時，他便得選擇是否要為了這名女性和摯友競爭，或是顧慮友情而放棄追求這名女性。也只有在這種情況下，他才會認為「結果很難說」。事實上，男人很容易喜歡上「朋友的情人」、「老師的妻子」和「領主的夫人」等。中世紀騎士之戀的對象就是已婚的貴婦，這種戀愛更是成了浪漫愛情的原型。這時的女人之所以具有價值，原因就在於她是長官的妻子。中世紀歷史專家喬治．杜比[216]更明白指出，透過對同一

216 喬治．杜比（Georges Duby，一九一九—一九九六），法國歷史學家。

位女性的仰慕，騎士之戀成了維持騎士團這種同性社交連結的重要機制。

李炳憲的談話也可以用來解讀，目前仍存在徵兵制的韓國社會是一個有著大男人主義的社會。但進行這則採訪的《週刊朝日》的年輕女編輯，卻對李炳憲的談話表現出相當的認同與讚賞。從這點可以看出，即使已經進入二十一世紀，這個時代所具有的同性社交和厭女症的心態，依舊如同賽菊寇眼中的十九世紀的英國。

如同賽菊寇利用這三種概念來分析近代的英國文學，我在本書也嘗試透過厭女症來分析日本的同性社交社會，以及厭女症是否影響日本男人和日本女人的慾望和自我認同。當我們發覺這個概念仍然可以貼切地解讀今日的日本社會時，或許會因此感到氣餒。但反過來說，一旦我們找到這個理論的破綻，或許也就找到了改變的可能。

克服厭女症

在本書談論了這麼多有關厭女症的現象後，把最後一章設定為「厭女症能否克服」似乎是一種太過淺顯的手法。但如果厭女症這麼容易克服，那我或許也不需要寫出這麼一本書。即使我們已經曉得厭女症和性別都是歷史的產物，也不會因此獲得自由。而且，如同我在這本書裡的論述，厭女症已經內化成人們慾望的一種本質，因此打算消除人們的厭女症，似乎也就等同否定人們的慾望。如同馬克斯口中的「推翻了階級的世界」，對於一個克服了厭女症的世界，我們的心裡或許也會浮現這樣的念頭：「從小，我便成長在一個充滿厭女症的世界，所以我很難想像一個不再有厭女症的世界。」

克服厭女症有兩種方法，一種是女人克服的方法，一種是男人克服的方法。

關於前者，我想先釐清一個許多人常有的認知，那就是「女權主義者就是具有厭女症的人」。關於這點，我必須坦承「確實如此」，因為事實上我也沒有什麼反對的道理。首先，在厭女症的社會下成長的女性，原本就會受到厭女症的影響。再者，所謂的女權主義者，就是指涉察覺自身的厭女症後，挺身對抗的一群女性。如果有名女性已經從厭女症中得到徹底的解放（如果存在這樣的人），那麼她在失去了對抗的目標下，自然也就不會成為一名女權主義者。假使這名女性已經從厭女症得到徹底解放，卻為了周遭的人們而投入與厭女症的對抗，這時的女權主義代表的就不再是「自我解放的思想」，而是「社會改革」的工具。這種「伸張正義」的過程幾乎可以形容成一種異文化的接觸，即使在兩者之間建立起對話的管道，最終還是很可能在多數人的壓迫和排擠下消聲匿跡。厭女症原本就是只有曉得它的由來的人，才會了解厭女症代表的是什麼意思。大多數的女人正是因為知道了厭女症是什麼，才會對厭女症感到憤怒與痛苦。

男人的自我厭惡

對男人而言，厭女症又代表了什麼？我在前面說過，男人的厭女症就是女性蔑視，女人的厭女症就是自我厭惡。森岡正博[217]在他最近的著作中指出，「對於大多數女權主義者而言，她們最容易忽視的問題或許就是男人的自我厭惡。」這是個相當高明的見解。

森岡自認為，「我在女權主義的時代成長，因此可以算是在女權主義啟發下覺醒的世代。」並主張「『男人』『也有』男人的痛苦和煩惱」。

「我在身為一個男人的情況下，即使在戀愛和性愛上飽受挫折，還是只能若無其事地說服自己是個加害者。經過很長一段時間以後，我才發覺自己一直在勉強適應這樣的社會體系。」

森岡認為，男性的自我厭惡存在「自我否定」和「身體蔑視」。我曾經以一幅女性「面向身體的疏離」和男性「背離身體的疏離」的對比圖，來對應這種「身體蔑視」的問題。如果藉用提倡「身體史」的荻野美穗的說法，女人有著比男人高的「身體度」。換句話說就是，女人依存於身體，男人支配著身體。女人在成為身體的奴隸下，一輩子詛咒自己的身體，男人則是一輩子都得承受把自

217 森岡正博（一九五八—），日本哲學家。

己的身體他者化的後果。因此，男人的身體厭惡也可以說是男人的宿疾。

存在這種身體厭惡背後的是近代的主體形上學、廣為人知的主體與客體的二元論、精神與身體的二元對立。男人願意鍛鍊自己的身體、損害自己的身體，或許便是源於男人把自己的身體徹底他者化後，不得不藉此展現自己依舊是身體的主人。相較於精神的慾望，身體的慾望是一種較劣等的慾望。然而，男人雖然把性慾視為「下流的慾望」，卻還是得依靠比自己劣等的女人來滿足這種慾望時，自然更加深男人對自己身體的詛咒。

男人對於自己身體的厭惡，有時會以去身體化的方式呈現，也就是想要脫離自己的身體，或是想要變成女性的身體。或許，男扮女裝便是男人想要藉此實現讓自己的身體理想化，以及超越性別界線的願望。對於M君肢解幼女的身體，大塚英志毫無根據地解釋M君有著「想要變成少女的願望」，或許這便是依據他內心的一些奇妙感受。

男人不但也有著自我厭惡，而且男人的自我厭惡還可以分成兩種類型；一種是討厭自己是個男人，另一種是討厭自己不夠男人。森岡的論述並沒有很清楚地區分這兩種自我厭惡，但這兩種自我厭惡雖然看似類似，卻有著完全相反的厭惡方向。

男性學指出男人在性別的束縛下也會感到痛苦，而這裡的痛苦指的應該是「不夠男人」的痛苦；包括性的弱者、情場剩男、職場「魯蛇」、宅男等「男性問題」，呈現的都是男人對脫離男性集團標準的恐懼和痛苦。這麼一想，自然可以體會這些脫離標準的男人為何會感覺自己「沒有容身之處」，以及他們為何會走向孤立的處境，因為這些遭到男性集團排除的「不夠男人的男人」，彼此之間也沒有形成連結的可能。

女人同樣也有脫離「標準」的恐懼和痛苦，包括肥胖、不孕、敗犬等。但她們設法克服恐懼、達成「標準」時，總會發現自己已經陷入厭女症的框架而萌生出「自我厭惡」。那些脫離「標準」的女人在與自我厭惡對抗時，隨之而來的就是女權主義，因為她們也是最了解自我厭惡普遍性的一群人。

但森岡指出的「男性自我厭惡」確實觸及了男性性的核心。他指出男性性與暴力之間有著連結，暴力也意味著對卸除恐懼防衛機制的他者身體發展出過度的關係。然而，男性在與他者身體發展出關係以前，想必和自己的身體也是處於暴力的關係。這種暴力關係使得男性對於身體安全表現出輕率與勇氣的同時，卻也有酒精中毒和吸毒成癮等慢性自殺的行為。另外，男人對身體的過度擔心則會被視為不像個「男人」，並且招來「膽小」、「娘娘腔」和「軟弱」等的嘲諷。無論傾向何者，男人都會因此產生「自我厭惡」。由此可知，男人不管像不像個男人，應該都得經歷不少痛苦。

男人的自我厭惡是身體在他者化後的反撲。這時的男人要克服厭女症的方法只有一個，那就是停止繼續把身體他者化。換句話說，男人得停止自以為是身體與身體性的支配者，以及停止把與身體性有關的性、懷孕、生產和養育視為是「女人的領域」。男人若想要完全接受自己，就得和包括身體在內的自己達成和解，也就是面對身體的慾望和這種慾望的歸屬、接受身體的變化和不輕蔑透過身體的親密行為。對任何人來說，身體都是人生最初的他者。男人若要接受這個他者的他者性，就不能把這個身體的他者視為支配與統治的對象，以及威脅和恐懼的來源，而是應該完全接受自己的身體。女人存在這個「他者」的中心，因此只要男人可以接受這個他者，自然就會停止為了變成主體而排擠及他者化「女人（以及像女人的男人）」的行動。

對男人來說，他們生來就得克服變成「不像個男人」的恐懼。我不確定男人是否有可能克服這種恐懼，也不曉得男人克服這種恐懼的結果是什麼。森岡表示：「男人會希望自己與生俱來的一切都能獲得別人的肯定。」因此，男人才會一直「拒絕女權主義中隱含的男性存在否定」。

但女權主義否定的是「男性性」，而不是個別的「男性存在」。如果被分類為「男人」的人也像女人一樣想要「認同完全的自己」，那麼男人就會像女人對抗厭女症一樣的對抗自己的厭女症，而這對所有人都會是一種最好的結果。

另外，男同性戀者在「不像個男人」以及「像個女人的男人」的認定下，持續被貼上女性化的標籤。這些男同性戀者是否已經克服厭女症？「不像個男人」並不等同於變成同性戀者，男同性戀者也不等同是克服厭女症的男人。賽菊寇指出，女權主義者對於男同性戀運動有著以下的誤解。

「有一種觀點認為男同性戀者與所有女性一樣都在對抗這個時代……兩者在本質上有著一致的利害關係。另一種觀點則是認為男同性戀基本上就是女性厭惡的具體化和人格化。」接著，她表示「我認為這兩種觀點都是錯誤的認知」。或許，這兩種極端的觀點都各自有著錯誤與正確的地方。

對於「男同性戀者與女權主義者是否有可能站在同一陣線」的問題，我曾經提出以下的答案：有可能，但對象只能是沒有厭女症的男同性戀者。我在這裡再補充一點，不論是什麼樣的性慾形態，只要是沒有厭女症的男人就可以和女權主義者站在同一陣線。在對厭女症感到同樣的束縛下，女權主義者更應慎重地對待那些「對抗著厭女症的男人」。

杉田俊介在與森岡的對談中指出：

> 如今，我們已經進入可以稱之為「後男性運動」的狀態。有關男性性的相關議題在反挫下再度成為人們的焦點，其中包括剩男、草食男、動物化、宅男、輕度宅男、戀童、疑似戀童、臨床加害者、性犯罪者矯正和規範等。而且，我們甚至可以發現一些不以男性運動為名，或者是不自覺是男性運動的男性運動。
>
> 但這些個別的潮流目前還沒有出現合流的跡象，或許我們需要的是一個可以統一這些論點的男性性理論。

事實確是如此。本書借用賽菊寇的理論來分析「男人」的目的，便是希望有助於建立一個統一的男性性理論。

女權主義是女人用來與自己和解的手段，男人自然也會有與自己和解的方法。如同女人一般，男人與自己和解的方法應該也是對抗「自我厭惡」，只是如何找出這種方法，就不是女人的工作了。

【文庫版增補】

各位勿令晚節不保
——性騷擾是有什麼問題？

實名指控的衝擊

自二〇一七年起到一八年[218]，#MeToo運動在好萊塢與坎城都方興未艾，有人就在感嘆：為什麼日本就沒有發生？日本確實有#MeToo運動，而且社會輿論宛如不可逆的地殼變動般，往「不容許性騷擾」的方向變化。說到掀起這一連串波瀾的契機，無疑是伊藤詩織小姐藉由《黑箱：性暴力受害者的真實告白》（二〇一七）露臉並實名指控自己遭到性侵[219]。由於受害者是沉默的，隱藏自

218 本書於二〇一八年出版。
219 伊藤詩織是日本自由記者及攝錄作家。二〇一五年四月與前TBS電視臺華盛頓分社社長山口敬之為商談工作共同用餐。隨後遭山口在酒席間下藥迷昏性侵，伊藤現身指控，為日本史上女性首次公開具名指控職場權勢性侵，因時間與歐美的#MeToo運動十分接近，被認為是日本#MeToo運動的代表人物。

己身分，或即使匿名提告，卻因犯罪的「受害者不明」，加害者得以免責。性暴力會汙名化受害者，一旦訴諸實名，受害者會遭受所有的攻擊。正因有人可以忍受成為眾矢之的遭到攻擊，其後響應 #MeToo 的人才陸續現身。

就回顧的觀點來看，可以說，#MeToo 的先驅是「慰安婦」。事實也正是如此，自一九九一年金學順女士實名挺身而出後，與「慰安婦」相關的政治情況為之不變。在金女士之前，「慰安婦」的存在與受害之事廣為人知，也有人寄與同情。但在金女士公布自己的真名，藉以發出「我在這裡」、「我就是當事人」的聲音後，要求道歉與賠償的、指控的「主體」就出現了。正因如此，#MeToo 後繼者才陸續現身表示其實她們也受到了傷害。

實名指控遭到的攻擊再怎麼強調也不為過。大家還記得吧？山尾志櫻里議員在國會中提出〈保育園落榜了日本去死啦！！！〉的部落格文章[220]時，被問到的安倍首相竟然拒絕回應：「因為是匿名的部落格所以真偽難辨。」馬上就有好幾位爸爸媽媽舉著「我家就是保育園落榜」的牌子站在國會前面。

在當事人缺席的狀況下，很難由其他人代陳其利害關係。尤其性暴力過去還是「告訴乃論罪」，

220 二〇一六年二月日本有人在匿名討論區發表一篇〈保育園落榜了日本去死啦！！！〉的文章，抱怨小孩沒有抽到托兒所名額必須辭職在家帶小孩。突顯日本社會幼教資源不足以及育兒環境的不友善。

無法由其他任何人代為提出告訴。

所以，要求受害者曝光自己的身分，無疑是相當不恰當的。因為，曝光身分必須付出的代價實在太過巨大。已經有許多受害者從過去令人痛心的例子學習到這點。受害者可能會遭到批評如：容易讓人有機可乘、是受害者主動引誘、事情發生是你情我願、受害者原本就不檢點等等，甚至過去的性經驗跟隱私都會被掀出來，絕少女性能捱過這樣的攻擊。

二度傷害，三度傷害

此時，福田淳一財務次官（當時）[221]性騷擾事件[222]的發生，為 #MeToo 運動推波助瀾，他完全不理會有錄音等證據，一直否認：「聽不清楚是不是我的聲音。」「不知道對方是誰。」「是跟店

221 財務省相當於財政部。位居大臣、副大臣、大臣政務官等特別職之下，為各府省一般職公務員（官僚）的最高職位，是事務方面的首長。

222 二〇一八年四月十二日由《週刊新潮》刊出而曝光，一名年約卅歲的女性記者採訪當時日本財務省事務次官福田淳一，福田與她約在自家附近店面，該名女記者卻在採訪當場遭到福田性騷擾。四月十八日傍晚福田主動宣布請辭並否認性騷擾，十九日凌晨朝日電視臺召開緊急記者會。

裡的女性在開玩笑。」表示根本不算性騷擾。根據網路上可以聽到的他的發言諸如：「可以摸妳胸部嗎？」「可以綁妳的手嗎？可以把妳的手綁起來嗎？」連引用都覺得尷尬了，更遑論這種話在採訪等公共場合說出來。

而女性記者所屬的媒體，以及另一邊的財務省高層，接連在風險管理上出錯，進一步讓事態雪上加霜。

首先，是朝日電視臺主管聽到女性記者的控訴後，竟把事件按下不表。所謂「這樣對妳沒有好處」可說是最惡劣的組織防衛，亦是最糟糕的風險管理。記者申訴無門，只好向八卦雜誌[223]爆料。電視臺騎虎難下，緊急召開記者會向財務省正式提出抗議。記者會中，電視臺表示：該記者身為媒體人，向其他媒體爆料的行為並不恰當。可是如果上司沒有把事情壓下去，記者也不會向其他公司爆料，加上朝日電視臺如果能夠發揮身為媒體原本該有的功能，這件事情自家媒體就可以處理。有指出說，記者未得到採訪對象的同意就錄音，違反了採訪原則。然而錄音內容已經超出採訪，事涉性騷擾，錄音是很常推薦給受害者用來保護自己的手段。違反採訪原則與侵犯人權，哪一個比較嚴重呢？產經新聞等保守媒體馬上湊過來，說是記者的疏失。差點就把該事件從侵犯人權的性騷擾，扭曲成記者不當取材，

223《週刊新潮》以報導日本政客、藝人八卦聞名。

沒有遵守須將資訊來源保密的職業倫理，但沒有成功。我腦中馬上就想起發生在一九七〇年代，關係到沖繩密約問題的《每日新聞》與西山太吉記者事件[224]。美軍基地土地恢復原狀補償費相關重要密約的是非對錯，被替換成「透過男女關係」獲取情報的醜聞，西山記者最後被判有罪。

性騷擾事件曝光後，財務省接連造成二度、三度傷害。首先是加害者福田矢口否認。許多性騷擾事件中，加害者否認被指控的事實，這個行為本身就會形成二度傷害。接下來是財務大臣麻生[225]不啟動該有的調查，反而採取支持加害者的組織防衛機制，表示：「難道福田就沒有人權了嗎？」還無緣無故叫受害者現身站出來，這種種行徑，盡顯他們對性騷擾的無知。處理性騷擾事件時，種種細節都要很小心講究，如維持原告匿名，或即使公開審理也要隱身在屏風後面作證等等，但這些也都是為了要保護受害者。這跟呼籲交通事故受害者要站出來，邏輯是完全不一樣的。這樣的呼籲會給受害者帶來「踏繪效應」[226]，引發二度傷害。若是對性騷擾稍有了解，就會明白絕對不應該這

224 原注：一九七二年日本社會黨眾議員橫路孝弘將沖繩返還協定相關的外務省機密電報公開，牽扯出每日新聞社政治部記者西山太吉接近已婚外務省女官員蓮見喜久子以取得機密資訊。

225 麻生太郎。生於一九四〇年，日本自由民主黨籍政治人物與實業家，二〇一二至二一年擔任財務大臣（財政部長），現任自由民主黨副總裁。

226 原注：踏み絵，日本德川幕府禁絕基督宗教時期發明，令人踐踏基督宗教聖像如耶穌像、聖母像或十字架，意為叛教，來測試其是否為基督徒，拒絕者會遭逮捕處罰。亦用於測試來到日本的歐洲人是否為傳教士。意即現身就會遭到處罰，不現身就會叛教。

樣做。一直以來處理性騷擾案件的女律師或支持團體等，也勸誡不要這樣做。麻生大臣呼籲對方站出來，所利用的窗口是律師事務所。真虧得財務省自己不出來，而是委託外部團體，這應該是絞盡腦汁想出的辦法吧，但該說他們依然想得太簡單了嗎？該律師事務所竟是財務省的顧問律師。顧問律師所作所為都是為了維護客戶的利益，根本談不上中立。

在這之後他們在風險管理上還在繼續犯錯。福田次官一直否認性騷擾嫌疑，財務省竟就這樣批准他自願退休。如果是「依照個人意願退休」，就不會受到任何懲罰，退休金也可以依照章程領好領滿，履歷上也不會有汙點。在輿論反彈下，財務省延後支付他的退休金，並追加「懲罰」：扣掉退休給付兩成、為期六個月[227]。根據大臣的說法是：「為職場製造麻煩，有損人品（之類的原因）等，故加以處分。」理由根本不清不楚。之後。省內部終於成立遲來的調查委員會，在加害者依舊否認的情況下，認定該事件為「性騷擾」。這麼做很明顯地是急著讓事件儘早落幕，畢竟如果要正式設立一個調查委員會，必須交由中立的第三者機關，而非在財務省內部成立，這應該是常識吧。

過程當中，麻生財務大臣依舊失言不斷：「負責採訪次官的記者都換成男性不就好了。」這等於是把女性排除在職場之外，如果反過來說「次官都由女性來擔任不就好了」又該當如何？男性記

227 當時福田獲領的退休金扣除懲罰後約當臺幣一千四百萬。

者平常在進行的一對一採訪，女性記者完全沒有理由不能做。又，麻生還說：「（福田）是遭到設局陷害才被告的。」英語裡的黑話「Honey Trap」，亦即「美人計」，也是因為這件事才廣為流傳開來。回顧過去的性騷擾指控，指控者必須付出各種各樣的犧牲，考慮到這點，「設局陷害」伴隨而來的代價也過於高昂。記者就算陷害福田，也得不到什麼。

接下來，麻生的發言完全表現出他對性騷擾有多麼無知，他說：「性騷擾不是罪，跟殺人罪又不一樣。」日本沒有總括性的性暴力防制法，除「強制猥褻罪」外沒有「性騷擾罪」，是靠過去的判例累積，才明確地將性騷擾確立為「不法行為」。又，過去性騷擾屬於告訴乃論，二〇一七年刑法修正，性犯罪已不再是告訴乃論了。麻生的身邊是沒有聰明人提醒他嗎？一而再再而三失態也太難看了吧。

女性記者成為當事者

這段過程當中，#WithYou、#WeToo 等關鍵字運動在女性群體當中應運而生。四月廿一日，新聞勞連[228]召開全國女性集會，四月廿三日＃讓它終結，「絕不容許攻擊性騷擾受害者4・23緊急院內集會」；四月廿八日「＃我不會保持沉默０４２８」在新宿ALTA前集會；五月七日財務省前抗議行動等，抗議集會接連舉行。五月一日「媒體業女性工作者網絡」展開活動。在四月廿三日的集會中，某位女性記者表示：「為了做出客觀報導，我們一直避免成為當事者。」但就「媒體業女性工作者網絡」的林美子小姐看來，這些女性本身就是當事者。在四月廿一日的新聞勞連全國女性集會當中，「性騷擾是家常便飯我都麻痺了」、「身為記者很有壓力，因為必須讓他人認可我們的職業身分。過去甚至認為性騷擾也是工作的一部分」這類的發言紛紛出現。中央執行委員長小林基秀[229]也到場參加並表示：「現場親耳聽到女性的怒吼，讓我再次受到震撼。大眾媒體以男性為中心的組織文化，也到了該變革的時候了。」

伊藤小姐也是出於自己擔任記者的職業道德，才選擇以實名指控的。以傳達真相為職的人自己身上發生的事情，除了自己還有誰能傳達出去？——這樣的想法讓她下定決心。在記者工作現場的性騷擾之所以如今會成為問題，是由於在媒體業工作的女性勞動者增加。女性從過去在職場就忍受

228 原注：日本新聞勞動組合連合，集結日本全國一萬八千多新聞相關工作者的工會組織。

229 日本新聞勞動組合連合建立特別中央執行委員制度的契機就是福田案，小林是新聞勞連當時的中央執行委員長。

著男性優位的組織文化，時至今日她們已不想再忍。在新聞勞連的集會中，可以聽見女性發出反省的聲音：「一路忍耐默認到現在造成了最壞的結果。」

讓我們感受到變化的並非只有 #MeToo 的聲音。年長女性們的反應也不一樣了。過去，只要聽到有人發出控訴，老一輩女性就會勸說：「這點小事，避不開就表示還不夠成熟。」「一點點事情就大驚小怪，太不像話了。」雖然到今天這樣的聲音依然存在，卻不再出現在報紙投書版面等公共空間了。作家中島京子[230]女士在她與伊藤詩織小姐的對談（中島．伊藤，二〇一八）當中表示：「如果我們那個世代有好好地發聲，或許就能給社會帶來些許改變。如今的社會現況迫使伊藤小姐不得不一個人孤獨地奮鬥，我感到很過意不去。」

別讓受害者陷入孤立

承接 #MeToo 的是 #WithYou，這當中是有原因的。因為不讓性騷擾受害者陷入孤立非常重要。

230 日本作家，一九六四年生於東京，二〇〇三年以《FUTON》踏入文壇並入圍第廿五屆野間文藝新人賞；二〇〇六至〇八連續三年入圍吉川英治文學新人獎；二〇一〇年以《東京小屋的回憶》獲第一四三屆直木賞。

#WithYou的存在，是為了向受害者傳達一個訊息：「你不是孤單一個人，我們和你在一起。」

一旦性騷擾控訴出現，加害者首先會把受害者跟他周圍的人隔開，孤立他。加害者會中傷詆毀受害者，或曝光受害者的隱私，甚至給受害者的家人或親戚施加壓力。許多受害者打消提出控訴的念頭或撤回告訴，都是因為這點。在性騷擾還是告訴乃論的時候，如何讓原告在漫長又痛苦的審理期間維持原本的立場，就是一大課題。曾任大阪府知事的橫山諾克[231]爆發性騷擾事件當時，最耗費支持者精神的是讓受害者不撤告，繼續把官司打下去。在那期間，受害者應該也是持續承受著撤回告訴或和解的壓力吧。每當聽到撤告或和解的消息時我都會想，這些案件背後的壓力或壓迫該有多大啊。

最近我聽說TOKIO的山口達也性騷擾女高中生案[232]撤告了，女高中生由於半夜（被叫）去男人家裡而慘遭批評。他們一方是四十六歲的成年男性，另一方不過是未成年的女高中生。半夜叫女生出來的男人，跟答應對方出來的女生，這兩者中，有問題的一定是半夜叫女生出來的男人啊。駐

231 一九九九年時任大阪府知事的橫山諾克因在車中性騷擾打工的女大學生被起訴。最後橫山被判有罪並須支付賠償。

232 二〇一八年四月廿五日，山口達也涉嫌酒後在自家猥褻高中女生，被日本警方提送檢方偵辦。

沖繩美軍性侵案[233]也時不時傳出撤告的消息。在那些當兒，受害者陷入孤立與無力，不得不歸因於檯面下的壓力與脅迫。性暴力的相關訴訟，要堅持提告就困難重重了，就算官司打贏了，所得也很少，相形之下付出的代價實在太大。

控告性騷擾的漣漪

性騷擾零容忍的運動，在各地都方興未艾。就在這段時間，地方政府高層接連傳出因性醜聞而辭職的消息，如：岩手縣岩泉町長因性騷擾辭職[234]，新潟縣知事因買春辭職[235]，東京都狛江市長因性騷擾辭職[236]等等。狛江市長雖否認性騷擾卻被逼辭職，群馬縣水上町長雖因性騷擾案在町議會遭

233 一九九五年九月四日三名非裔美國軍人在沖繩縣綁架一名十二歲日本小學女生，並加以強姦及虐打。引發沖繩人強烈的反美情緒。

234 二〇一七年十月岩手縣岩泉町町長伊達勝身對《岩手日報》女記者性騷擾，岩手日報嚴重抗議，十二月八日向町議會請辭並獲議會一致通過。

235 二〇一八年新潟縣知事米山隆一因遭《週刊文春》踢爆透過交友網站對多名女性進行援助交際的醜聞，四月十八日宣布引咎辭職。跟福田同一天。

236 二〇一八年三月狛江市長高橋都彥性騷擾女性職員，六月辭職。

勸退下臺，卻依然安居其位[237]。性騷擾如今已是重大犯罪，足以斷送政治家的政治生命。

性騷擾指控也延燒到其他領域。#MeToo 運動最初就是從女演員們指控好萊塢大牌製作人溫斯坦[238]開始，後來不只擴散到學校或職場，甚至延燒到了演藝圈與藝術界。藝術界則有擔任荒木經惟攝影模特兒的 KaoRi 小姐出面指控[239]。藝術家與模特兒之間的關係從以前就有問題，但在此之前都是被隱藏起來的。#NotSurprized（我們不意外）關鍵字就是在講這個狀況，也就是：「遇上這種狀況並不奇怪，只是我沒有對任何人說過。」運動界也是，教練或球隊總教練與選手之間的關係也很有問題。我們也透過女性軍官的檢舉，了解到軍隊這個神聖的領域也有性騷擾事件。就連宗教團體，也會因為具備治外法權的性質，裡面發生什麼事根本不得而知。

只要性別一天不平等，所有領域就都會發生性騷擾事件，這些事情如果不公之於眾，受害者就只能一直沉默下去別無他法。

237 二〇一八年三月水上町長前田善成騷擾團體職員中的女性，六月因議會通過第二次不信任案自動解職。

238 二〇一七年十月《紐約時報》和《紐約客》報導，數十名女性聲稱遭到米拉麥克斯影業和溫斯坦電影公司聯合創辦人、電影製作人哈維・溫斯坦性騷擾或性侵。

239 二〇一八年四月一日，與荒木經惟合作長達十五年的模特兒兼舞者 KaoRi，在社群媒體上發表文章描述與荒木合作時權力極度不對等。

重新定義經驗

活動一個接一個地舉辦，不讓前財務省事務次官福田的性騷擾疑雲就此落幕，大家在這些活動當中陳述的許多話語都令我瞠目結舌：「父權制度的壓抑」、「重新生產性別」、「自己定義自己」……這些概念過去是女性研究、性別研究領域的學術用語，大家竟然拿來在日常言談中使用……過去日語裡原本是沒有「性騷擾」這個詞的。gender、sexsuality、Sekuhara（sexual harassment）、DV（domestic violence：家暴）等等在日語中都是用片假名[240]直譯過來的詞彙，原本在日語當中並沒有相對應的概念。

將「揶揄」或「捉弄」命名為性騷擾，將「情侶吵架」命名為DV，重新定義女性經驗，就是女性主義。反過來說，藉著把性騷擾稱作「捉弄」好輕描淡寫，警察用「清官難斷家務事」就把帶著瘀青逃到派出所的妻子趕回家，這樣的行為就是在行使對男性有利的「狀況定義」權。就這點來說，福田前次官把自己的「性騷擾」輕描淡寫說成是「開玩笑」，也是在做一樣的事。福田把等同於侵害性層面人權的發言，稱為「跟店裡的女性開玩笑」，但這些話是不可以對女性記者說的，

240 發音。

應該也不可以對其他任何人說吧。如果在福田用「店」來稱呼的那些酒店或情色業的店家裡，就可以說這種話，這些環境當中女性人權受侵害的狀況就相當普遍了。或許你會說，客人對於人權侵害是有付出對價金錢的。但不論有沒有付出對價金錢，人權侵害就是人權侵害。

福田的發言究竟是「開玩笑」呢，還是名為「性騷擾」的人權侵害呢，是根據「狀況的定義」而定的。而這個「狀況定義」權，就叫做「權力」。許多性騷擾加害者之所以會說「這是兩相情願的」就是因為這個。

若是缺乏概念就無法表達自己的經驗，正因為擁有概念，女性才能追溯既往，重新定義自己的經驗：「那時的不舒服就是被性騷擾了。」而「性騷擾」這個概念，絕對不像「捉弄」或「揶揄」那樣輕巧。受害者深深受到傷害，身心失調，自我評價低落，喪失自信與熱情，憂鬱失眠，某些狀況下會有自殺的念頭。PTSD[241]的概念推廣開來也是拜此所賜。若靠近性騷擾發生的地點，可能引發經驗再現[242]或恐慌發作。有個著名案例是發生在一九九二年的橫濱性騷擾案審判。有位女性上午時被上司性騷擾，午餐時竟（似乎）無緣無故就跟人爭論自己是否吃過午餐，女性主義者諮商師

---

241 Post-traumatic Stress Disorder，創傷後壓力症候群。遭逢重大創傷事件後出現的嚴重壓力疾患。

242 Flashback；又名「閃回」，創傷事件的記憶突然在腦海中出現，或突然回到創傷發生時，身歷其境。

河野貴代美為法庭寫下意見書，其中提到：在受到巨大的創傷後，會出現解離現象，其中一種就是試圖維持日常生活例行事務。解離也是ＰＴＳＤ的一種。這些警員、檢察官、法官等不過是「一般男性」，女性主義法律專家（法學家）、社會運動者、專家、研究者們卻像這樣，透過一次又一次開庭的過程，為這些男性啟蒙，告訴他們性騷擾受害者的ＰＴＳＤ與二度被害的相關知識。

女性主義的成就

性暴力的加害者，將受害者的不抵抗化約成你情我願，把性暴力的傷害程度與影響講得很輕微。但恰恰相反，實際上，性暴力對受害者帶來的傷害極為巨大，把這點釐清也是女性主義要做的事。比如說，透過把「糾纏」重新定義為「跟蹤狂」，跟蹤行為的惡劣與恐怖總算可以為人所知。跟蹤行為推到極致是殺人。死者為女性的殺人事件當中，最多的就是「復合殺人」[243]，但若能將這個改稱作「跟蹤殺人」的話，「狀況的定義」就隨之改變了。前者看起來像是女性拒絕男性復合的要求，男性是受害者；然而後者則是女性單方面遭到不當的跟蹤，女性是受害者。

243　一方要求破鏡重圓另一方不肯，前者就憤而殺死對方。

順帶一提，我在東京都地下鐵看到「色狼就是犯罪」的海報時，心中的那份感動難以忘懷。在過去，對於尖峰時間搭電車上班上課的女性來說，色狼是日常生活都會遇上的「家常便飯」，如今已成為「不可以做的」犯罪行為。

性騷擾入罪也好，家暴防制法也好，都是日本的女性運動贏來的成果。變化不會自然而然發生，是奮鬥而來的。雖然有人說：學問沒有什麼用處，理論是紙上談兵的空話，但致力於將女性的經驗化為語言、化為理論的，便是女性研究、性別研究。

性騷擾概念的進化

性騷擾的概念是一九七〇到八〇年代，從美國傳進來的。在美國已經有連續多起性騷擾訴訟。尤其是美國住友商事、美國三菱汽車製造等日本企業，成為控告的目標對象，在這些訴訟中被判處鉅額的賠償金。進入美國的日本國際企業一直在學習「性騷擾代價很高」的教訓，但與此同時，這些不可以對美國女性做的事情，對日本女性做起來卻是家常便飯。當時在紐約的日商企業工作的日本女性就感覺到，男性同僚對待美國女性很小心，對待日本女性就顯得很放鬆，行為就很「自然」。所謂男性「自然」的行為，就是對待女性不禮貌，傲慢又粗暴。當地錄取的女性職員一直在忍受總公司派來的男性對她們的性騷擾，表示：「美國女性檢舉這些男性職員，我們便遭池魚之殃。」

「探討工作與性別歧視的三多摩之會」[244]在八〇年代進行「性騷擾萬人問卷」，揭露了真實情況。一九八九年日本首樁性騷擾訴訟「福岡性騷擾案」提告[245]，同年「性騷擾」獲得「日本流行語大賞」。當時男性八卦週刊常常出現「說女生漂亮也是性騷擾嗎?上班太緊繃了吧?」之類的標題。諷刺的是，「性騷擾」這個用語是透過男性媒體「揶揄的政治學」（江原，一九八五）[246]擴散開來的。

一九九七年在職場中與性騷擾相關的典範產生了轉移[247]。均等法[248]修正後，規定公司老闆必須負責預防與處理性騷擾。此後性騷擾研習的對象有了一百八十度的大轉變，從容易成為受害者的女性們，改成較可能成為加害者的中間管理職以上的男性們。在此之前，研習的內容是：可能成為受害者的女性們要怎樣避免性騷擾，如果遇上了要怎麼應對處理。但從那時起，研習內容變成了教育

244 一九八五年由三十位成員發起，以京都國分寺市的一間玄米定食店作為辦公室，支援了一九八六年西船橋車站跌落月臺死亡案當中的加害者女性，西船橋案常常被誤認為日本第一樁性騷擾訴訟。

245 即「福岡訴訟」，福岡一位女性編輯向任職出版社的男性上司提告。一九九二年原告勝訴。

246 江原久美子，一九五二年生於神奈川縣，日本社會學、女性主義代表學者。二〇〇五年起擔任社團法人神奈川人權中心理事長。專長是女性研究、性別理論、理論社會學。〈揶揄的政治學〉這篇論文收錄在江原的著作《增補　女性解放思想》中。

247 指「典範轉移」；Paradigm shift。

248 指「男女雇用機會均等法」，臺灣的「性別工作平等法」就是師法日本此法。

那些較有可能成為加害者的男性管理職或高層，什麼行為會構成性騷擾，要怎樣才能避免成為加害者。藉此，性騷擾研習擴大了可稱作「性騷擾產業」的市場，研習的文本與講師派遣也增多了。連我所任教的東京大學，也每年都會在教授會[249]舉辦一次性騷擾研習，全員必修。在上位者成為加害者的可能性原本就比較高，但最有可能的是企業高層如中小企業的老闆等。因為這些人周圍沒有人可以牽制他們。也不能漏掉地方政府的高層官員。他們身為高危險群，有必要接受性騷擾研習，但福田事件顯示了一件事：性騷擾研習並未及於中央部會。

一九九七年的法律修正，從根本改變了企業實施風險管理的作法。過去的組織防衛是保護加害者、切割受害者。如今的組織防衛則是盡可能以最快速度切割加害者。對財務省福田前次官所做的「處分」，就是照原則做。在事實尚未調查清楚前，就早早辭職了。

性騷擾是職業災害

性騷擾的處理是從勞動相關法令「均等法」產生出來，這並非出於偶然。因為性騷擾是一種勞

249 由教授組成的合議制組織，整合大學教職者的意見。

動災害。而且，性騷擾在過去甚至被稱為「職場潤滑劑」。新聞勞連的女性記者們，接受它把它當作「工作內容的一部分」。為了進行自己的工作，女性勞動者把它視作自己應該忍受的代價之一。一九七〇年代發生的山形交通性騷擾案，觀光巴士司機性侵女性車掌成為了「工作紅利」之一。

在性騷擾的定義當中有「敵意環境型性騷擾」與「交換條件型性騷擾」兩種。兩者都具備「根據職務上的地位進行權力濫用」的性質，由於「違反受害者意願的，具性意味的言語與行為」而「令受害者顯有困難繼續履行其職務」。職場的位階賦予上位者指揮命令權，但僅限於職務的履行上，要是越權將權力用在私領域，就是職務上「權力的濫用」。在工作上擁有權限的人比較容易趁機欺負職位較低、無法（難以）拒絕說不的人，在職場的話就是下屬、派遣勞工、臨時雇員、打工人之類。加害者絕對不是無法克制自己出於衝動的慾望，只是他們會看準容易有機可乘的對象，行使自己的權力。

性騷擾知事橫山諾克案件審理的時候，曾野綾子[250]女士曾在《每日新聞》的專欄（曾野，一九九九）為文批評受害者說：「事發當時明明沒有拒絕，之後又檢舉，太卑鄙了。」該發言對性騷擾無知的程度莫過於是。性騷擾的對象就是沒有說不、不能說不的人。兩個當事人一個是知事，

250 一九三一年生，日本作家，以《遠來之客》入圍芥川賞出道文壇，曾獲吉川英治文化賞、菊池寬賞。著作等身。

握有絕對的權力，一個是稚嫩的打工女孩，當女性被關在選舉車這種密閉空間裡，有辦法對對方說不嗎？

「違反意願的，具性意味的言語或行動」是性騷擾定義的要件，但終究是由受害者來決定當時的行動或言語是不是性騷擾。雖然性騷擾加害者會給自己找理由，說在某些情況下，對方遇到同樣的事情也會很樂意，但即使「具性意味的接近」表面上看起來都相同，其中當然也有分作「合意的」以及「不合意的」。決定該行為是「合意」或「不合意」的，都是受害者。這個法理是根據日本獨步世界的公害基本法而構思出來的。在漫長的公害訴訟過程中，固然受害者有義務提出與自己的受害有因果關係的證據，但基於過往判例的累積與運動的成果建立起來的公害基本法，有了一百八十度的轉變，從原本受害者有義務提出具因果關係的證據，變成加害企業有義務提出具因果關係的反證。若我們再次使用「狀況定義權」的概念來看，「定義性騷擾狀況的權力」是在弱者，也就是受害者的身上。

將另一個要素「令人顯有困難繼續履行其職務」囊括進性騷擾定義裡面，也是很重要的。這意味著女性投身職場，以及職場當中有女性勞動者是理所當然的，還有職業對女性來說不再單純只是「臨時性的」存在，不重要、一旦失去也不可惜。女性平均就業年資每年都在增加。若是職場已成為女性無法放棄的重要場所，其中「令人顯有困難繼續履行其職務的要因」就變得難以忍耐，職場環境自然而然就會收到改善的要求，好讓人能繼續工作下去。在性騷擾申訴案件數增加的背後，我看到的是職場對女性越來越重要。

均等法在一九九七年修正過後，二〇〇七年也再次修正，加害者、受害者都不再限於男性或女性。女性會成為性騷擾的加害者，男性也會成為性騷擾的受害者。又，不管性別為何，性少數也會成為受害者。過去均等法沒有足夠明確詳細的禁止規定與罰則規定，所以也被批評為沒有實際效用、「漏洞百出」的法律。透過二次修正，我們可以說，企業對於性騷擾的應對處理變得比從前敏感。許多企業都設置了性騷擾的諮詢窗口或相關負責人，但組織間的，以及與非正式員工之間的性騷擾時至今日依然很難處理。前者指跑業務的人被經常往來合作的企業騷擾，後者是指自由工作者遭到發案單位性騷擾，其中應該也要包含派遣勞工在要派單位[251]受到的性騷擾。派遣勞工向要派單位提告，或向派遣單位[252]提告，所面對的狀況也是不一樣的。向要派單位提告會面臨派遣中斷的風險，向派遣單位提告會被強迫要忍氣吞聲。伊藤詩織小姐的案子就是組織內的人與獨立記者之間的性侵。在組織保護範圍以外的勞工，他們的救援機制目前還沒有完善。

251 如企業或政府機關。
252 如人力公司。

大學的性騷擾對策

大學是我的工作職場。大學的性騷擾對策雖比民間企業稍微進步一點，可是大學當中做女性研究、性別研究的人急速增加，結果她們就要求大學要非常細膩地處理性騷擾事件。

大學性騷擾問題的發端是一九九三年京大矢野事件。在那之前發生過一件東北大學研究所性騷擾事件，卻沒有報導出加害者的名字。矢野暢[253]教授當時身居要職，是京都大學東南亞研究中心的所長，也是諾貝爾獎選拔相關機構瑞典皇家科學院會員，是個名人，所以媒體大肆報導。《朝日新聞》東京本社版有刊登矢野事件的報導，大阪版卻沒有刊登包含落合惠子[254]女士談話的連載文章。後來根據傳聞，是由於大阪本社判斷性騷擾的報導價值很低。也或者是他們「忖度」矢野在當地的影響力，所以沒有報導。

事件是從研究室祕書甲野乙子（她到最後都保持匿名）向京都市律師會申請人權救濟開始，學

253 一九三六—一九九九，日本著名政治學者，主攻東南亞地域研究，一九八六年以《冷戰與東南亞》獲吉野作造賞。一九九三年十二月廿日因連續性騷擾祕書案辭去京都大學教授一職。

254 一九四五年生，日本作家，前廣播員，在東京和大阪主持童書專業店「蠟筆屋」和女性書店「女士·蠟筆屋」。發行《月刊兒童論》、《月刊 kuyon》，中譯著作有《繪本屋的100個幸福處方》。

校並沒有能夠受理的窗口，尋思之下她才提出控訴的。

矢野研究室原本有好幾位女性祕書，但某段時間突然有幾個年輕女祕書接連辭職，矢野命令資深祕書（甲野乙子）去詢問了解狀況，發現多起性騷擾事件，而且竟然從這些女性被錄取時起就開始了。甲野得知年輕的祕書們竟然有過跟自己相同的遭遇，感到相當驚愕，為了防止跟她們一樣的犧牲者繼續增加，甲野小姐下定決心採取行動，申請人權救濟。

當時京都大學中設有女性教員懇談會，由小野和子女士擔任代表，她反省自己的組織並沒有發揮救援受害者的功能，為甲野小姐提供各方面的支援（小野，一九九八）。她為地方報紙撰寫報導，實名檢舉矢野，矢野竟然告她妨害名譽。在案件期間，矢野曾經提出自願退休，之後卻表示遭到不當勸退，而要求保全職位等等，大打泥巴戰。過程當中，京大的女性教員們發起了許多性騷擾零容忍的活動，但另一方面，部分男性教員卻以「不要為了性騷擾這點小事，就失去（像矢野這樣）有為的人才」為由，試圖阻止女性教員們檢舉。不管是多了不起的世界級研究者，或是多能幹的高層官僚，性騷擾就是性騷擾。女性們在男性教員的頑強抵抗之下，還是發出了「侵害人權的自私人物就是不可原諒」的怒吼。矢野提告小野的案件，在審理中經事實認定，結果敗訴。

我就是在一九九三年轉到東京大學任教的，曾想在東大發起活動聲援京大矢野事件，但最後還是暫打退堂鼓。我調查之後得知，東大並沒有相當於京都大學女性教員懇談會的校內組織，所以我立刻組成東京大學女性教員懇談會，之後因為了解到專業技術人員或研究生等不具備教育職位的人或其儲備人員，也會發生類似問題，所以又將「教員」改成「研究者」。首先進行實際狀況調查，及以問卷調查「東京大學女性教員經驗到的性別歧視」。出來的結果是理科比文科嚴重，且加害者在缺乏自覺與毫無防備的狀況下發生的性騷擾，驚人地多。當我得知理科的，且長時間待在實驗室做研究、做實驗的女性研究者，竟然是一邊忍受著這麼多這麼嚴重的性騷擾，一邊繼續研究工作，真感到痛心疾首。

一九九七年，全國校園性騷擾網絡成立，各大學也設立了諮詢窗口，東京大學雖沒有跟上這股潮流，全國校園性騷擾網絡所成立的「性騷擾諮詢窗口聯絡簿」卻發揮了作用。在已有窗口設立的地方，什麼樣的機制會有效果，什麼樣的機制會有問題，就慢慢浮現出來了。教育相關工作者對「聯絡簿」這個詞彙沒有抵抗力。在東京大學的性騷擾諮詢窗口與防治委員會設立時，便得以從過去的例子汲取經驗，提議建構最佳的機制。

當初，東大認為指派各科系的系主任擔任性騷擾諮詢窗口就足夠了，但女性教員強烈反對這個安排。原因正如我們之前所討論，大學這類團體的組織高層最有可能成為性騷擾加害者，而且若是帶著性騷擾問題向這樣的窗口求助，很有可能會引發組織防衛，遭到消音。到底有哪個性騷擾受害者會向這樣的單位求助啊？

由此推衍出一個原則：性騷擾案件一定要交給超越科系的機關來處理，所以處理性騷擾的全校委員會便應運而生，可以在處理事件的過程中，排除事發科系的相關人員，亦即把發生在某科系內的事件與該科系隔離開來。

接下來，科系當中的女性教員比較可能被指派去負責諮詢窗口。尤其是那些要求設置諮詢窗口的、身為女性主義者的女性教員，更可能被指派這個工作。甚至還有人稱之為「女性主義教員總動員體制」。若是被指派去負責「處理性騷擾」，負擔與責任都很重，加上平常的教學、研究工作，根本應付不了。而且這些教員雖說是女性主義者，但對於諮商等完全外行，就算立刻去參加研習也遠水救不了近火。在聽取事件的過程中也有對受害者造成二度傷害的風險。這些人並不十分清楚說什麼做什麼會導致二度傷害，光是說一句：「會不會是妳想太多？」就會給對方造成非常嚴重的影響。若期望女性主義教員成為校內處理性騷擾事件的防波堤，對她們就太嚴苛了。因此，必須由從事心理工作的專家來負責諮詢，為此，得要設置一個全新的職位才行，東大騷擾防治委員會就成功設置新職位並申請到預算。

最後，原本防治委員會依規定是由各系主任與指名委員構成，後來外部委員也可以加入。委員會以負責的副校長為首，主要成員是全學院的各系主任，這樣的成員結構，顯示了東京大學有多重視性騷擾處理。有外部成員加入，可以防止性騷擾案件被學校壓下來被消音，保證處理的公正性。

除了我身為指名委員之一，其他還有從事法律、心理工作的專家以外部委員身分加入。東大騷擾防治委員會剛成立時，有非常擅長打性騷擾官司的法律專家角田由紀子律師，以及長期處理性騷擾與家庭暴力、最厲害的女性主義心理諮商專家河野貴代美諮商師，有她們的加入，委員會一啟動便得以擺出最堅強的陣容。

東京大學的騷擾防治委員會三原則，就是從這類嘗試錯誤的過程當中產生的。這三個原則如下所列：

1 處理機關應設在事發科系之外

2 一定要交由專家來處理

3 委員不限於校內人士，外部委員也要納入

各位若得知處理性騷擾時態度需要慎重至此，便可以理解財務省的處理手段有多匆促多粗糙了。

在那之後各地大學皆設立諮商窗口，有諮商窗口已成為理所當然，但當部分大學邀請我去擔任性騷擾研習的講師時，也會遇上令人灰心的事。有負責人自信滿滿地表示：「我們單位設立以來，一個來諮商的人都沒有。」以此來證明該校沒有性騷擾事件。沒有一個地方不潛藏著性騷擾。如果一個來諮商的人都沒有，只說明大家一定都不大信賴這個窗口。相反的，若是來諮詢求助的人多，

並不表示這所大學性騷擾氾濫，而是可以理解為該諮詢窗口正在發揮作用。諮商件數是大家對於諮商窗口與其後續處理信賴程度的指標。

教育與性騷擾

大學發生性騷擾事件時，社會上一般人都會驚訝：「沒想到最高學府的聰明人也會……」但相反的，後來的諸多研究累積下來，得知大學的結構其實比民間企業還要容易發生性騷擾。創造出「學術霸凌」[255]這個詞的人是我（上野編，一九九七），但「學術霸凌」也包括在研究上不含性意味的霸凌騷擾，受害者沒有特定性別。然而在教學現場，學術霸凌事件更常伴隨著性騷擾的發生。大學的性騷擾包含以下兩點：一是女性身為勞動者所經驗到的，同於一般職場的騷擾；二是研究工作當中固有的騷擾。後者尤指研究室等封閉空間中的學徒式關係，以及一輩子都隸屬於一個專業分化得很細、圈子很小的領域，缺乏其他選項。若想換指導老師或主修非常困難，而且研究生如果在讀時

255 Academic Harassment，和製英語，指在大學等學術機關內的職權霸凌，如課堂上的粗暴言論、性別歧視，老師支使學生、要求性關係等。學術性騷擾（academic sexual harassment）更被清楚定義為「由於在性及性別認同上濫用權力，妨礙或傷害學生享有完整的教育福祉、教育環境機會的行為」。

發生問題，一輩子就都完了，所以這類狀況下的受害通常都很嚴重甚至是永久的。事實上，矢野曾經針對某位挑戰過他的年輕研究者，在當事人不在場時說過：「我要讓他的未來一敗塗地。」某個狹小專業領域當中的大佬級頂尖人物若要弄一個人，的確有可能毀掉對方的未來。

職場的性騷擾是「違反受害者意願、令受害者很難繼續履行其職務的，具性意味的言語與行為」，同樣的，教育機關的性騷擾是「違反受害者意願、令受害者很難繼續進行教育或研究工作的，具性意味的言語與行為」。比起前者，後者受害者所處的立場更加弱勢。

大學性騷擾問題得到重視後，高中、國中、國小的校園性騷擾也浮上檯面，一件件接連被揭露出來。過去被視為神聖殿堂的學校，以及被視為聖職者的老師都偶像破滅。甚至大眾開始明白，在學校裡，密室般的狀況對無法抵抗的兒童來說根本就是性騷擾的溫床。受害者年齡越小，打擊就越嚴重，甚至是永久性的。

透過這些經驗，在有關大學教員性騷擾的方面，我絕對不願意去揣測某個人可能會是加害者或受害者。身處在能夠輕易濫用權力的環境，克制自己不去濫用，比放縱自己去濫用要困難得多了。在學校裡，研討或課堂是教師專制統治的王國，跟上司或他人都看在眼裡的民間企業比起來，校園更是性騷擾的溫床。

加害者的共通之處

試著關注大學性騷擾事件的調查或調停，便能明白，性騷擾加害者都有些共通之處。

加害者幾乎都是慣犯，若他們判斷面前的狀況是能夠「濫用權力」的，就會冷靜地挑選無法拒絕的對象，來行使自己的權力。另一方面，性騷擾受害者會掉進一種迷思，就是：「只有我一個人遭遇這種事情。」可能感到孤立無援，保持沉默。從矢野事件我們可以明白，受害者是因為得知有其他的女性也跟自己遭遇一樣的事，才無法再忍下去的。而且加害者沒有傷害別人的自覺，在這點上他們跟受害者之間的認知有很大落差。加害者不會注意到，他認知中的「這點小事」對受害者來說是非常嚴重的打擊。

過去的加害者，很擅長把對方的笑容或曖昧的態度，全都往對自己有利的方向去解釋，如對方是在對自己示好等等。在過程中，加害者對於那些無法化作言語「NO」的信號，極度遲鈍。在那些關鍵時點，受害者就算無法說出「NO」這個字，應該也有用肢體表達出拒絕的意思。看到那些性騷擾加害者，我很想說：您是因為您的遲鈍而受到懲罰。而且如果點出這件事或指責他們，他們甚至會惱羞成怒。

然而，性騷擾加害者的困惑，也是可以理解的。身為慣犯會認為：「明明我做的事從過去到現在都一樣啊，為什麼……」過去行得通的行為，現在已經行不通了——縱然我沒有理由同情這些對此感到困惑的男性們，但這些人想的沒錯，「我一點都沒改變」。改變的是社會整體的觀念跟女性意識。過去的女性或許還能忍受的行為，年輕女性已經無法忍受了。這其中不止有因世代交替帶來的變化，跟越來越晚婚與就業率提高，以及女性無法輕易放棄職場工作，都有關連。過去女性若感到不舒服，可能會選擇默默離去，但如今她們選擇檢舉而非保持沉默。

八〇年代末，性騷擾問題浮上檯面時，田原總一朗[256]曾經說過：「（女性進入職場）就像是女性裸體進入男性浴池一樣。」（Pandora 編，一九九〇）所以不管遭遇什麼樣的事都無法反抗。但職場既不是「男性浴池」也不是私人空間。如今每個職場都有女性，工作對女性來說也已不可或缺。性騷擾的要因是「令受害者很難繼續履行其職務」，所以必須視作嚴重的「職業災害」來處理才行。

---

256 一九三四年生，記者、評論家、新聞主播，原東京十二頻道（現東京電視臺）監督、電影導演。日本最具影響力的政治新聞評論家之一。

性騷擾是有什麼問題？

性騷擾的問題在哪裡？「性騷擾是侵害人權之不法行為」的法理已經確立了。那麼受到侵害的是什麼人權呢？「違反受害者意願、具性意味的言語與行為」侵害的是人權中的「性自主權」[257]。而真的僅限於此嗎？性騷擾所引發的不舒服，用「人權侵害」一詞也難以盡述，當中有更深層的依據。

性騷擾是性別的實踐。把擔任專業人員或研究者的女性，化約成她們性別的屬性，對她們說「妳就是個女人」、「反正女人就是這樣」、「給我等著」以誇示自己的權力，藉此來確認身為男性的認同，這就是性騷擾的核心。

女人是什麼呢？就是指「不是男人的人」。相對於作為主體的男性，作為客體的女性，是為了男性的慾望而存在的。女人存在是為了挑起男人欲望，是誘惑者，所以她們的價值是用「有多能讓本大爺我心癢癢」來衡量的。相反的，「激不起本大爺我慾望的女人（醜女或老女人）就沒有價值」。女性總是受到男性眼光的評價。

257 性自主決定權；性同意權，是具人權性質之基本權。意即可自由決定是否發生性行為、性行為之對象以及如何發生性行為等。

女生是什麼時候成為女人的呢？關於少女的青春期始於何時，心理學家小倉千加子給出相當卓越的定義（小倉，二〇〇一）：不論年齡大小，青春期是從「少女自覺到自己的身體會成為男人的性對象」開始的。

如果你問我，說人家「妳好漂亮」也是性騷擾嗎？我的答案是肯定的。男人在比較這個女人美那個女人醜的時候，就是站在「估價者」（評價者）那一方。評價女性的是男性，被男性賦予價值的是女性。也有人表示：也是有女人在給男人估價啊。然而集體性的價值賦予，而且是集中在性方面的價值賦予，是壓倒性地屬於男性那一方的性別實踐。男性藉由這個實踐，一再反覆確認自己是站在優位的性別，並透過該實踐提出宣告，要「不是男人的人」懂得自己的分際。

相反的，女性是到什麼時候不再是女人的呢？無法再「挑動男人慾望」的時候。也就是變成歐巴桑的時候。自民黨的長尾敬議員在推特上貼文，說那些二〇一八年四月二十日向財務省提出抗議的在野黨女性議員「這些人是幾乎不會被性騷擾的人」，實在沒有比這更性騷擾的發言了。因為他其實就是在表達「一個女人還能挑起自己的慾望才有價值」這種含有性別歧視的言論。

順帶一提，很多人認為性騷擾受害者都是年輕漂亮的女性，但事實指出，這完全是神話。在現實當中，女性會成為受害者，無關乎她們的年齡、外表與體型。因認知障礙入住照護設施的女性也好，養護中心裡臥床不起的年長女性也好，都會成為性騷擾的受害者。「性騷擾或色狼只會找年輕漂亮的女孩下手」這類的神話，也是「專以男性視角來評價女性」的男性優位結構再現的效果。

將本書讀到這裡，應該比較容易理解這就是厭女的構造。加害者做出性侵性騷擾的行為，並非出自性慾，而是出自厭女。厭女，是為了用「不是女人」的標準把男人區分出來的，確立認同的必要條件。受害者常常會掉進一種陷阱，就是「如果妳站出來指控性騷擾，別人會覺得妳是在炫耀自己很有行情」，相反的，一旦站出來指控性騷擾，也會有些渣男會說「妳還當真了啊？也不照照鏡子看看妳自己的樣子」來脫罪。兩種手法都是由男性來分化統治女性所形成的結果，相當常見。前者是對美女植入「妳是被揀選出來的是特別的」的思想，後者則是向醜女宣告「妳在性方面是沒價值的」。用這樣的方式遭到孤立與分化的受害者們，會保持沉默。然而這兩者不過是一體兩面。這跟不把妳當同事、專業人員、工作伙伴，公開表明在他眼中妳只有「性方面的價值」，根本是一樣的。這個瀰漫著厭女的社會，逼得那些「完全都沒遇過色狼的女生」不得不以自己沒有性方面的價值而感到羞恥。性騷擾就是一再反覆地讓社會上的厭女變得更加明顯。

「這是我們男人的問題」

在這種結構性的性別不平等之下，處理性騷擾就跟打地鼠一樣。討厭的臭味就要扼殺在源頭。

將性騷擾結構性再現的父權制度系統就是萬惡的根源，但要想推翻它卻是難上加難。至今女性已經會檢舉性騷擾了，但應該說性騷擾是「男性問題」，所以必須交給男性解決才行。

直到最近，年輕男性們會站在女性的身邊，表示：「這是我們的問題。」在「#我不會保持沉默0428」新宿ALTA前的集會中，看到有年輕男性與女性並肩站著、手握麥克風，令我很感動。跟三十年前女性檢舉性騷擾時一股腦冷笑、揶揄她們的男人相比，如今這樣的光景令人難以置信。

然而在其中，有些發言讓我很在意，「如果受害者是自己的女朋友或姊妹……你還能容忍性騷擾嗎？」大概是這類主旨的言論。性騷擾研習當中，著重於「如何避免成為加害者」，其中會有「若把對方視作上司的妻子或女兒」或者「自己的妻子女兒若遇到同樣的事情」之類的假設。

你是不是會想：這樣的發言哪裡有問題啊？問題一大堆呢。因為這種發言，是建立在女性的安全應該由男性保護，甚至是男性所有物的前提上。「若把對方視作上司的妻女」應該就不會出手，這並非出自對女性人權的尊重，而是由於畏懼對方的所有者「上司」的權力。遇上「受害者若是自己的女朋友或姊妹……」會怒火中燒，也是出於「男子氣概」的憤怒，因為自己沒有盡好「應該保護自己所有物」的責任。

從過去，女性的安全就是男性之間用來交易的材料。而當保護失敗的時候，男性會感到憤怒與屈辱。戰爭下所發生的性暴力，除了是對女性的侵害，更多是對於該女性（被認為）所歸屬的男性集團的侮辱。正因如此，這行為意在挑起對方的憤怒。當男性了解到自己不可能保護女性的時候，他們的反應就是捨棄、獻出或排除掉這些女性。戰敗後引揚[258]時將女性「上繳」給蘇聯士兵，以及對待占領軍慰安婦（之後稱為「潘潘」[259]）的方式，就是「獻出」女性後再「排除」掉她們。查爾斯・蒂利[260]稱這種男人為「強收保護費的流氓」（聲稱保護女性，其實是在強迫女性依存他們，並加以控制的男性），把蒂利的這番言論介紹進日本的是佐藤文香（上野其他篇，二〇一八）。想像受害者「如果是自己的妻女……」，這樣的想像力，根本沒脫離父權制度的範圍。

面對「強收保護費的流氓」，女性應該說：我的安全是屬於我自己的，不需要你們的保護。回想婦女解放運動以來，女性主義不就是在主張「我的身體屬於我自己」的性自主決定權嗎？女性的「性自主決定權」，是女性針對父權制度的性支配所發出的，終極的拒絕。正因如此，這種侵害就是性別統治的核心。

性騷擾研習是為了防止人們成為加害者與受害者，然而，我們無法選擇不要成為受害者。要求

258 指二戰後原居於日本在海外各殖民地及占領地的日本國民陸續遭遣返日本本土。

259 パンパン；**pom-pom girl**，是二戰後日本紅燈區為駐日美軍提供性服務的街頭妓女，沒有固定客人。

260 Charles Tilly（一九二九—二〇〇八），美國知名社會學家、政治學家、歷史學家，被譽為「二十一世紀社會學之父」及「世界傑出的社會學家和歷史學家之一」。

受害者發聲更加殘酷。最重要的是身為高危險群的男性努力「不要成為加害者」。對，「這是我們男人的問題」。

各位！勿令晚節不保

在日本，詳細描述性騷擾最有名的女性主義社會學家牟田和惠[261]小姐，有一本名著《經理，這場戀愛是性騷擾！》（二〇一三），我受邀替該書寫書腰推薦文。在本文最後我就引述這段文字：「每個家庭都要有一本，不，每個男性都要有一本。本書是必需品，重要性等同於《家庭的醫學》。若有人升職，就送一本給他吧。因為管理職與經營者是性騷擾的高危險群。」

握有權力的人努力不濫用權力，要比濫用權力要來得困難多了。

各位！勿令晚節不保。

261　一九五六年生，日本社會學者。大阪大學研究所人類科學研究系名譽教授。專長是歷史社會學、性別理論，研究近代化與性別政治等。

【文庫版增補】

難搞女子的厭女情結

「難搞女子就是我」

令「難搞女子」[262]一詞廣為流行的是雨宮真美[263]，其著作《讓女生變難搞》單行本版要出成文庫版的時候，她指名要我寫解說，我們兩人素未謀面，她應該是看到我曾經在推特上貼文大加讚揚她吧。

把該書介紹給我的是一名四字頭年齡的女性，她表示對該書很有共鳴，彷彿就是在描寫她自己一樣。不論哪個世代的人，都有各世代堪稱代表性的人物。九〇年代當時四字頭的女子曾說：「東

262 「女子」在日語中原本是未成年或在學女性的代稱，過去常翻成「少女」或「女孩」。近年來擴大到可指各年齡層的女性，故保留原文。

263 一九七六—二〇一六，AV作家。

電ＯＬ就是我。」兩千年左右的四字頭女性則表示：「不認識什麼東電ＯＬ。」取而代之她們說：「難搞女子就是我。」原本在九〇年代就沒有所謂「女子」一詞，更進一步說，邁入四字頭的女性過去也不曾自稱「女子」，這些所謂「女子」，覺得坐在男性社會指派給女性的對號座上很不自在，不打算當個「女人」也當不好「女人」，於是對此同時感到自嘲與自傲，看起來表現出新世代女性的樣貌。

而讓「女子」變難搞又是怎麼回事？在後女性主義時代，「成為女人」比過去更加困難。從雨宮小姐的書中可以看到，不管當女人或不當女人都會反覆遭遇「複雜性骨折」的，「女子」的樣態。

「參與者研究」之痛

這本書好痛，實在好痛。光是讀就感覺痛，寫的人應該更痛吧。

這份痛楚，不是自己的醜態自己沒察覺，卻遭第三者恥笑那種，書中文字是基於十分尖銳的自我分析與貫徹到底的自我反省下寫出的，很是罕見。作者本人應該會說：「先不等被別人吐槽，我自己再清楚不過了。」

為什麼我身為女性卻成為ＡＶ作家？因為女子被弄得很難搞。為何女子被弄得很難搞？因為……對她來說，「自我」就是最大的謎團，以這個謎團中所有的才智與內省去挑戰這個謎團，一定會很有趣吧。

所以我想把這本書稱為「難搞女子」的自我研究。

心理學家小倉千加子[264]在《性的心理學》（二〇〇一）中，為青春期所下的定義相當出類拔萃。對女孩子來說，青春期始於自覺到自己的身體會成為男性性慾望的對象之時，無關乎年紀。

女性成為男性性慾望的對象會受傷，不被男性慾望也會受傷。在這之前，女性作為性慾望的客體有一種磁場，會讓她們置身於男性凝視的網羅之中。男人還在凝視當中加入了「讓我感興趣的女人」跟「不能讓我感興趣的女人」的判斷與辨別，男人看到某位女性，只要說一句「這女人真不錯啊」，不管她願不願意，這位女性都會被排進女人的排行榜裡。「給予誰什麼價值」的權力，是握在男性的手裡，女人則會受這個評價所擺弄。

這本書的作者雨宮真美小姐表示，她在第二性徵開始出現的中學時代，由於被捲入「判定為美女」、「判定為醜女」的外貌政治，曾位於「校園種姓制度的最底層」[265]。一旦進入高中，等待她

264 一九五二年生，日本心理學家、女性主義者、保育員。專攻女性研究、性別論、心理學。

265 校園種姓制度：School Caste，和製英語，指學生依據社交能力與外貌等差異自然產生的序列，最底層學生可能成為被霸凌的對象。

的就是一個以「學力」與「吸引人與否」分高下的階級社會。周圍的人不斷對她說「妳毫無價值」，她就認為自己連戀愛的資格跟成為性愛對象的價值都沒有。這就是「把女子變難搞」的第一步。

到了大學，更有「鄉巴佬」情結雪上加霜，連「想變時髦」、「想變漂亮」這種普通女孩子的慾望她都加以禁絕，認為自己沒有資格追求。然而某一天她試圖做「女裝」打扮，就立刻發現自己會成為男人性慾望的對象。大部分女性，都是跟所謂「女裝」，亦即不適合自己身體的扮裝（COSPLAY）一邊折衝妥協，一邊「成為女人」的。所以，即使作「女裝」打扮，也無法消除自我否定的感覺，男人面對「抱歉我是這樣（糟糕）的女人」的自卑，可以隨時趁虛而入，從中占盡便宜——這樣的故事情節相當常見。到最後終於努力成為男性慾望的對象了，然而在男性的貶低與侮辱中，作為女性的自尊會越來越低落，這就是「把女子變難搞」的第二步。

慾望的市場

這位作者所做的事情跨度相當大。所謂成為性慾的對象，就是主動把身體貢獻給男性凝視的欲望市場，她自己就主動投身擔任堪稱「女人」市場符號的兔女郎，這個工作不給客人碰、不用脫衣服，從事起來或許沒那麼困難，但應該也跟酒店或情色行業沒有多大區別。事實上，在這之後她就在交友網站上交到男朋友了。

不管有沒有牽扯上金錢，慾望的市場，就是男女兩方彼此輕侮，互罵「讓我上的女人」與「這點程度的扮裝就輕易釣上的男人」的遊戲場。社會上有人像雨宮小姐那樣無法適應這種扮裝，卻也有女性天生自帶扮裝。《比愛更快》作者齋藤綾子小姐就擁有豐滿性感的身體，她稱呼自己的身體為「身體套裝」（BODYSUITE），齋藤小姐說，要是把這副扮裝的身體丟到男人面前，男人就會前仆後繼地上鉤。她非常清楚，男人並不是對自己起反應，而是對扮裝起反應。讓男人慾望自己，又以此輕侮男人，一邊用「為他人所慾望」來確認自我，同時又為了這件事的膚淺與愚蠢感到作嘔……這種欲望遊戲當中的惡性循環，便是「把女子變難搞」的第三步。

就算在這樣的市場裡面，商品價值的排行也不會消失。有一天，我在聽歌謠曲的時候聽到如下的歌詞：「稍微爛好人一點比較好」、「容易被追上比較好」……我翻譯一下：「笨笨的容易被擺布的女人比較好」、「終歸是要脫掉褲子，就別讓大爺我花太多力氣」，直白成這樣，我聽得都要昏倒了。說白了，「單蠢」成這樣的男人也是輕輕鬆鬆就能用扮裝騙到。數名男性連續離奇死亡案的被告木嶋佳苗[266]，以

266 此案曝光於二〇〇九年，木嶋曾有多名男友，其中不少人皆不正常死亡，木嶋從他們身上獲取大量金錢。二〇一七年被判處死刑。

及後妻業[267]連續殺人案被告筧千佐子[268]，她們對於輕侮女性的男人，心裡應該都有著最徹底的輕侮。

再怎麼樣都不會變成 AV 女優的女人

於是，該書作者最終成為了 AV 雜誌的作家。雖沒有成為男人性慾的對象，卻站在了「少數對男性性慾有所理解的女性」的位置。她花了很長時間不斷觀看「男性主導、服務男性的男性消費財」，男人拿來自慰的，每個月量產好幾千支的 AV，成為能傳達箇中精髓要點的專業 AV 評論。因為她不僅喜歡 AV 喜歡到「AV 的世界好色好色我嫉妒得要死」，也由於「演出的女人也太漂亮了吧」讓她深切體認到自己與此無緣（雨宮，二〇一五：九八）。她雖然深信自己沒有被男人愛的價值，但應該也站在了一個對於承認自己的性慾，想跟人做愛的女人來說相當絕妙的位置上吧。這是「把女子變難搞」的第四步。

AV 業界周圍的女人有兩種，一種是再怎麼樣都不會變成 AV 女優，一種是只要一點點契機，

267 與年邁資產家結婚，等他們去世後繼承遺產。

268 筧千佐子被控在二〇〇七至二〇一三年間，先後以氰化物毒害四名高齡丈夫或同居人，造成其中三人死亡，獲得巨額遺產和保險金，有「黑寡婦」之稱。二〇二一年死刑定讞。

隨時會變成AV女優。AV業界女優人才越來越豐富，據說如今，女生只要容貌差不多能看又願意脫，就可以成為商品的時代，已經過去了。除非是漂亮到走在街上都會吸引路人回頭看的清純美少女，或是少見的大波霸，否則根本沒有成為商品的價值。雖然身在情色作家的最底層，有情色業相關的體驗報導，卻由於「自己這樣初出茅廬的作者只挑喜歡的工作做真的好嗎」的自卑，女性自由作家逐漸沉迷深陷這個世界無法自拔。

雨宮小姐站在「再怎麼樣都不會／無法成為AV女優」的立場，卻受到男性所慾望的AV女優閃閃發亮的存在重重打擊。即使這份認可，是基於把女性化約成性慾對象的，最醜陋卑劣的男性慾望，然而越是看起來「閃閃發亮」，女性的自尊就越低。《賣身就再見——夜晚大姐姐的愛與幸福論》（二〇一四）的作者鈴木涼美[269]，就是沉迷於這份「閃亮」的人。越是讓「有男人為自己（的身體）一晚豪擲一百萬日圓」成為撐起自己往後人生的驕傲，女人的驕傲就越薄弱。

269 一九八三年生，日本社會學家、藝人、作家、前AV女優。曾以小說《Gifted》入選芥川賞。畢業於慶應大學、東大研究所，大學曾任酒店女公關，以「佐藤琉璃」（佐藤るり）為藝名拍攝AV，碩士論文研究題目為AV女優。也曾於日本經濟新聞社擔任經濟線記者。

沃斯通克拉夫特的兩難

明明應該已經暫時置身於「再怎麼樣都不會／無法成為AV女優」的安全區域，卻逃不開「身為女性」這件事。越是以專業AV評論的身分認真工作，若是能被男人接受，名譽男性[270]會評價她「縱使同是女人，這傢伙不大一樣」與「好啦我了解啦」，反過來另一方面也會遭到批評「她是女人嘛」或「這是女人的觀點啦」而受傷。

作女人會受傷，不作女人也會受傷，這種狀況對許多女性來說應該司空見慣了吧。已經盡所有努力做好工作了，得到「以女人來說（很出色了）」評價的同時，也會遭到貶抑與嫉妒，被嘴說「因為是女人嘛」。當然，工作做不好另當別論。若試圖在男人社會當中求一個立足之地，不但必須否定自己身為女人，反過來要是坐上專門給女人坐的對號座，就不被視為是一個獨立自主的人——這類經驗實在太過常見，甚至被命名為「沃斯通克拉夫特困境」[271]這便是十八世紀女性主義者瑪麗·沃斯通克

270 **Honorary male**：指在不破壞父權體制現狀的情況下被賦予男子地位的婦女。二〇一八年左右被封為名譽男性的是公開歧視女性與同志的杉田水脈。

271 **Wollstonecraft dilemma**：若要求政治上完全平等，則必須接受父權形式的公民概念。但女人的特質、能力、活動仍不被納入公眾領域考量。錯誤的平等導致女性被迫須同時負擔工作與家庭的照護責任。

拉夫特[272]提出批評以來，歷史上存在已久的性別歧視的兩難。這是「把女子變難搞」的第五步。

寫到這裡，大家應該明白，本書中描寫的經驗相當普遍，足以「獻給全國難搞系女子」。也可以說，幾乎所有女性多多少少都經歷過上述「難搞」的其中一個或幾個階段吧。

作者的自尊往一種扭曲的方向發展，這或許反映了「難搞女子」的「難搞」程度有多嚴重。應該相當擅長「處理」女人的AV導演，要她當女朋友而非女優，於是「被選中」這件事令她暗自在心裡驕傲。然而現實是，與其說她是對方的女朋友，不如說是其中一個方便的炮友而已。她再也沒辦法忍受看著自己喜歡的對象跟AV女優在做愛時「性愛自拍」，那種厭惡感甚至想壓抑都壓抑不了，然而這件事應該拯救了作者吧。噁心、厭惡、痛苦……這些身體反應在向她抗議說不，她便得以藉此走向下一步。

經歷這麼多我已經變成老油條了

參與者研究會誘發讀者的參與者研究。讀著這本書，我想起了自己「變成老油條」的那個時候

272 Mary Wollstonecraft：一七五九—一七九七，十八世紀英國作家、哲學家、女性主義者。

（我現在也還是「老油條」就是了）。那是我「男女關係達人歐巴桑」的戰略：輕蔑男性，認為男性的慾望就是那麼低劣，再基於這點，對男人的卑下與愚蠢表示寬容。若女性碰上性騷擾大受衝擊，便加以安慰「男人就是這樣啊」，也向年輕女孩子推銷「成熟女性的智慧」諸如：若對方講黃色笑話就訓練自己講回去，若男人別有用心地接近就巧妙閃掉或避開之類的技巧……說不定我已經變成了很擅長這些事的阿桑了吧。而如此通曉男女關係的歐巴桑，對男人來說並不好相與。

我現在覺得，「老油條」戰略，就是身處在男性慾望磁場的網羅中時，為了免於焦躁免於受傷能熬過去，就努力提升感度的閾值，用遲鈍來保衛自己的一種生存戰略。男人一說什麼做什麼就吵鬧起來的女人，看起來就是個無知又不懂事的做作女。不這麼做就無法維持住自己的感度，然而這樣也有後遺症，感度不用會生鏽，就會開始感覺不到男人的遲鈍，不知不覺間變成對男人來說很方便好用的女人。作者這位「明知老公跟別人性愛自拍還粉飾太平的（AV導演的）老婆」（雨宮，二〇一五：一六五），搭配上另一個極端「明知男人有老婆還回應對方的慾望，不會惹麻煩的情婦」，這樣的組合對男人來說，應該是最爽的了。

不管再怎麼掙扎努力，都無法甩脫「身為女性」這件事。作者縱使害怕痛苦，也正面面對自己身為女性。從那之後，作者就展開了自我分析與參與者研究，因為她意識到：「我明明不想被『男人如何女人如何』所困，然而自己卻最受困其中」。

這是她最後得出的答案。「我身為女人的強烈情結，就是必須內化男性凝視否則無法出生。」（雨宮，二〇一五：一九五）關於這點，作者的分析是：「等同於在自己內裡豢養男性。」（雨宮，二〇一五：一九六）作者這樣寫答案是很簡單，然而正因這個答案是她飽受迷惘困惑一再挫折跌倒後才得來的，她的發言才這麼有說服力。

然後作者又進一步分析：「問題是……我的男性凝視是處女妄想等級的。」（雨宮，二〇一五：一九五）這很合理。AV業界生產商品時，就是在迎合「處女妄想等級的男性凝視」（據作者所述就是支持「女人就要波霸皮膚細緻又可愛又美麗又是神祕的小惡魔，但坦率的最棒！」這種超離奇理論的，偏離現實的凝視）。

作者說：「將男性凝視內化的女性，容易代入服務男性的情色作品。」（雨宮，二〇一五：

一九六）本書對於「YAOI」[273]粉絲的心理也有富含洞察的敘述。對於想否認自己是女人的女性來說，兩個男性間的性愛，容易讓自己處於安全區，自由代入「攻」或「受」任何一方[274]。如果這個人無法認同自己的女性面，我們也可以理解她「甚至連對服務女性的情色作品都會產生拒絕反應」。

於是作者指出：「在過去，情色作品只服務男性，到現在服務女性的情色作品終於開始出現，我認為，在這段過渡期，女性以男性視角觀看情色作品，是相當自然的。」（雨宮，二〇一五：一九四）我也認為，與其說是「自然」，不如說是「不可避免會發展成這樣的必然」，但活在這段過渡期的女性要記得，妳們已然體驗過相當壯烈的夾心餅乾狀態。

「男性凝視的內化」為什麼會發生呢？作者的自我分析如下：

「孩童時代，在作為受到帶有性意味的視線注視的『女人』的那個自我確立之前，就感知到社會上『男性慾望女性的情色樣態』，慾望他人的那一面的自我了便先確立起來了。」（雨宮，二〇一五：一九六）說得更貼切一點，因為她已經透過AV，學習到「抱有處女妄想等級慾望的男人，慾望著會回應男人妄想的、非常能滿足男性的女性」的情色樣態。

273　やおい，是やまなし、おちなし、いみなし（沒有高潮，沒有結尾，沒有意義）的首字組合字，最早是女性向男男二創作品的自嘲稱呼，現在在某些國家或某些時候被當作整體BL作品的代稱。

274　BL研究中也有說法是女性可以自由帶入攻、受或神（純粹旁觀）三種視角。

這個世代很早就已經學習到，性與愛是可以分離的，兩者毫不相關。對年長的世代（尤其是女性）來說，這個「性與愛必須合一（只能跟喜歡的男人做愛）」的規範也有其壓抑之處，然而在對性是什麼、愛是什麼都一無所知的時候，就被推到性愛分離的情況裡，也是個大問題吧。由於性的門檻降低，在毫無防備的狀態下就被丟進性慾市場裡的年輕女性反而越來越多。在了解愛之前先明白了性，以及透過 AV 學習到僅由男性主導、滿足男性的性愛……這個問題對這個世代的女性也好，男性也好，可能都相當嚴重。

對 AV 女優的「敬蔑」

所謂慾望就是對他人慾望的慾望……就算不引用拉岡[275]的說法，大家也明白慾望是文化裝置，是由學習而來的。不論透過男性或透過女性，都可以進行慾望的學習。我一邊閱讀此書一邊深深感受到，作者所處的世代，在了解性或愛之前，就已經先透過媒體學習到「什麼是慾望」。而且所謂 AV，是一種男性把女性化約成性慾道具的媒體，充滿性別歧視。當然我也不否認，其中少數 AV

275 Jacques-Marie-Émile Lacan，一九〇一—一九八一，法國精神分析學大師，有「法國佛洛伊德」之稱。

作品的確具備藝術性或觸及存有。然而大多數AV的確是基於對女性的蔑視（厭女）而創造出來的。比如以競賽為題材架構的AV，內容是男性演員們將女性當作道具或獎賞，藉以再次確認男性同儕情誼（homosocial）羈絆。聽到這種作品中「就算是這種醜女我也可以跟她上床！」的臺詞，幾乎所有女性都會感到不舒服吧。但是，女性一旦表現出這種不舒服，就會遭到忽視，被當作沒這回事。

如果沒有金錢對價關係，女性一般不會選擇從事AV女優這個職業，而且曾出演AV也無法公開寫進自己的履歷。另一方面，正因為很清楚自己的慾望有多低賤，男人一邊把AV女優當作滿足自己慾望的道具，同時汙名化她們過去的經歷藉此懲罰她們。若是連受到這種水準低下的男人認可都會看起來「閃閃發亮」，那麼女性的自我評價應該也高不到哪裡去。

有位漫畫家同時也是紀實作家，曾經前往「只有男人可以去」的AV業界採訪，她就是田房永子[276]小姐。她在《女人去了只有男人能去的地方》（田房，二〇一五）中曾經這樣寫：

「我強烈覺得，至今為止所謂的AV，都是向『男人們』『借來』看的，可以說，至今的所有AV對女人而言全都是盜版。就像是『這個社會只生產男性西裝，即使不合身，不得已也只好借來穿』一樣，過去大家還覺得這樣是理所當然再稀鬆平常不過……」（田房，二〇一五：二三二—

276 一九七八年生，漫畫家、文字工作者。曾與上野千鶴子合著《上野教授教教我！從零開始的女性主義》。

二三三）實際上，大家對於「女性的情色」還有許多地方不了解。

接下來她指出：「因為只製作男裝，不得已只好借來穿」的情形，「其他領域也很常見」，所以「這個世界本身就是男性主導、服務男性的，『只有男人才可以去的地方』不是嗎」。

該書的書腰上面寫：「御宅族老公（男朋友）正在做這種開心的事哦……太羨慕了啦！（怒）」這書腰誰下的啊？簡直錯得離譜！書中充滿了田房小姐前往「只有男人才可以去的地方」所經驗到的憤怒、作嘔、焦慮、煩躁等感覺，多到讓人無法否認。田房小姐都已經在後記中明白寫道：「如今年屆卅五，生了小孩，我再也不羨慕那些男人們了。」（田房，二〇一五：二三六）怎麼可能有「太羨慕了啦！（怒）」這種想法。對男人在「只有男人可以去的地方」旁若無人的行為，田房小姐絲毫不掩飾她的厭惡，她也不會掉進所謂「成熟女人」的陷阱，以一副「通曉男女之事」的態度對上述男性們的行為表示寬容。田房小姐一語道破：所謂ＡＫＢ就是「男人製造出來滿足男人的服務」：不管面對再怎樣懦弱的男人任性自私的慾望，都回以笑容的「溫柔小阿姨」，穿著女高中生般的制服手舞足蹈（田房，二〇一五：二二七）。這個社會以「偶像」為名量產出像ＡＫＢ這樣的女人們，志願當「偶像」的女孩們絡繹不絕，而這樣的社會之所以能延續下去，應該是由於這些女孩們很清楚：對女性來說，回應、討好男人的妄想比較容易生存。

田房小姐會擔任情色與ＡＶ產業作家，原因也跟雨宮小姐一樣，她們都把自己歸到「不會／

沒法當 AV 女優」的那一類。田房小姐寫道：「面對風俗孃[277]與 AV 女演員，會抱有蔑視與自卑這兩種互相矛盾的敏感情緒。分不清自己的感覺究竟是尊敬還是輕蔑。」她的這種矛盾的感情，雨宮小姐一定也有。而她自我分析的結果是，「了解到兩方都有，也能夠承認自己是在『敬蔑』，就會變得十分輕鬆。」（田房，二〇一五：一五三—一五四）

即使如此她也表示：

「說實在話，我認為不要演 AV 比較好……要是有朋友要去演，即使多管閒事，我也會勸告她『不要去比較好』或『不要再繼續演下去比較好』……」（田房，二〇一五：一四一）

聽她這麼說，她自己應該不會去演，要是生了女兒，也不會鼓勵女兒去演吧。

不只她，我也想對年輕女孩們這麼說：不要為了一點小錢就脫掉內褲。不要在不喜歡的男人面前打開雙腿，不要聽男人哄騙幾句就在別人面前脫光衣服。不要以為只要在別人面前脫光衣服就可以改變人生，這是大錯特錯。不要為了追求男人的稱讚，就在別人面前做愛。不要成為男人自私任性慾望的對象便得意洋洋。不要靠著男人給你的肯定而活著。不要用笑容回應男人的遲鈍。不要掩藏自己的情緒。還有……不要再繼續貶低自己了。

277 日韓從事情色產業的女孩子。

女性解放運動的鬥士田中美津[278]四十年前也這樣宣告過：「這個世界上所有向男人搖尾討好的女人，通通都是永田洋子。」（田中，一九七二；二〇〇四）

永田洋子[279]是聯合赤軍[280]的首領，因首謀將十二名伙伴凌遲致死，被判死刑。永田因為想成為「獨一無二的女人」，就殺死其他的女性，也殺死了自己……

田中小姐獲邀參加某場冠以「文化」之名的會議，當她得知邀請會上居然安排了緊縛[281]秀，便憤而離席。裸體的女性在眾人面前遭繩縛師綑綁……怎麼可能不痛苦？居然把這當作餘興節目，主辦者的精神也大有問題吧？田中小姐當場拂袖而去後，面帶微笑的「文化人」紳士們，還有容許此事的女性們，應該都是笑著享受這場餘興節目的吧。如果是你，你會像田中小姐一樣離席嗎？還是不解風情地擺出不得體的態度，皺起眉頭呢……正如田房小姐所說，這世界對男人的性慾寬容得可怕，能夠容許女性寬容地對待男人的性慾。

278 生於一九四三年，日本哲學家、女性主義者、針灸師。一九七〇年代女性解放運動代表性人物之一。

279 一九四五—二〇一一，日本聯合赤軍武裝鬥爭事件領袖人物，日本左翼領導人。一九七〇年代曾參與迫害、殺害十多名赤軍「叛徒」和不服從者，一九七二年被捕，被視為女魔頭。

280 一九七一年七月成立，是當時新左翼組織中最為激進的極左派，淺間山莊事件後新左翼運動衰落。

281 繩縛，源於日本江戶時代，原是武士用以約束、運送囚犯的「捕繩術」，但經長期發展演變成一門藝術。

不管有沒有被男人所慾望，妳的價值都不會因此改變……女性主義應該就是在講這個，不知道年輕女性是否能聽見。

身為「女子」這件事

那麼為什麼是「女子」呢？

不止本書，年過四十的女性一個接一個寫出討論「女子」的著作，諸如Jane Su[282]的《問題是，妳打算當少女到幾歲？》（二〇一四），以及湯山玲子[283]的《所謂文化系女子的生活方式——「後戀愛時代宣言！」》（二〇一四）等，應該也有人會覺得，年紀已經老大不小的女人自稱「女子」相當可笑。過去聽到老頭子使用第三人稱代名詞「女孩子」（過去女性在職場，年紀不論三字頭或四字頭都會被這樣叫）來稱呼就不甘示弱回敬的女性們，這下居然選擇「女子」作為自稱的代名詞，就我看來有以下的理由。

282 探討兩性、戀愛、家庭問題的專欄作家，現以廣播主持、專欄作家、歌詞創作等多元身分活躍各界。

283 一九六〇年出生於東京。作家，導演。日本大學藝術學院文學與藝術系兼職講師，文化領域意見領袖。著有《一個女人的壽司》、《穿女裝的女人》、《跨越40歲！》等。

「女子」過去是未婚女性的代名詞。松田聖子[284]曾強烈地表示即使結婚生子，「我也沒有變」。明明結婚、生子會給女性帶來彷彿「使用前／使用後」一般劇烈且不可逆的變化，但許多女性依然接收到了這份「即使為人妻為人母，我依然是我」的宣告。她們對「少女」的稱呼感到尷尬，而且也不像「少女」那般純潔無瑕與軟弱無力，所以採用求學當中男女合班時遺留下來的、與「男子」對等的稱呼「女子」[285]。

最近，我看到一本新書，書名是岸本裕紀子[286]的《退休女子——往後的工作、生活與想做的事》（二〇一五；二〇一七）。女性也漸漸要從企業中屆齡退休了，到時不僅會有「離職女子」，可能也會出現諸如「須照護女子」、「失智女子」之類的稱呼。因為女性一輩子都是女子。女子一輩子內裡應該都有一個透明的核，沒人能夠入侵。

「女子問題」可能跟過往的「女性問題」有所不同。去工作是預設值，結婚、生子也已經只是人生的一部分而已，這些女性們的經驗跟我們那世代的女性們（不結婚無法活下去，若沒生孩子就

284 生於一九六二年，日本知名女歌手、演員。八〇年代日本歌謠曲全盛期時最紅的歌星，日本唱片銷量最高的偶像歌手之一。
285 學校中的使用方式是僅用於分別男女的「女子高生」（女高中生）、「女子更衣室」（女更衣室）、「女子 Toilet」（女廁所）等。
286 一九五三年生，現為評論家。曾任職《**non-no**》雜誌編輯部。擅長女性人生議題、政治及社會評論。中文譯本有《希拉蕊與萊斯》。

不被認為是獨立自主的成年女性）應該大相逕庭，但可想而知她們應該也會嘗到人生不同的艱難苦痛。縱然現今性慾對於女性已經解禁，但從雨宮小姐的現場報導可以明顯看出，它離解放依然相去甚遠。「女子問題」只能靠女子自己解決，這正是「參與者研究」。

參與者研究最好的文本

在參與者研究的始祖《伯特利之家的「參與者研究」》（浦河伯特利之家，二〇〇五）[287]當中，有位明朗的年輕女性渡邊瑞穗小姐書寫出「進食障礙研究」，作為「賴以維生的一技之長」，她做出超乎一般人想像的自我分析，到最後她如是說：

「分析結束了，然後呢？」

自己就是個謎。然而沒有人比自己更了解自己，所以自己的謎要自己解開。但若是即使努力自我分析到最後，依然無法讓自己活得輕鬆快樂一點，那麼自己周圍的困難狀況也還是跟分析前一樣

287 べてるの家：一九八四年於北海道浦河町設立，是精神障礙相關者的區域活動據點，有團體家屋也有集合住宅，同時具備生活、工作場所與照護共同體的性質。

不會有變化。也難怪她會想問「然後呢」。

雨宮小姐在「後記」中是這樣說的。

「我是個遲鈍平庸的人，所以我想，有一天我一定又會忘記現在這樣的心情，又會在某一天注意到某件事，有種甦醒過來的感覺，一再重複這樣的過程。」（雨宮，二〇一五：二三六）

然後她激勵大家說：「我祈禱有一天，盡可能有越來越多溫柔的難搞女孩可以打從心底展露笑顏。」（雨宮，二〇一五：二三七）

田房小姐在「後記」的最後這樣表示：

「既不想打倒山（引用者注：比喻男性社會），也不想征服山，只一味地懼怕山，嘴裡唸著『沒辦法啊』然後放棄，滿足山的需求，發著牢騷把原本應該朝向山發出的憤怒傳遞給下一個世代的女性……我不想讓這樣的歷史再延續下去了。」（田房，二〇一五：二三七）

這些女性們坦率地將身為女性的謎團，伴隨著痛楚挖掘到這種程度，主動分析自我的參與者研究當中最好的文本，就這樣接二連三地誕生了。

脫離洗腦的痛楚

好痛的書，實在好痛。光是讀就感覺痛，寫的人應該更痛。這應該是脫去一層皮、脫離洗腦的痛吧。雨宮小姐自己把這稱做「排毒」，從泡在藥罐子裡到排毒，從基於男性凝視慾望的洗腦中脫離，不可能不痛的。這行為就像把緊緊黏在臉上的面具剝下來一樣。但剝下面具後暴露在外界空氣中的，光裸的臉龐，應該會相當清爽。在那之後要戴上怎樣的面容……就由妳來決定了。

〔追記〕

本書寫到這裡是在二〇一五年。在那之後，二〇一六年十一月十五日，我突然收到雨宮小姐的死訊，死因不明，有一說是自殺。

二〇一五年九月，我主導的WAN（Women's Action Network）主辦了上野研討會，邀請她來參加當中的書評活動擔任貴賓。這個構想是由兩位與雨宮小姐有共鳴、自稱「難搞女子」的二字頭女子提出的，便有幸邀請她光臨這場無償的研究會。第一次見到雨宮小姐，就覺得她有著明晰的智慧與清純謙遜的風姿。

二〇一六年九月，雨宮小姐與社會學者岸政彥[288]先生的對談《愛與慾望的閒聊》（三島社京都

288　一九六七年生，社會學家。研究主題為沖繩、生活史、社會調查方法論。以小說《塑膠傘》入圍芥川賞，《圖書室》入圍三島由紀夫賞。中譯著作有《片斷人間：貓、酒店公關與乘夜行巴士私奔的女子，關於孤獨與相遇的社會學》。

辦公室）出書了。這便成為了她的遺書。對談的另一方岸先生，在接到雨宮小姐死訊後，在日期為十一月十八日的網路貼文中，是這樣說的：

「我對雨宮小姐過世一事真心感到悲傷。以斷然的決心、堂堂正正地、正面地、真誠地、認真地，感到悲傷。沒錯，就跟雨宮小姐的文章一樣。她的文字總是認真而真誠。所以，作為她的讀者之一，我為了再也讀不到她的文章而真心地感到悲傷難過。」

不只岸先生，網路上滿是讀者們大受震撼的反應：「不敢相信。」「我說不出話來。」死神到來沒多久前，她還在持續更新自己的部落格「四十歲來了！」。

「當有人開始叫我『歐巴桑』，比起生氣或失望，我心裡先湧現的感覺是：『啊，我是什麼時候被歸類進這種「女人的年齡」的？』」是嫉妒年輕漂亮的人嗎？要是我真的嫉妒，我才沒辦法活到四十歲呢。比我年輕漂亮的人多不勝數，比我有才、比我有錢、比我成功的人也不少，為了能在這些人面前保持『我就是我』的存在樣態，不卑躬屈膝、輕鬆自在地跟他們交朋友，我得多麼用力撐住自己啊。

我並不是想要青春永駐，也不會因為已經是歐巴桑了就虐待自己，我只是想要做自己，我要怎樣才能依照自己的意志，成為『四十歲』的我呢？而怎樣的『四十歲』才是我理想中的樣子呢？」

她在十一月一日寫出標題為「人生四十才開始」的貼文，文字如上。這時離她過世只有兩個星期。

「如果預定活到八十歲，四十歲恰好就是折返點，活著並非理所當然，所以我們一再對某個人許下承諾，祈禱彼此都能活著再度相見。」

是的，正如她所說，「人活百年」，活到四十歲還不算折返點，是青澀小毛頭而已。在我迎接五十歲時，變得想要稱讚自己也活過了半世紀呢。正因「活著並非理所當然」，逝去不復返的每一個瞬間才會如此珍貴。

雨宮小姐許下承諾的「某個人」，不包括讀者們嗎？用言語來表達自己的創作者，對讀者是負有責任的，這份責任就是回答他人的叩問：「接下來你要怎麼活」，不管寫了一本書還是兩本書，都是一樣。生活沒有不艱難的，然而，言語畢竟是一種交流行為，祈願自己的想法能傳達給未嘗謀面的「某個人」。

從厭女的洗腦脫身

在解說的最後，我寫了「從基於男性凝視慾望的洗腦脫身」，本書的讀者應該可以理解，它跟「脫離厭女的洗腦」意思相同。然而，脫離洗腦後的自己是誰？又要往哪裡去才好？如果自我是根據洗腦裝置而建立起來的，不就得全盤否定過去的自己了嗎？「洗腦前」與「洗腦後」的分界有這麼明顯嗎？若厭女對女性來說就是自我厭惡，那麼脫離厭女的洗腦之時，我就不再是「女人」了嗎？我要怎樣才能作為一個「女人」活下去呢？

如果父權制度是無法抵抗、眼不可見卻無所不在，宛如重力一般；如果我們要靠這個重力才能立於地上，那麼沒有重力就活不下去。也無法想像脫離重力圈的自己。

有人問馬克思：「終將到來的共產主義社會是什麼樣子的？」他回答：「我是在階級社會的汙染下成長，在歷史中被定型的存在。這終會到來的社會是什麼樣子，只有在這個社會出生成長的人才知道。」

「我」恆常是半吊子的、過渡性的時代產物。活著沒有必要否定過去的自己。正由於過去的自己，有著極限、過錯或「難搞」之處，才有今天的我。原諒過去的自己，與之和解，把他懷抱在「我」之中就可以了。

很久很久以前，我年輕的時候曾經寫過：「成熟」就是存在於自己內裡的他者的吃水線往上升。我很驚訝這想法至今依然沒變。然而跟當年比起來，我接受同樣的話語時更有實感了。

過去的自己已是「他者」，未來的自己也是「他者」。

真美小姐，不要死。為了與妳曾許下承諾的「他者」再次相遇。

也因為妳是某個人的「他者」。
將本書獻給所有受厭女所苦的讀者。

原編輯部注：本文是由雨宮真美所著《把女子變難搞》（幻冬社文庫，二〇一五年）的〈解說——難搞女子的參與者研究〉一文，因雨宮小姐逝世而加筆、換標題而成。

參考書目

【日文參考文獻】（按五十音序）

● 赤木智弘，二〇〇七『若者を見殺しにする国——私を戦争に向かわせるものは何か』双風舎／二〇一一，朝日文庫

● 浅野智彦，二〇〇八「孤独であることの二つの位相」大澤真幸編『アキハバラ発〈00年代〉への問い』岩波書店

●「アジア・太平洋地域の戦争犠牲者に思いを馳せ、心に刻む集会」実行委員会編，一九九七『アジアの声第11集 私は「慰安婦」ではない——日本の侵略と性奴隷』東方出版

● 雨宮まみ，二〇一五『女子をこじらせて』幻冬舎文庫／元本は二〇一一ポット出版

● 飯島愛子，二〇〇六『〈侵略＝差別〉の彼方へ——あるフェミニストの半生』インパクト出版会

●石原宗典，二〇〇五「『第三のジェンダー』研究を再考する」（未発表）
●絲山秋子，二〇〇六『沖で待つ』文藝春秋／二〇〇九，文春文庫（中譯版：《在海上等你》，二〇〇九，大田）
●井上輝子・上野千鶴子・江原由美子編，一九九四『日本のフェミニズム1 リブとフェミニズム』岩波書店
●岩月謙司，二〇〇三『なぜ、「白雪姫」は毒リンゴを食べたのか』新潮社
●ヴィンセント、キース・風間孝・河口和也，一九九七『ゲイ・スタディーズ』青土社
●上野千鶴子，一九八四「異人・まれびと・外来王――または『野生の権力理論』」『現代思想』一九八四年四月号、青土社（一九八五，『構造主義の冒険』勁草書房に収録）
●上野千鶴子，一九八五「〈外部〉の分節――記紀の神話論理学」桜井好朗編『大系 仏教と日本人 第1巻 神と仏――仏教受容と神仏習合の世界』春秋社
●上野千鶴子，一九八七「めうと事して遊ぶ此里――江戸の戀」『言語生活』四二五号
●上野千鶴子，一九九〇「解説」『日本近代思想大系23 風俗 性』岩波書店
●上野千鶴子・小倉千加子・富岡多恵子，一九九二『男流文学論』筑摩書房
●上野千鶴子，一九九四『近代家族の成立と終焉』岩波書店

●上野千鶴子，一九九六「セクシュアリティの社会学・序説」上野ほか編『岩波講座現代社会学10 セクシュアリティの社会学』岩波書店
●上野千鶴子編，一九九七『キャンパス性差別事情――ストップ・ザ・アカハラ』三省堂
●上野千鶴子，一九九八『ナショナリズムとジェンダー』青土社／二〇一二新版、岩波現代文庫
●上野千鶴子，一九九八『発情装置――エロスのシナリオ』筑摩書房／二〇一五新版、岩波現代文庫
●上野千鶴子・宮台真司，一九九九「対談 援助交際は売春か?」SEXUAL RIGHTS PROJECT編『買売春解体新書――近代の性規範からいかに抜け出すか』つげ書房新社
●上野千鶴子，二〇〇二『差異の政治学』岩波書店／二〇一五新版、岩波現代文庫
●上野千鶴子編，二〇〇五『脱アイデンティティ』勁草書房
●上野千鶴子，二〇〇六『生き延びるための思想――ジェンダー平等の罠』岩波書店／二〇一二新版、岩波現代文庫
●上野千鶴子，二〇〇六「それでも『家族』は生きる」――斎藤環『家族の痕跡』書評『ちくま』四一八号、筑摩書房
●上野千鶴子，二〇〇七「インタビューポルノグラフィと女性――表象と現実は地続きか?」〔永山・昼間，二〇〇七〕

●上野千鶴子・蘭信三・平井和子編，二〇一八『戦争と性暴力の比較史へ向けて』岩波書店
●内田樹，二〇〇六『私家版・ユダヤ文化論』文春新書
●浦河べてるの家，二〇〇五『べてるの家の「当事者研究」』医学書院
●江藤淳，一九六七『成熟と喪失――「母」の崩壊』（初版）河出書房／一九八八，河出書房新社／一九九三，講談社文芸文庫
●江原由美子，一九八五『女性解放という思想』勁草書房
●大塚英子，一九九五『「暗室」のなかで――吉行淳之介と私が隠れた深い穴』河出書房新社／一九九七，河出文庫
●大塚英子，一九九八『「暗室」日記』上・下、河出書房新社
●大塚英子，二〇〇四『「暗室」のなかの吉行淳之介――通う男と待つ女が織り成す極上の人生機微と二人の真実』日本文芸社
●大塚英志，一九八九『少女民俗学――世紀末の神話をつむぐ「巫女の末裔」』光文社カッパ・サイエンス／一九九七，光文社文庫
●奥本大三郎，一九八一「男の領分――『驟雨』小論」『ユリイカ』一九八一年十一月号、青土社
●小倉千加子，二〇〇一『セクシュアリティの心理学』有斐閣選書

●小倉千加子，二〇〇七『ナイトメア――心の迷路の物語』岩波書店
●落合恵美子，一九九四『21世紀家族へ――家族の戦後体制の見かた・超えかた』有斐閣選書／二〇〇四第三版、有斐閣選書
●小野和子，一九九八『京大・矢野事件―キャンパス・セクハラ裁判の問うたもの』インパクト出版
●小野登志郎，二〇〇四『ドリーム・キャンパス―スーパーフリーの「帝国」』太田出版
●角田光代，二〇〇四『対岸の彼女』文藝春秋／二〇〇七，文春文庫（中譯版：《對岸的她》，二〇〇八，麥田）
●勝間和代，二〇〇八『勝間和代のインディペンデントな生き方　践ガイド』ディスカヴァー携書
●加藤秀一，二〇〇六「性的身体ノート―〈男語り〉の不可能性から〈新しい人〉の可能性へ」（鷲田ほか編，二〇〇六）
●加納実紀代，一九八七『女たちの〈銃後〉』筑摩書房／一九九五，増補新版、インパクト出版
●川上未映子，二〇〇九『ヘヴン』講談社／二〇一二講談社文庫
●木村涼子，一九九〇「ジェンダーと　校文化」長尾彰夫・池田寛編著『　校文化―深層へのパースペクティブ』東信堂（一九九四，井上輝子ほか編『日本のフェミニズム4権力と労働』岩波書店に再録）
●桐野夏生，二〇〇六『グロテスク』上・下 文春文庫／元本は二〇〇三，文藝春秋（中譯版：《異常》，

二〇〇八，麥田）
●桐野夏生，二〇〇九『ＩＮ』集英社／二〇一二，集英社文庫（中譯版：《ＩＮ格殺愛情》，二〇一二，麥田）
●倉塚曄子，一九七九『巫女の文化』平凡社選書／一九九四，平凡社ライブラリー
●倉橋由美子，一九六五『聖少女』新潮社／一九八一，新潮文庫
●高知新聞社編，一九五五『植木枝盛日記』高知新聞社
●小島信夫，一九八八『抱擁家族』講談社文芸文庫／元本は一九六五，講談社
●小谷野敦，二〇〇五『帰ってきたもてない男――女性嫌悪を超えて』ちくま新書
●金野美奈子，二〇〇〇『ＯＬの創造――意味世界としてのジェンダー』勁草書房
●斎藤綾子，一九九八『愛より速く』新潮文庫／元本は一九八一　ＪＩＣＣ出版局
●斎藤環，二〇〇六『生き延びるためのラカン』バジリコ／二〇一二，ちくま文庫
●斎藤環，二〇〇六『家族の痕跡――いちばん最後に残るもの』筑摩書房／二〇一〇，ちくま文庫
●斎藤環，二〇〇八『母は娘の人生を支配する――なぜ「母殺し」は難しいのか』ＮＨＫブックス
●斎藤環，二〇〇九『関係する女 所有する男』講談社現代新書
●斎藤美奈子，二〇〇二『文壇アイドル論』岩波書店／二〇〇六，文春文庫
●酒井順子，一九九六『マーガレット酒井の女子高生の面接時間』角川文庫

●酒井順子，二〇〇〇『少子』講談社／二〇〇三，講談社文庫
●酒井順子，二〇〇三『負け犬の遠吠え』講談社／二〇〇六，講談社文庫（中譯版：《敗犬的遠吠》，二〇〇六，麥田）
●桜庭一樹，二〇〇七『私の男』文藝春秋／二〇一〇，文春文庫（中譯版：《我的男人》，二〇〇九，青文）
●佐藤裕，二〇〇五『差別論——偏見理論批判』明石書店
●佐野真一，二〇〇三『東電ＯＬ殺人事件』新潮文庫／元本は二〇〇〇，新潮社
●佐野真一，二〇〇三『東電ＯＬ症候群』新潮文庫／元本は二〇〇一，新潮社
●佐野洋子，二〇〇八『シズコさん』新潮社／二〇一〇，新潮文庫（中譯版：《靜子》，二〇一四，無限）
●サルトル，ジャン＝ポール，一九六六，白井浩司・平井啓之訳『サルトル全集 第34巻 聖ジュネ——演技者と殉教者Ⅰ』『サルトル全集 第35巻 聖ジュネ——演技者と殉教者Ⅱ』人文書院／一九七一新潮文庫上・下
●清水ちなみ，一九九七『お父さんには言えないこと』文藝春秋／二〇〇〇，文春文庫
●白井裕子，二〇〇六「男子生徒の出現で女子高生の外見はどう変わったか——母校・県立女子高校の共学化を目の当たりにして」『女性学年報』二七号、日本女性学研究
●鈴木道彦，一九六七「日本のジュネ——または他者化した民族」『新日本文学』一九六七年二月号（い

いだ・もも編・解説，一九六七『現代人の思想第4 反抗的人間』平凡社／鈴木道彦，一九六九『アンガージュマンの思想』晶文社に再録）
●鈴木道彦，二〇〇七『越境の時――一九六〇年代と在日』集英社新書
●鈴木由加里，二〇〇八『「モテ」の構造――若者は何をモテないと見ているのか』平凡社新書
●スペース・ニキ編，一九八〇『ダディ』（上映用資料）スペース・ニキ
●清野初美，二〇〇九『話があるの――「分かりあいたい女」と男』創風社出版
●関根英二，一九九三『〈他者〉の消去――吉行淳之介と近代文学』勁草書房
●曽野綾子，一九九九「時代の風」『毎日新聞』朝刊，一九九九年二月七日
●竹村和子，二〇〇二『愛について――アイデンティティと欲望の政治学』岩波書店
●田嶋陽子，一九八六「父の娘と母の娘と」鷲見八重子・岡村直美編『現代イギリスの女性作家』勁草書房
●田中貴子，一九九八『日本ファザコン文学史』紀伊國屋書店
●田中美津，二〇〇四『いのちの女たちへ――とり乱しウーマン・リブ論』増補新装版、パンドラ／元本は一九七二，田畑書店
●田中優子，二〇〇二『江戸の恋――「粋」と「艶気」に生きる』集英社新書

●谷崎潤一郎，一九二五『痴人の愛』改造社／二〇〇六，中公文庫（中譯版：《痴人之愛》，二〇〇七，聯合文學）

●田房永子，二〇一五『男しか行けない場所に女が行ってきました』イースト・プレス

●ダラ・コスタ，ジョバンナ・フランカ，一九九一，伊田久美子訳『愛の労働』インパクト出版会

●永井荷風，一九七一『現代日本文学大系24 永井荷風集2』筑摩書房

●永井荷風，一九七二「四畳半襖の下張」『面白半分』第一巻第七号

●中島梓，一九九八『美少年学入門』増補新版，ちくま文庫

●中島京子・伊藤詩織，二〇一八「中島京子の『扉をあけたら』」『本の窓』二〇一八年一月号，小学館

●中村うさぎ，一九九九『ショッピングの女王』文藝春秋／二〇〇一，文春文庫

●中村うさぎ・石井政之，二〇〇四『自分の顔が許せない！』平凡社新書

●中村うさぎ・倉田真由美，二〇〇五『うさたまの霊長類オンナ科図鑑』角川書店

●中村うさぎ，二〇〇五『女という病』新潮社／二〇〇八，新潮文庫

●中村うさぎ，二〇〇六『私という病』新潮社／二〇〇八，新潮文庫

●中村うさぎ，二〇〇七『鏡の告白』講談社

●中村うさぎ，二〇〇七『セックス放浪記』新潮社／二〇一〇，新潮文庫

●永山薫，二〇〇六『エロマンガ・スタディーズ――「快楽装置」としての漫画入門』イースト・プレス
●永山薫・昼間たかし編著，二〇〇七『2007―2008マンガ論争勃発』マイクロマガジン社
●ナフィーシー、アーザル，二〇〇六，市川恵理訳『テヘランでロリータを読む』白水社／新装版，二〇一七／二〇二一，河出文庫（中譯版：《在德黑蘭讀蘿莉塔》，二〇〇四，時報出版）
●ナボコフ、ウラジーミル，二〇〇六，若島正訳『ロリータ』新潮文庫／元本は二〇〇五，新潮社（中譯版：《蘿莉塔》，二〇一一，三采）
●信田さよ子，一九九八『愛情という名の支配――家族を縛る共依存』海竜社／新装版，二〇一三
●信田さよ子，二〇〇八『母が重くてたまらない――墓守娘の嘆き』春秋社
●林真理子，一九九六『不機嫌な果実』文藝春秋／二〇〇一，文春文庫
●林真理子，二〇〇〇『ミスキャスト』講談社／二〇〇三，講談社文庫
●林真理子・上野千鶴子，二〇〇一「マリコのここまで聞いていいのかな　林さん、もう『アグネス論争』では寝返ってもいいんじゃない？」『週刊朝日』二〇〇一年三月二日号、朝日新聞社
●林真理子，二〇〇五『アッコちゃんの時代』新潮社／二〇〇八，新潮文庫
●林真理子，二〇〇五「でもね、恋愛小説は」『朝日新聞』夕刊，二〇〇五年三月二三日
●速水由紀子，一九九八『あなたはもう幻想の女しか抱けない』筑摩書房

●パンドラ編，一九九〇『バトルセックス』現代書館
●彦坂諦，一九九一『男性神話』径書房
●深澤真紀，二〇〇九『自分をすり減らさないための人間関係メンテナンス術』光文社
●藤川隆男編，二〇〇五『白人とは何か？――ホワイトネス・スタディーズ入門』刀水書房
●伏見憲明，二〇〇七『欲望問題――人は差別をなくすためだけに生きるのではない』ポット出版
●藤本箕山，一六七八『色道大鏡』／一九七六，野間光辰校注『日本思想大系60 近世色道論』岩波書店
●フリーターズフリー編，二〇一〇『フェミニズムはだれのもの？――フリーターズフリー対談集』人文書院
●星野智幸，二〇〇六『虹とクロエの物語』河出書房新社
●本郷和人，二〇〇六「アカデミズムとおたく」『メカビ』02、講談社
●三浦展，二〇〇九『非モテ！――男性受難の時代』文春新書
●水田宗子，一九九三『物語と反物語の風景――文学と女性の想像力』田畑書店
●溝口明代・佐伯洋子・三木草子編，一九九二『資料日本ウーマン・リブ史1』松香堂書店
●宮台真司ほか，一九九八『〈性の自己決定〉原論――援助交際・売買春・子どもの性』紀伊國屋書店
●宮台真司，二〇〇六『制服少女たちの選択――After 10 YeArs』朝日文庫／元本は一九九四，講談社

●牟田和恵，二〇一三『部長、その恋愛はセクハラです！』集英社新書
●モア・リポート編集部編，一九九〇『モア・リポートNOW——女の性とからだの本』集英社／一九九二，モア・リポート班編、集英社文庫 全三巻
●森岡正博，二〇〇五『感じない男』ちくま新書／二〇一三決定版、ちくま文庫
●山田昌弘，一九九六『結婚の社会学——未婚化・晩婚化はつづくのか』丸善ライブラリー
●山田昌弘・白河桃子，二〇〇八『「婚活」時代』ディスカヴァー携書
●吉行淳之介，一九八五『砂の上の植物群』新潮文庫／元本は一九六四，文藝春秋新社
●鷲田清一・荻野美穂・石川准・市野川容孝編，二〇〇六『身体をめぐるレッスン2 資源としての身体』岩波書店

【其他語言參考文獻】（按英文字母序）

●Atwood, Margaret, 1985, *The Handmaid's Tale*. Toronto: McClelland and Stewart. ＝一九九〇，斎藤英治訳『侍女の物語』新潮社／二〇〇一，ハヤカワ epi 文庫（中譯版：《使女的故事》，二〇一七，天培）
●Boston Women's Health Book Collective, 1984, *The New Our Bodies, Ourselves*. New York: Simon & Schuster. ＝

一九八八，藤枝澪子監修、『からだ・私たち自身』日本語翻訳グループ訳『からだ・私たち自身』松香堂書店

● Dalby, Liza C., 1983, *Geisha.* Berkeley: University of California Press. ＝一九八五，入江恭子訳『芸者——ライザと先斗町の女たち』ＴＢＳブリタニカ

● Deleuze, Gilles et Guattari, Félix, 1972, *L'anti-Oedipe: Capitalisme et schizophrénie.* Paris: Editions of Minuit. ＝一九八六，市倉宏祐訳『アンチ・オイディプス——資本主義と分裂症』河出書房新社

● Duby, Georges et Perrot, Michelle, 1991, *Histoire des Femmes en Occident, 2 Le Moyen Âge.* PAris: Plon. ＝一九九四，杉村和子・志賀亮一監訳『女の歴史２ 中世Ｉ』藤原書店

● Fineman, Martha, A., 1995, *The Neutered Mother, the Sexual Family, and Other Twentieth Century Tragedies.* New York & London: Routlege. ＝二〇〇三，上野千鶴子監訳・解説，速水葉子・穐田信子訳『家族、積みすぎた方舟——ポスト平等主義のフェミニズム法理論』学陽書房

● Foucault, Michel, 1976-84, *L'Histoire de la sexualité,* Tome Ⅰ－Ⅲ. Paris: Editions Gallimard. ＝一九八六—八七，渡辺守章ほか訳『性の歴史』全三巻，新潮社（中譯版：《性經驗史》，二〇一六，上海人民）

● Foucault, Michel, 1979-86, *The History of Sexuality, Volume 1-3,* translated by Robert Hurley. New York: Vintage Books.

● Gay, Peter, 1984, *Education of the Senses: The Bourgeois Experince, Victoria to Freud*. New York: Oxford University Press. ＝一九九九，篠崎実・鈴木実佳・原田大介訳『官能教育』１・２，みすず書房

● Girard, René, 1965, *Deceit, Desire, and the Novel: Self and Other in Literary Structure*. Baltimore: Johns Hopkins University Press. ＝一九七一，吉田幸男訳『欲望の現象学――文学の虚偽と真実』法政大学出版局

● Hite, Shere, 1976, *The Hite Report: A Nationwide Study of Female Sexuality*. New York: Macmillan. ＝一九七七，石川弘義『ハイト・リポート――新しい女性の愛と性の証言』パシフィカ（中譯版：《海蒂性學報告》，二〇〇二，海南）

● Kerber, Linda, 1998, *No Constitutional Right to be Ladies: Women and the Obligations of Citizenship*. New York: Hills and Wang.

● Lévi-Strauss, Claude, 1949, *Les Structures Élémentaires de la Parenté*. Paris: Presses Universitaires de France. ＝一九七七―七八，馬渕東一・田島節夫監訳『親族の基本構造』上・下番町書房

● Michael, R.T., Gagnon, J.H., Laumann, E.O. & Kolata, G., 1994, *Sex in America: A Definitive Survey*. New York: Little Brown And Co. ＝一九九六，近藤隆文訳『セックス・イン・アメリカ――はじめての実態調査』日本放送出版協会

● Morrison, Toni, 1992, *Playing in the Dark: Whiteness and Literary Imagination*. Cambridge: Harvard University

Press. = 一九九四，大社淑子訳『白さと想像力――アメリカ文学の黒人像』朝日新聞社

● Rich, Adrienne, 1986, *Blood, Bread & Poetry: Selected Prose 1979-1985.* New York: Norton. = 一九八九，大島かおり訳『血、パン、詩。――アドリエンヌ・リッチ女性論 1979-1985』晶文社

● Rubin, Gayle, 1975, The Traffic in Women: Notes on the "Political Economiy" of Sex, in Rayna Reiter, ed., *Toward an Anthropology of Women.* New York: Monthly Review Press. = 二〇〇〇，長原豊訳「女たちによる交通――性の『政治経済学』についてのノート」『現代思想』二〇〇〇年二月号

● Said, Edward W., 1978, *Orientalism.* New York: Pantheon Books. = 一九八六，今沢紀子訳『オリエンタリズム』平凡社／一九九三，平凡社ライブラリー上・下（中譯版：《東方主義》，一九九九，立緒）

● Saint-Phalle, Niki de, 1994, *Mon Secret.* Paris: La Différence.

● Schultz, Pamela D., 2005, *Not Monsters: Analyzing the Stories of Child Molesters.* New York: Rowman & Littlefield Publishers. = 二〇〇六，颯田あきら訳『9人の児童性虐待者』牧野出版

● Sedgwick, Eve Kosofsky, 1985, *Between Men: English Literature and Male Homosocial Desire.* New York: Columbia University Press. = 二〇〇一，上原早苗・亀澤美由紀訳『男同士の絆――イギリス文学とホモソーシャルな欲望』名古屋大学出版会

● Sedgwick, Eve Kosofsky, 1990, *Epistemology of the Closet.* Berkeley: University of California Press. = 一九九九，

外岡尚美訳『クローゼットの認識論――セクシュアリティの20世紀』青土社／二〇一八，新装版
● Willis, Paul E., 1977, *Learning to Labour: How Working Class Kids Get Working Class Jobs*. London: Saxon House
＝一九八五，熊沢誠・山田潤訳『ハマータウンの野郎ども――学校への反抗・労働への順応』筑摩書房／一九九六，ちくま学芸文庫

後記

我經常想到，會成為社會學者的人是不是都在上輩子幹了什麼壞事。社會學者通常不會選擇那些會帶給自己快樂、美好和溫暖感受的研究主題，而會選擇會讓自己感到不舒服、憤怒、無法忍受的主題，因為這些人都有著想要解開謎團的執念。在這種情況下，他們全心投入工作時，心情自然也就容易變得惡劣。

對本書的大多數讀者（尤其是男性讀者）而言，這次的閱讀大概不是一次很愉悅的體驗。畢竟對大多數人來說，這本書的主題實在不是很吸引人，因此讀完整本書後大概也很難有愉悅的心情。為什麼我要寫下這種會帶給自己和別人不愉快感覺的書？因為無論再怎麼不高興，這都是我們得要面對的現實。而且，一旦我們了解到這點，無論在現實中遭遇任何困難，也會有改變的可能。

如果這次的閱讀帶給你不愉快的感覺，那必然是因為你已經了解了什麼是厭女症。如果不是，那麼這本書就會變得充滿錯誤與虛幻的描述內容。如果真是如此，那該有多好……但如果讀者們對於我所描述的現實感到無法置信時，那麼這些事或許就會變成一種過去式。

原本我並沒有打算要寫出這麼不愉快的一本書，但在紀伊國屋書店出版部的編輯有馬由起子小姐的慫恿下，我開始在該社發行的《scripta》上進行連載。《Scripta》是紀伊國屋書店以季刊形式發行的一本免費小雜誌，而我不知不覺竟在這本雜誌上連載了長達三年半的時間。由於這是一本不起眼的雜誌，因此我在連載期間始終沒有考慮讀者的感受。在這種情況下，我意外發覺原來我心裡有這麼多想說的話。三年半的連載期間，雜誌逐漸吸引許多讀者，而在與其他執筆者田中美津、伊藤比呂美和齋藤美奈子的共同合作下，這本雜誌甚至被譽為「日本最具女權主義思想的雜誌」。

發起人有馬小姐是這本書可以出版的最大功勞者。如果沒有她的耐心和細心，就不會有這本書的出版。裝訂的部分則得感謝鈴木一成先生的幫忙。二十年前，我的第一本書也是交由鈴木先生負責，因此這本堪稱回到原點的作品可以再度交給他，對我而言是一件值得高興的事。另外，我也要感謝那些在連載中提供我意見和資訊的讀者們。

我想，有些讀者或許會對這本書的內容感到意外，並且萌生出困惑、憤怒及不舒服的感覺，但也有些讀者會因此解開心裡的疑惑。

無論這本書會引起讀者的共鳴或反感，我的目的就是希望藉此為社會帶來一些改變。

二〇一〇年盛夏　上野千鶴子

文庫版後記

本書單行本於二〇一〇年出版，到現在已經八年了。一般從單行本出版到出成文庫版的標準時間是三年[289]，雖然有人好幾次向我提議做成文庫版，但顧慮到這本書初版的責任編輯，紀伊國屋書店的有馬由起子小姐，也因為這本書是長銷書……所以我都拒絕了。很遺憾的，紀伊國屋書店沒有出版文庫版的部門。朝日新聞出版的編輯矢坂美紀子小姐，一再嘗試促成文庫版，堅持努力不放棄。我在初版後記當中也提過，這本書是有馬小姐執念的產物。我很明白、也尊重她不想放手的心情[290]，所以我每次都是當下就回絕了。而文庫版是矢坂小姐執念的產物。矢坂小姐期待能藉由將這本書做成文庫版，來讓更多讀者讀到它，就提議增添新的稿子，做成增補版。她們兩位都這樣深愛

289 日本一般出版品會先出大本的「單行本」，通常是硬殼精裝，過一段時間之後會將原內容出成平裝、口袋大小的文庫本。
290 有馬由起子過四十歲才擔任書籍編輯，《厭女》是她第一本企劃的書。

這本書，身為作者感到榮幸之至。

自初版以來這本書共計賣出十二刷，約三萬本，是一本安靜的長銷書。拜本書所賜，「厭女」這個概念已深植在日語中，打字輸入時轉換成「三十路に」的機率也變少了[291]。本書的書名與目錄裡都沒有「女性主義」的字樣。當那些對「女性主義」一詞心生抵觸的讀者讀到這本書，他們會表示「恍然大悟」、「我總算明白了」。年輕讀者的反應則是「很新奇」。現今書中內容對女性主義來說已經是常識，年輕世代讀來還會覺得「新奇」，讓我感受到世代的斷層，雖說如此，用「同儕情誼」、「厭女」、「恐同」這一組概念方法，來解讀過去冠以「父權制度」、「性別歧視」之名的東西，一定會有耳目一新的感覺。正如初版所揭露，本書是賽菊寇理論的入門書。但本書的理論與其應用並非只是現學現賣而已，我的發想雖是向賽菊寇借來的，之後的推演開展卻是由我自己獨創。向別人借概念一點都不可恥，因為我們就是像這樣，超越文化或言語的隔閡，互相學習而來。而且正如斯皮瓦克[292]所說，不管是在什麼地方誕生的概念，能夠用的就盡量拿去用就好了。

291 日文常用外來語「ミソジニー」（Misogyny）表示「厭女」，在輸入時，以前常因同音，轉換成漢字時會變成「三十路に」（意指三字頭的年紀）。

292 Gayatri Chakravorty Spivak，一九四二年生於印度，文學理論家和女性主義評論家。哥倫比亞大學教授，也是該校比較文學與社會研究所創始成員，被認為是最有影響力的後殖民知識分子之一。

本書出版後，翻譯成了韓文版、簡體中文版（中國本土）與繁體中文版（臺灣），聽說在這些國家都是暢銷書，但令人悲傷的是，這個事實顯示了厭女在東亞社會皆相當普遍。

韓國二〇一六年發生了厭女殺人事件。一名三十多歲的男子潛進位於首爾市郊外江南的男女共用公共廁所，有六名男性先進來都被他跳過，之後，進來一名素不相識的女性。他認為這名女性「這女人沒有把我放在眼裡，女人真可恨」，就因為這個動機刺死了這名女性，是一樁相當悲慘的案件。當局以精神病患犯罪來處理這樁案件，但韓國女性們將其名為「厭女殺人」並嚴加批判。竟然只因是女性就慘遭殺害……令女性們大受震撼，喚起自己過往的經驗。凶案發生現場馬上成為朝聖地，為數眾多的女性來到這裡，各自在便利貼上寫下自己想抒發的留言。在那些留言當中有這樣的文字：

「十三年前，我也在廁所裡被持刀的男人給威脅，遭到性侵。我沒有死，只是因為我運氣比較好。」

「我活下來了，所以我不會沉默。」

當時天氣預報一週後會下雨，市長便下了一個英明的決定：趁下雨前把這些便利貼全都回收送到首爾女性廣場[293]。其中一部分現在依然展示在那裡，貼滿了牆壁直到天井。聽說首爾女性廣場正在將所有的便利貼存檔。

事件發生前韓語版已經發行。江南命案之所以被定義為「厭女殺人」，本書應該對此也有些許貢獻吧，此案加速了本書的銷售，甚至因此我也受邀前往與讀者談話，在日本我很少碰到的二字頭、三字頭年輕女性們，透過翻譯聚精會神地聽著我的演講。想起日本女性主義者的集會當中以年長女性居多，我感受到兩國國情的差異。

本書常常被指定為大學授課或讀書會的文本。

在中國，我曾受到指定本書為大學授課文獻的女性研究者邀請，在上海復旦大學講課。在課堂上反覆講授書中所寫的內容十分無聊，所以我嘗試雙向的授課。我問中國的男女學生們：「你們經驗過的厭女是怎樣的？」有位女學生回答：

「一生下來，我就被嫌說：怎麼是女兒啊？女生從出生起價值就不如男生，厭女從一出生就開

293 Seoul Women's Plaza，首爾市供女性及家族溝通與共享的空間。設有國際會議中心、藝術廳等供舉辦活動與研習。還營運性別平等政策專門圖書館、遊戲區（時間制幼兒照顧服務）、女性 NGO 支援中心。位於首爾市銅雀區汝矣大方路。

始了。」

連有「婦女能頂半邊天」[294]這句俗話的共產中國都這麼嚴重了。更確切說，由於改革開放後正式引進市場經濟體制，以及一胎化政策下，加劇了女性歧視。中國出生性別比男性對女性是一一三・五對一〇〇（二〇一五年）[295]，這個數字相當不正常，女孩或許還在受精時就被剔除掉、或許是懷胎時被打掉，或許是出生時被殺死。

「厭女」雖然普遍，卻非注定，會隨著歷史、社會、文化而改變。這個概念工具鋒利無比，任誰都可以使用這個概念工具，去解決自己所屬社會當中相應的問題。比如說：「對，那個是同儕情誼。」「這果然是恐同。」「原因在於厭女。」等等。

我聽說，事實上韓國已出版「韓國版厭女」的書籍。同樣的，「中國的厭女」、「臺灣的厭女」等等也登場了，皆引人注目。若有一天能做厭女的比較文化論就好了。比如說：泰國在社會方面對於同性戀者的容許度高，但這種社會同儕情誼的樣態，跟其他社會的或許並不相同。韓國施行徵兵

294 毛澤東一九五〇年代宣布的口號。

295 聯合國公布的正常標準為一〇五比一〇〇。

制，他們「受軍事化的男性氣質」的架構就形成了問題。施行徵兵制與不施行徵兵制的社會，兩者恐同的樣態說不定也不一樣。或許我們就可以從這些細微的差異與裂罅著眼，窺見脫離厭女洗腦的契機也未可知……

為本書寫下有力解說的中島京子小姐，也提及了她所經驗過的厭女。本書是會誘發讀者進行「參與者研究」的，因為每個人應該都有符合厭女主題的經驗。

讀者只要還能理解本書的內容，就應該尚未脫離父權制度與厭女的重力圈，得獲自由吧。會不會在不久的將來，有一天，大家已無法理解本書，覺得它是來自奇怪時代的奇怪證詞呢？

上野千鶴子

人文。
033

厭女：
日本的女性嫌惡（全新增訂版）

國家圖書館出版品預行編目(CIP)資料

厭女：日本的女性嫌惡 / 上野千鶴子著；楊士堤，Miyako 譯. -- 二版. -- 臺北市：聯合文學出版社股份有限公司，2023.09
352 面 ;14.8X21 公分. -- (人文 ; 33)
ISBN 978-986-323-559-0 (平裝)

1.CST：女性 2.CST：性別研究 3.CST：日本

544.5931　　112013788

出版日期／2015 年 7 月　初版
2024 年 2 月 21 日　二版二刷第一次
定　價／390 元
ONNA GIRAI

Printed in Taiwan
ISBN 978-986-323-559-0 (平裝)

作　　者／上野千鶴子
譯　　者／楊士堤（原十六章） Miyako（文庫版增補）
發 行 人／張寶琴

總 編 輯／周昭翡
主　　編／蕭仁豪
編　　輯／林劭璜 王譽潤
封面設計／小子設計
資深美編／戴榮芝
業務部總經理／李文吉
發行助理／林昇儒
財 務 部／趙玉瑩 韋秀英
人事行政組／李懷瑩
版權管理／蕭仁豪

法律顧問／理律法律事務所 陳長文律師、蔣大中律師
出 版 者／聯合文學出版社股份有限公司
地　　址／110 臺北市基隆路一段 178 號 10 樓
電　　話／(02) 2766-6759 轉 5107
傳　　真／(02) 2756-7914
郵撥帳號／17623526 聯合文學出版社股份有限公司
登 記 證／行政院新聞局局版臺業字第 6109 號
網　　址／http://unitas.udngroup.com.tw
E—mail：unitas@udngroup.com.tw
印 刷 廠／沐春行銷創意有限公司
總 經 銷／聯合發行股份有限公司
地　　址／234 新北市新店區寶橋路 235 巷 6 弄 6 號 2 樓
電　　話／(02) 29178022